类案争点与法律适用丛书

房屋租赁合同纠纷争点整理与法律适用

胡志超／主编

02

人民法院出版社

图书在版编目（CIP）数据

房屋租赁合同纠纷争点整理与法律适用 / 胡志超主编. -- 北京 : 人民法院出版社, 2025. 2. -- (类案争点与法律适用丛书). -- ISBN 978-7-5109-4292-1

Ⅰ. D922.181.5

中国国家版本馆CIP数据核字第2024L7M267号

房屋租赁合同纠纷争点整理与法律适用

胡志超　主编

策划编辑　韦钦平
责任编辑　赵芳慧
执行编辑　沈洁雯
封面设计　尹苗苗
出版发行　人民法院出版社
地　　址　北京市东城区东交民巷27号（100745）
电　　话　（010）67550667（责任编辑）　67550558（发行部查询）
　　　　　　65223677（读者服务部）
客服QQ　2092078039
网　　址　http://www.courtbook.com.cn
E－mail　courtpress@sohu.com
印　　刷　三河市国英印务有限公司
经　　销　新华书店

开　　本　787毫米×1092毫米　1/16
字　　数　377千字
印　　张　21
版　　次　2025年2月第1版　2025年2月第1次印刷
书　　号　ISBN 978-7-5109-4292-1
定　　价　85.00元

房屋租赁合同纠纷争点整理与法律适用
编辑委员会

主　　编：胡志超

副 主 编：彭杰荣　谢阿桑

执行主编：吴行政

执行副主编：耿　翔　陈儒峰　余珂珂

委　　员：赵昌斌　廖　亮　汤镜波　周泽鑫　陈志君

撰 稿 人：吴行政　耿　翔　陈儒峰　余珂珂　张雪洁

翁丰好　吴媛媛　陈星星　蒋　雯　赵昌斌

廖　亮　汤镜波　周泽鑫　陈志君　蔡　珊

杨玲玲　梁启星　严　婧　廖连载　吴卫华

张晓航　杨全欣　闫　洁　杜方仪　黄清怡

张颂恩

编写说明

习近平总书记强调，全面依法治国是国家治理的一场深刻革命，关系党执政兴国，关系人民幸福安康，关系党和国家长治久安。[①] 在以习近平同志为核心的党中央坚强领导下，新时代中国特色社会主义法治建设发生历史性变革、取得历史性成就。党的二十届三中全会审议通过《中共中央关于进一步全面深化改革 推进中国式现代化的决定》，对完善中国特色社会主义法治体系作出重大部署，要求健全公正执法司法体制机制，深化和规范司法公开，落实和完善司法责任制，改进法治宣传教育，完善以实践为导

---

① 《高举中国特色社会主义伟大旗帜 为全面建设社会主义现代化国家而团结奋斗——在中国共产党第二十次全国代表大会上的报告（2022 年 10 月 16 日）》，载《人民日报》2022 年 10 月 26 日，第 1 版。

向的法学院校教育培养机制。

人民法院始终坚持以习近平新时代中国特色社会主义思想为指导，深入践行习近平法治思想，全面贯彻落实党的二十大和二十届三中全会精神，深刻领悟“两个确立”的决定性意义，增强“四个意识”、坚定“四个自信”、做到“两个维护”，做深做实为大局服务、为人民司法，推动司法审判工作高质量发展，为中国式现代化提供有力司法服务和保障。人民法院出版社紧紧围绕贯彻落实习近平法治思想，落实最高人民法院工作要求，从服务审判执行工作、服务法治中国建设的实践需求出发，立足新闻出版宣传工作职责，策划组织编写了《类案争点与法律适用丛书》（以下简称《丛书》），旨在为办理类似案件提供系统方法论和法律适用指引，促进公正司法、定分止争。《丛书》具有以下几个特点：

一是深入践行习近平法治思想，积极回应人民关切。人民法院是党领导下的国家审判机关，始终把维护人民群众合法权益作为司法审判工作的根本出发点和落脚点，着力解决好“为了谁、依靠谁、我是谁”这一根本问题。《丛书》围绕婚姻家庭、劳动争议、房屋买卖、道路交通等民生关注热点重点，梳理归纳司法实践中的难点堵点问题，将习近平法治思想贯穿具体个案释法说理全过程各环节，充分展现司法审判公正、高效化解各类矛盾风险、切实维护人民群众合法权益的生动实践。

二是聚焦类案法律适用，推动法律统一正确实施。公正司法是维护社会公平正义的最后一道防线。通过公正司法维护社会公平正义，是新时代党领导人民推进全面依法治国、建设社会主义法治国家的必然要求，这对全国法院法官司法能力和水平提出新的要求。《丛书》依托法答网、人民法院案例库、多元解纷案例库、“法信”等司法资源，数智法律知识服务平台汇集的大量典型案例、法律适用问题答问，聚焦类案审判实践中的常见争点、疑难复杂问题、新型问题等，以最高人民法院裁判观点为基础标准，系统化梳理类案争点，深入剖析类案法律适用产生分歧的原因，切实为类案法律适用提供统一的裁判尺度和指导参考，以期正确适用法律，规范法官自由裁量权，确保司法裁判的公正性。

三是指导提升审判能力水平，有效服务定分止争工作。定分是依法办案，止争是化解矛盾；定分是解决案件，止争是解决问题；“定分”重在“止争”。人民法院要做实善于从政治上看、精于从法治上办，就需要在案件审理时充分听取当事人诉求，明确争议焦点，明晰请求权基础规范；在此基础上，运用科学有效的审判方法，进一步分析基础规范的构成要件及要件事实，最后准确适用法律。《丛书》梳理归纳了相关案由下各类情形的请求权及其请求权基础规范，为类案裁判提供了相对明晰的法律适用规范指引以及审理重点与方法步骤，为司法审判提质增效提供了方法论支撑。

《丛书》的付梓出版，得益于最高人民法院各有关审判业务庭的精心指导，得益于一线资深法官的默默付出，凝聚着全体编撰人员的心血和智慧。作为类案争点与法律适用方面的创新之作，一方面囿于认识水平、时空条件等因素，另一方面新类型案件层出不穷，《丛书》有关内容或还有不足之处。借此机会，衷心希望《丛书》的编辑出版能够助力提升全国法官的审判能力和水平，积极服务公正司法定分止争、促进矛盾纠纷源头预防实质化解等人民法院中心工作，为做实为大局服务、为人民司法，建设更高水平的社会主义法治国家、推进中国式现代化贡献智慧和力量。

《类案争点与法律适用丛书》编委会

2025 年 1 月

前　言

近年来，随着城市化进程加快、人口流动性增加、民营经济活跃发展等，房屋租赁市场日益活跃，相关纠纷的数量也随之激增，房屋租赁合同纠纷已成为房地产纠纷中最主要的纠纷类型之一。其中，经营性房屋租赁合同纠纷数量的增长更为显著。

房屋租赁合同纠纷横跨物权法和债权法两大领域，一直是司法实践中的热点和难点。这类纠纷诉求争点多、主体关系复杂、争议持续周期往往较长，在违法建筑物的租赁合同效力认定、装饰装修物的处理、非法转租、违约情形下的责任认定、租赁合同中的保证金及押金性质、保障房出租、拆迁改造中承租人利益保护等方面存在诸多问题，地域因素多、政策因素强、民生色彩重、利益平衡难，法院往往在事实认定、法律适用、“三个效果”统一等方面存在困难。

努力让人民群众在每一个司法案件中感受到公平正义，很大程度上要求法官做到同等情形同等处置，确保同类案件裁判尺度一致，同时，能够对新类型案件及时研究、正确处理，提出能够填补法律规定和司法实务空白的裁判规则。当前，尽管规范房屋租赁合同纠纷的法律依据有《民法典》合同编及最高人民法院发布的《最高人民法院关于审理城镇房屋租赁合同纠纷案件具体应用法律若干问题的解释》等相关规定，但法律受其稳定性所限，有其滞后性；且成文法天然具有文字上的不周全性。在广东佛山这样集体土地率先入市、市场主体习惯先行先试的地方，法官难免也要面对法无明文、判无先例的情况。

但发现问题正是解决问题的前奏，实践也正好是理论的先声。作为和立法者、法学研究者同等重要的推动法律更快发展和更好服务人民群众的力量，法官正是在法律不能自动适用于社会生活时有了存在意义和用武之地。真实的审判，经常需要将当事人之间各种各样的关系归类和定型，使之能够被纳入现行法律的框架去审查和界定；也经常需要对法庭上各方多种多样的说法、案卷里相互矛盾的材料删繁就简、去伪存真，形成裁断纠纷能够依据的、法律真实意义上的案件事实。即使是那些清晰、规范的交易关系，要得出正确的裁判结果，常常也需要法官经历从法律到事实、从事实到法律多个争点的多次推敲、论证和平衡。敝帚自珍，对于由此形成的裁判要点、审判方法、裁判心得，我们分外珍惜。

基于上述原因，感谢人民法院出版社的信任，佛山市中级人民法院组织精干业务力量，对近年来佛山地区乃至全国范围内大量的房屋租赁合同纠纷案例进行梳理，收集疑难问题，提炼归纳争点，研究解决纠纷的思路和方法。从起草到成稿，历经五稿，历时十个多月，形成本书，汇聚了佛山两级法院优秀法官的集体智慧，以期为法官审理房屋租赁合同纠纷提供参考，也为当事人及律师提供一定的诉讼指引。

本书写作分工如下：

第一章房屋租赁合同纠纷概述。吴行政撰写第一节第一部分、第二部分、第三部分及第三节；杨玲玲撰写第一节第四部分；赵昌斌撰写第二节第一部分、第二部分；杨玲玲撰写第二节第三部分；蔡珊撰写第二节第四部分、第五部分。

第二章合同的订立与合同效力。闫洁撰写第一节以及第三节问题 5 至问题 12；杜方仪撰写第二节以及第三节问题 13 至问题 16；耿翔撰写第三节问题 1、问题 2；张雪洁撰写第三节问题 3、问题 4。

第三章合同的履行与变更。翁丰好撰写第一节以及第三节问题 1、问题 2、问题 18；张晓航撰写第二节争点 1 至争点 5 以及第三节问题 13 至问题

16；陈儒峰撰写第二节争点 6、争点 8 以及第三节问题 4、问题 5、问题 12；周泽鑫、吴卫华撰写第二节争点 7、争点 9、争点 11 以及第三节问题 6、问题 11、问题 17；陈志君、廖连载撰写第二节争点 10，第三节问题 6 至问题 9；汤镜波、梁启星撰写第三节问题 3。

第四章买卖不破租赁、优先承租权及优先购买权。张颂恩撰写第一节第一部分以及第二节争点 1、争点 2，第三节问题 1 至问题 3；蒋雯撰写第一节第二部分以及第二节争点 3 至争点 6，第三节问题 4 至问题 6；廖亮、严婧撰写第一节第三部分以及第二节争点 7 至争点 18，第三节问题 7 至问题 10；余珂珂撰写第三节问题 10 至问题 12。

第五章合同权利义务终止及法律后果。汤镜波、梁启星撰写第一节以及第二节争点 17，第三节问题 8 至问题 13；杨全欣撰写第二节争点 1 至争点 9，第三节问题 17、问题 18；黄清怡撰写第二节争点 10 至争点 15 及争点 19，第三节问题 19、问题 20 及问题 22；吴媛媛撰写第二节争点 16，第三节问题 1 至问题 7；陈星星撰写第二节争点 18，第三节问题 14 至问题 16；吴行政撰写第三节问题 21 及问题 23 至问题 27。

在本书出版之际，感谢最高人民法院民事审判第一庭及王灯法官在百忙之中对书稿进行了两轮细致认真的审读，对不准确的表述进行了修改，提出了许多具体的修改建议，删除观点有待商榷的案例分析，使书稿内容得以准确完善。本书汇聚了诸多领导及法官的经验和智慧，在此，我们一并表示感谢，希冀对法学、法律工作者和法考考生有所启发和帮助。

需要说明的是，尽管我们作出了很大努力，但囿于审判工作繁忙及研究水平有限，不完善和错误之处在所难免，希望广大读者不吝批评指正。

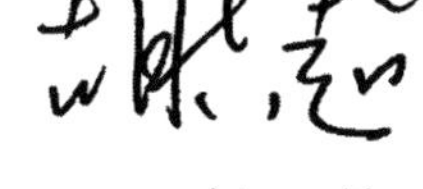

2024 年 12 月

凡　例

一、本书中法律文件名称一般用简称，例如《中华人民共和国民法典》简称《民法典》。

二、本书中下列司法解释及司法指导性文件一般也使用简称：

文件全称	简称	相关信息
《最高人民法院关于审理城镇房屋租赁合同纠纷案件具体应用法律若干问题的解释》	《房屋租赁合同解释》	发文字号：法释〔2009〕11号 公布日期：2009年7月30日 施行日期：2009年9月1日 修正施行日期：2021年1月1日
《最高人民法院关于适用〈中华人民共和国民法典〉时间效力的若干规定》	《民法典时间效力解释》	发文字号：法释〔2020〕15号 公布日期：2020年12月29日 施行日期：2021年1月1日
《最高人民法院关于适用〈中华人民共和国民法典〉有关担保制度的解释》	《民法典担保制度解释》	发文字号：法释〔2020〕28号 公布日期：2020年12月31日 施行日期：2021年1月1日
《最高人民法院关于适用〈中华人民共和国民法典〉合同编通则若干问题的解释》	《民法典合同编解释》	发文字号：法释〔2023〕13号 公布日期：2023年12月4日 施行日期：2023年12月5日

续表

文件全称	简称	相关信息
《最高人民法院关于人民法院民事执行中拍卖、变卖财产的规定》	《拍卖变卖财产规定》	发文字号：法释〔2004〕16 号 公布日期：2004 年 11 月 15 日 施行日期：2005 年 1 月 1 日 修正施行日期：2021 年 1 月 1 日
《最高人民法院关于贯彻执行〈中华人民共和国民法通则〉若干问题的意见（试行）》	《民通意见》	发文字号：法（办）发〔1988〕6 号 公布日期：1988 年 4 月 2 日 施行日期：1988 年 4 月 2 日 失效日期：2020 年 12 月 29 日
《最高人民法院关于适用〈中华人民共和国担保法〉若干问题的解释》	《担保法司法解释》	发文字号：法释〔2000〕44 号 公布日期：2000 年 12 月 8 日 施行日期：2000 年 12 月 13 日 失效日期：2020 年 12 月 29 日
《全国法院民商事审判工作会议纪要》	《民商事审判会议纪要》	发文字号：法〔2019〕254 号 公布日期：2019 年 11 月 8 日 施行日期：2019 年 11 月 8 日

目　录

第一章　房屋租赁合同纠纷概述

第一节　审判情况概述

一、审理现状

当前，房屋租赁合同纠纷已成为房地产纠纷乃至民商事纠纷中重要的纠纷类型之一。以广东省佛山市为例，2019~2023年，全市基层法院房地产一审案件平均在2.2万件左右，房屋租赁合同纠纷案件在4500件左右。2021~2023年，全市各基层法院案件受理情况如下：2021年新收房屋租赁合同纠纷案件为4253件、2022年为3208件、2023年为2722件，分别占当年房地产案件收案总数量的19.69%、18.03%和17.20%。分析可见，房屋租赁合同纠纷数量在房地产纠纷[①]数量中的占比将近1/5。

考察我国其他部分地方法院，房屋租赁合同纠纷也是各地法院受理房地产案件的主要类型。如山东省济南市两级法院，涉房屋租赁合同纠纷案件数量呈现增长态势，且在民事案件中占比逐年升高。[②]天津市第三中级人民法院自2019年4月1日履职以来，截至2022年12月31日，受理的涉房屋租赁合同纠纷案件数量不断增加，其中，经营性房屋租赁合同纠纷案件数量的增长更加显著。[③]

---

① 此处房地产纠纷，指与不动产相关的民事纠纷，包含土地租赁合同、房屋租赁合同、房屋买卖合同、商品房预约合同、商品房预售合同、商品房销售合同、商品房委托代理销售合同、建设工程合同、建设用地使用权合同、宅基地使用权、建筑物区分所有权、业主撤销权、业主知情权、物权保护、相邻关系、农村土地承包合同、房地产开发经营合同、居间合同、共有、占有保护纠纷。

② 参见山东省济南市中级人民法院课题组：《关于房屋租赁合同纠纷案件审理的调研报告》，载《山东法官培训学院学报》2024年第1期。

③ 参见赵鑫、李超、何玉琴：《市三中院发布涉房地产类案件审判白皮书》，载《天津政法报》2023年3月2日，第3版。

比较而言，房屋租赁合同纠纷虽然基本已成为各地房地产纠纷中重要的纠纷类型之一，但由于各地经济社会发展情况不一，城市化进程以及民营经济的活跃发展程度有所差异，案件收结情况也有所不同。比如佛山市作为珠三角地区民营经济较为发达的城市，经营性房屋租赁合同纠纷的占比非常高，据不完全统计，佛山市五区基层人民法院2021~2023年房屋租赁合同纠纷一审收案10 183件，其中超过97%的房屋租赁合同纠纷案件均系经营性房屋租赁合同纠纷，两级法院虽然面对大批新类型、疑难的房屋租赁合同纠纷案件，认真辨法析理，作出了一批法律效果和社会效果俱佳的民事判决，但审判实践中，由于房屋租赁合同纠纷诉求争点多，诉讼当事人主要是经济主体，基于利益博弈，上诉的意愿较强，所以上诉率仍然较高。有的地方法院也曾统计，租赁合同纠纷案件上诉率较高，且呈现逐年上升趋势。租赁合同纠纷案件平均上诉率远远高于合同纠纷案件平均上诉率。租赁合同纠纷上诉案件平均发改率与合同纠纷上诉案件的平均发改率基本持平。[①] 近年来，佛山市各级法院在诉前调解、矛盾纠纷源头预防化解方面付出了大量努力，不少纠纷在一审诉前及诉中就通过调解方式得到了化解，故能到二审阶段的案件，主要争议较大，双方调解的意愿及可能性较小，因此主要是采取判决的方式进行处理。就房屋租赁合同纠纷二审案件改判而言，考察佛山市、天津市、济南市等房屋租赁合同纠纷审理情况，二审改判率基本在10%左右。

二、基本特点

（一）经营性房屋租赁合同纠纷数量的增长较为显著，纠纷呈现复杂化、多样化的趋势

调查发现，就佛山地区的房地产纠纷而言，首先，经营性房屋租赁合同纠纷数量的增长较为显著。其次，纠纷呈现复杂化、多样化的趋势。除了传统的租赁合同纠纷外，近年来，司法实务中出现了一些新型的租赁合同纠纷，纠纷呈现复杂化、多样化的趋势：一是在一定范围内，集委托装饰装修合同和房屋租赁合同为一体的租赁合同纠纷案件数量上升。此类案件中，被告一般以某公寓楼盘为对象，以经营酒店式公寓为由与业主签订合同，多因被告收取装修款后未能完成装饰装修合同义务，或在装饰装修合同履行完毕之后

---

① 参见肖志祥：《租赁合同纠纷案件的审判调研》，载《中国政法大学学报》2012年第1期。

履行租赁合同之初即违约而产生。二是由在农村集体土地上加盖建筑物引起的以租代售案件在一定期间内数量较多，此类案件当事人一般请求法院判定超 20 年租期部分无效。该类纠纷经过前几年的处置，从 2023 年起已逐步减少。上述两类租赁合同纠纷均因涉及业主众多，极易引起群体诉讼。三是因村级工业园升级改造，一些村级工业厂房搬迁、拆迁引发租赁合同终止，租赁双方对搬迁政策方面的预期不足，合同约定不明，造成双方对押金返还、租金支付、搬迁补偿费分配等问题产生争议并进行诉讼。该类纠纷经过前几年的处置，从 2023 年起也已逐步减少。

（二）案件呈现诉求争点多、主体关系复杂、利益平衡难、争议持续周期较长等特点

房屋租赁合同纠纷存在的问题及争议焦点较多，房屋租赁案件不仅涉及租金缴纳时间、租赁物的情况、违约金的标准和支付、硬件设施提供不到位不充分、中途解约的租金承担及改建扩建房屋的处置等传统问题的认定处理，还涉及违法建筑物的租赁合同效力认定、非法转租、违约情形下的责任认定、转让费（转手费、顶手费）退还、租赁合同中的保证金及押金性质、保障房出租、拆迁改造中承租人的利益保护等诸多新型问题。在经营性房屋租赁中，存在委托投资经营、长租公寓等经营模式，业主向开发商购买公寓或商铺后，再与开发商或者其关联公司签订委托经营合同，由公司负责统一招租、管理，业主不参与实际运营便可收取固定租金收益。如公司经营不善，租金兑付困难，容易引发群体性诉讼，该类案件呈现买卖、租赁、委托等法律关系交织重叠状态，主体关系复杂、双方矛盾难以调和，利益平衡难、争议持续周期较长。

（三）小额诉讼程序适用率、调撤率均不高，案件审理难度较大

就佛山市五区基层人民法院审理的案件而言，房屋租赁合同纠纷案件小额诉讼程序适用率不到 20%，调撤率在 15%~35%。分析其原因，因很多案件的被告提起反诉，且该类案件双方当事人对合同解除时间、实际腾退时间、租赁范围、租金标准等争议较大，经营性租赁房屋的租金标准高、数额大，在双方争议较大的情况下，难以达成案件的调解。此外，有的案件当事人已下落不明，无法联系，案件的调解工作无法开展，导致小额诉讼程序适用率、调撤率均不高。

此外，房屋租赁合同纠纷双方诉辩对抗激烈，且发改案件较多，因交易过程中双方多以口头通知、微信、电话方式变更合同内容或解除合同，但双方存证意识、能力不足，法院在案件事实认定方面存在难度，从而导致发改案件较多。另外，添附装修价值认定、优先购买权、履约行为是否得当、违约责任是否过重等问题，均需在法定框架内结合事实多方考量，如何实现自由裁量权与裁判规则的有机统一仍是目前亟待解决的难题。

三、价值目标及审理原则

房屋租赁合同纠纷的审理，强调价值目标及审理原则，从某种意义上讲，是对房屋租赁合同纠纷审判理念和裁判方法的探讨。首先，关于价值目标问题，正如有学者所言，“法律价值—法律原则—法律规则”的逻辑顺序是一种理想化的关系表达，如果这三者能恰如其分地扮演好自己的角色，那么，法律适用就容易获得完美的大前提。然而，现有立法技术尚难确保法律价值、法律原则与法律规则如公式般的层叠有序，这三者不时出现错位和摩擦，它们的关系也总是在不断调整，在具体案件的适用中甚至会出现不可调和的冲突，导致法律适用困难。这三者关系的复杂性倒逼法官放弃机械的三段论审判思维，转而启动司法价值考量，即先全面统揽法律价值，比如正义、秩序、安全、自由、公序良俗等，接着，考察法律体系中法律价值对法律原则的宏观指引，再发挥法律原则在司法适用中对法律规则的提纲挈领作用等。总之，司法价值考量是一种综合运用形式推理与实质推理的价值判断方法，其分布在司法适用全程但并不经常启用，毕竟法律价值的取舍判断终究附带主观色彩，只在上述复杂的司法适用场域中，才会有条件地启动司法价值考量，最终由法官们融会贯通法律形式和实质主义要领，及时作出合法妥当的裁判。因此，司法实务中有不少案子是不能简单套用三段论的，必须启用司法价值考量来化解纠纷，梳理启动司法价值考量的场域还是很有必要的。①

其次，在租赁合同纠纷审理中，能否对法律原则进行司法适用以及如何选择具体的适用路径其实也是法理学的一个重要研究议题。但毫无疑问，《民法典》的基本原则或者合同法领域的具体原则，如公平原则、诚信原则、绿色原则等，可以为房屋租赁合同纠纷案件的审理提供指导。法官在审理案件时，可以依据这些基本原则或者合同法领域的具体原则来理解和解释具体的

---

① 江必新：《司法审判中的价值考量》，载《法律适用》2020 年第 19 期。

法律条文，确保审判活动的公正、公平和合法。在一些情况下，法律条文可能无法涵盖所有情况，此时法官应依据民法原则，结合案件的具体情况，进行公正合理的裁决。法院在适用民法原则进行裁判说理时，往往是将多个原则综合考量而并不局限于单个原则。利益衡量方法难以发展为一般规则，只能交由个案和学说去不断完善。需要注意的是，除非是为了实现个案正义，否则必须穷尽规则才可适用原则。

（一）坚持促进房屋租赁市场发展和维护稳定的房屋租赁交易秩序的价值目标

审判实践中，房屋租赁合同效力认定是一个非常重要的问题，许多房屋租赁合同纠纷的处理都要从合同效力的认定开始。而合同效力的认定对促进房屋租赁市场发展，维护房屋租赁市场交易秩序稳定意义重大。对此，《房屋租赁合同解释》在准确判断相关法律、行政法规的规定是否为强制性规定的基础上，确定了认定合同效力的原则：一是限定无效合同的范围。为正确审理城镇房屋租赁合同纠纷案件，依法保护当事人的合法权益，根据《民法典》等法律规定，结合民事审判实践，最高人民法院于 2020 年 12 月 29 日对 2009 年发布的《房屋租赁合同解释》进行了修正，新的《房屋租赁合同解释》自 2021 年 1 月 1 日起施行，根据新的《房屋租赁合同解释》，违法建筑物租赁合同被认定为无效。此次修正中，第一，根据《民法典》第 706 条“当事人未依照法律、行政法规规定办理租赁合同登记备案手续的，不影响合同的效力”的规定，删除了 2009 年《房屋租赁合同解释》第 4 条关于“办理登记备案手续”的规定。第二，根据《民法典》第 717 条“承租人经出租人同意将租赁物转租给第三人，转租期限超过承租人剩余租赁期限的，超过部分的约定对出租人不具有法律约束力，但是出租人与承租人另有约定的除外”的规定，删除 2009 年《房屋租赁合同解释》第 15 条“超期转租约定无效”的规定。在违法建筑物范围认定上，确定未取得建设工程规划许可证或者未按照建设工程规划许可证规定建设的房屋、未经批准或者未按照批准内容建设的临时建筑、超过批准使用期限的临时建筑为违法建筑。二是对欠缺生效条件合同效力的处理上，采取了补救性的措施，即合同只要在一审法庭辩论终结前，符合了法律、行政法规规定的条件，不存在法律规定的无效情形，就认定合同有效。2020 年《房屋租赁合同解释》第 2 条规定，出租人就未取得建设工程规划许可证或者未按照建设工程规划许可证的规定建设的房屋，与承租人订立的租赁合同无效。但在一审法庭辩论终结前取得建设工程规划许可证或者经主管部门批准建设的，人民法院应当认定有效。同时，该解释第3条规定，出租人就未经批准或者未按照批准内容建设的临时建筑，与承租人订立的租赁合同无效。但在一审法庭辩论终结前经主管部门批准建设的，人民法院应当认定有效。租赁期限超过临时建筑的使用期限，超过部分无效。但在一审法庭辩论终结前经主管部门批准延长使用期限的，人民法院应当认定延长使用期限内的租赁期间有效。上述规定即在遵循立法精神的基础上，采用宽严适当的原则，确定合同效力，目的就是在尽量维持合同效力的基础上，促进社会资源的有效利用，保障房屋租赁市场的健康发展。

（二）合同全面履行原则在房屋租赁合同纠纷中的司法适用

合同全面履行原则并不是民法的基本原则，而是传统合同法领域的具体原则。它规定在《民法典》第509条，是诚信原则在合同编中的具体体现，并且只在合同履行部分发挥着行为准则的功能。合同目的能够实现是合同全面履行原则得以适用的前提。合同目的是《民法典》中一个重要的概念，涉及合同的履行、法定解除权的行使，新增的违约方合同解除权也要求“致使合同目的不能实现”这一要件。英国、美国对违约类型进行了严格的区分，“致使合同目的不能实现”相较于英国、美国毁约性违约、实质性违约等的判断标准更为宽松，克服了主观标准难以操作的弊端，但同时也带来了将复杂问题简单化的后果。有观点认为，可以确定的是，合同目的是当事人从合同中可以获得的根本利益，而该根本利益必须在合同内容中有所体现而非纯粹动机中的利益。[①]

就房屋租赁合同僵局的破解而言，合同目的既取决于双方当事人的主观偏好，也取决于法院或者是仲裁机构的解释和判断。首先，应采用典型交易目的与个别交易目的相结合的方式考察合同目的。例如，在房屋租赁合同纠纷案中，对房屋行使使用权是典型的交易目的，但是承租人可能会在合同中对房屋的使用目的进行特别的说明，如存放特定的物品、进行特定的活动。如果这些特定目的在客观上不能实现则说明该合同目的最终不能实现，应当解除合同。其次，合同动机不等于合同目的，应当区分合同动机与合同目的。最后，履行困难不同于合同目的不能实现。

---

① 武腾:《民法典实施背景下合同僵局的化解》，载《法学》2021年第3期。

关于合同目的不能实现的适用主体问题，是其中一方当事人还是双方当事人？如果是合同一方当事人的目的不能实现，那么是债务人的目的不能实现还是债权人的目的不能实现？在合同双方共担风险、共享收益的合伙合同中，当事人的利益具有一致性，对此时的合同目的，是指双方的共同目的，对此无争议，无须对其主体标准进行讨论。然而对于合同僵局高发的房屋租赁合同等利益反向型合同，需要明确目的落空的适用主体。有学者认为，在《民法典》的“合同僵局规定”中，“不能实现合同目的”不是指债务不履行方自己的合同目的不能实现，也不是指对方的合同目的不能实现，而是指双方的合同目的不能实现。[①]也有学者认为“不能实现合同目的”表现为债务人未履行主要债务，致使债权人的合同目的无法实现。[②]但有学者认为，通过查阅判决书发现，在司法实践中，部分法官以违约债务人的合同目的不能实现作为认定租赁合同僵局的标准。法院竟然以违约方作为合同目的不能实现的适用主体而判决解除合同，这听起来有些不可思议，似乎并不符合人们的道德直觉。事实上，法院在审理租赁合同僵局案件时，并不是仅考虑了债务人的合同目的，理由如下：租赁合同以双方当事人之间的信赖关系作为基础，当一方违约时，作为履约基础的信赖关系已遭到破坏。承租人停止使用租赁物并拒绝支付租金，出租人收取租金的合同目的也难以实现，彼此僵持下去导致租赁物空置损失进一步扩大，从而加重双方当事人的责任。实际上，法院还是在考量双方的合同目的。值得注意的是，这里的“双方的合同目的”不能限缩理解为“双方共同的目的”。因为只有在利益同向型合同中才存在双方的共同目的，而在《民法典》的各类有名合同中，利益同向型的合同类型极少，因此不利于该标准的适用。以“辽宁华某万家与江苏幸福某海房屋租赁合同纠纷案”[③]为例，法院认为，合同双方在意思自治的基础上订立房屋租赁合同，当事人应受合同全面履行原则的约束。本案中继续履行合同的成本过高，客观上合同目的亦不能实现，合同陷入僵局状态。鉴于原告、被告之间已经失去继续合作的基础，原告不宜要求被告采取继续履行的方式承担违约责任。表面上，法院只考虑了债务人的合同目的，然而仔细分析不难发现，法院仍采用了“双方合同目的不能实现”的主体标准：就债务人而言，其无

---

① 王利明：《中国民法典释评·合同编·通则》，中国人民大学出版社 2020 年版，第 591 页。

② 朱广新、谢鸿飞：《民法典评注·合同编·通则》（第 2 册），中国法制出版社 2020 年版，第 345 页。

③ 参见辽宁省沈阳市中级人民法院（2021）辽 01 民终 15400 号民事判决书。

力继续履行合同、占有使用租赁物，合同目的难以实现。就债权人而言，债务人不使用该租赁房屋，导致其支付租金的能力进一步下降，债权人收取租金的合同目的也不能实现。

（三）诚信原则在房屋租赁合同纠纷中的具体适用

我国《商品房屋租赁管理办法》第3条规定："房屋租赁应当遵循平等、自愿、合法和诚实信用原则。"诚信原则在房屋租赁合同中的意义，主要体现在三个方面：一是保证交易安全，诚信原则对双方的交易行为进行了规范和约束，帮助双方更好地履行合约，通过条文约束，保障了双方交易安全，促进双方签订合同，便于经济活动的有效展开。二是减少交易成本，诚信原则要求交易双方互相了解，知道对方的重要信息，减少磋商时间，促进了交易，节约了交易成本。三是促进交易成功，诚信原则要求交易双方遵守合约，信守契约精神。诚信原则不支持不诚信的行为，保证了双方的利益，可以促进交易的成功。

具体而言，在房屋租赁合同订立前阶段，基于诚信原则而衍生出来了出租人的各种说明、告知、注意提示等义务。虽然法律涉及了这些内容，并在法律条文中以列举方式提及这些义务，但却没有对出租人怎样履行上述义务作出具体规定。例如，告知义务应当告知哪些内容和告知的程度，是对本人明确告知还是可以其他方式告知，怎样认定是否已经告知，没有告知应当承担什么样的法律责任，是否应予以财产上的赔偿或者补偿，等等，法律都未作出具体规定。这些都是在房屋租赁合同订立前基于诚信原则而产生的，应当在法律上予以规定或者形成一种习惯性的做法。

出租人在房屋租赁合同订立前的诚信义务主要包括：保证房屋属性、位置、质量、附属设施与其承诺的房屋一致等。在保证房屋属性义务中，就包括了保证房屋不是法律上规定不能出租的房屋，而应当是符合下列条件的可出租房屋：（1）出租人依法取得了房屋所有权证和土地使用证；（2）权属不存在争议；（3）如是共有的房屋已经取得其他共有人的同意；（4）质量符合国家、地方安全标准的；（5）房屋不属于违章建筑；（6）虽已抵押但已经过抵押权人许可的；（6）能通过环保、卫生部门的检查；（7）不是被相关机关查封的或者存在房屋权利瑕疵的；（8）没有法律、法规禁止出租的其他相关情形。出租人基于诚信原则而应当承担这些义务。司法实践中，对于无效、被撤销、确定不生效的租赁合同，法院应根据诚信原则，充分考虑当事人的过错程度、房屋使用状况、合同主体义务、合同履行情况等因素，在当事人之间合理分配责任，实现各方当事人之间利益的平衡。而房屋租赁合同订立之前的承租人基于诚信原则，首先应告知出租人租用房屋的实际用途并取得出租人同意以及合同生效后按约使用房屋。此外，承租人还须负有不得擅自装修或变更房屋结构的义务及不得擅自转租承租房屋的义务。

在房屋租赁合同依法订立至解除期间，出租人在这一时期基于诚信原则而要承担的义务如下：（1）按照租赁合同约定的期限将房屋交付给承租人占有、使用。不能按期交付使用的，应当支付违约金，给承租人造成损失的，应承担赔偿责任。（2）保证出租房屋的安全使用。如果出租房屋自然损坏，合同中约定应由出租人修缮的，出租人应承担及时修复的义务。（3）使租赁物处于适合的使用的状态。（4）不得损害承租人的利益，依据诚信原则，如在租赁期间出租人转让房屋所有权，买卖不破租赁，出租人有义务向房屋受让人说明该房屋已出租的情况。[①] 在司法实践中，承租人是否享有减租权，应基于诚信原则，根据出租人的违约行为对租赁房屋使用、收益的具体影响进行判断。若出租人不完全履行租赁合同主要义务，对承租人的日常经营活动产生实质性不利影响的，承租人有权根据房屋的实际使用情况，主张相应减少受影响期间的租金。

而在房屋租赁合同解除后，基于诚信原则而产生的出租人义务既有附随义务，包括通知、协助、保管等义务，又有后合同义务。必须注意的是，后合同义务可能会被约定在当事人的租赁合同中，也可能没有约定，但这都不影响后合同义务的存在。后合同义务存在的前提与基础就是诚信原则。这主要表现在租赁合同解除后，虽然原出租人与承租人的权利义务已不存在，但出租人仍有义务为承租人保管其物品或者帮其保管邮寄过来的信件或包裹。主要有通知义务、协助义务、保密义务。这些义务其实是一种市场交易中形成的规则，是基于交易习惯而形成的。

司法实践中，经常遇到承租人的履行存在瑕疵，符合出租人行使约定解除权的条件，是否应解除合同的问题。一般以为，房屋租赁合同约定解除权条件是否成就，要根据条款规定、交易习惯及诚信原则综合评判。约定解除权的审查中要注意合同意思表示解释的问题。解释意思表示时，应当按照所使用的词句，结合相应的条款、行为性质和目的、习惯以及诚信原则，确定

---

① 曾宪义、王利明：《房地产法》，中国人民大学出版社 2006 年版，第 164 页。

相关条款的含义。应注意区分约定解除权条款与单方解除合同的违约条款。一方以合同约定的解除条件成就为由请求解除合同的，法院应当审查违约方的违约程度、违约后果、是否影响守约方合同目的的实现，根据诚信原则，确定合同是否应解除。违约方的违约程度显著轻微，不影响守约方合同目的的实现，守约方请求解除合同的，人民法院不予支持；反之，则依法予以支持。

（四）绿色原则在房屋租赁合同纠纷案件中的司法适用

绿色原则规定在《民法典》第9条。这一规定实际上确立了民事主体权利行使的“绿色约束”制度。如民事主体在财产的使用方面必须遵循“节约资源”与“绿色环保”的原则，其中租赁作为民事主体获取财产收益的重要方式，理应也受到绿色原则的约束。在缺乏“绿色原则”的时代，“公序良俗”“公平”等原则或经济因素考量亦可在一定范围内起到促进资源节约或环境保护的功能，有学者甚至认为绿色原则在概念上已为公序良俗原则之“公序”（社会公共利益）所涵盖。然而，经过立法者的广泛讨论与综合考量，“绿色原则”以《民法典》第9条的规范形式最终被确立为民法的新型基本原则，这说明该规范已经具有以往原则所不能覆盖的特殊功能，这种功能可能包括但显然不限于帮助构建有利于资源节约与环境保护的民法规则体系。换言之，绿色原则的确立，说明立法者已经改变了过去那种将“绿色”作为诸如环境侵权、环境人格权等民法局部规则的认识，而已将“绿色”变为用以指引全部民事规范适用的总体性规则与重要依据，即在具体的民事裁判中，“绿色原则”应与“自愿原则”“诚信原则”等传统民法基本原则一样，充当评价与引导具体民事规则适用的基本标准。[①] 常见的具体适用情形如下：一是承租人与出租人之间就租赁物中存在的性质改变发生争议，承租人基于自身对租赁物就性质改变所进行的投入或租赁物上添附物的残值请求出租人给予补偿，而出租人则基于租赁合同或者以租赁物所有权人的身份主张承租人应对租赁物“恢复原状”后返还，且拒绝进行任何形式的补偿。这一争议的传统解决方案较为简单，即出租人基于合同约定返还租赁物应“保持原状”或者直接基于出租人对租赁物的物权要求承租人“恢复原状”，甚至还可以因为承租人擅自改变租赁不动产的性质，请求损害赔偿。但是，随着《民法典》“绿

---

① 王腾：《民法绿色原则的功能实现与适用规则——基于租赁合同纠纷司法案例的展开》，载吕忠梅主编：《环境资源法论丛》第14卷，法律出版社2023年版，第3~18页。

色原则”的确立，审判人员或承租人在司法裁判过程中对此类纠纷的处置或主张产生了一些微妙的变化，那就是他们可能会基于“绿色原则”中“节约资源”与“保护环境”的规范要求，进而去评价或否定租赁物在返还时“恢复原状”的必要性，以此作为是否支持或者满足出租方请求的部分依据。[①] 例如，在梁某与佛山市华某产业园运营有限公司、佛山市蒙某欧智能门窗科技有限公司、广东蒙某欧家居科技有限公司房屋租赁合同纠纷案[②] 中，二审法院对华某产业园运营有限公司诉请梁某赔偿拆掉的电房和厂房内的楼梯恢复原状的费用不予支持。二是在合同双方就承租人与其他市场主体是否具备同等的条件而享有优先承租权存在争议的情形下，有的法院就认为，“从绿色原则及经济因素考量，承租方因在涉案房屋经营宾馆住宿等业务，投入了大量资金，且经营场所对于品牌经营具有重要影响，如承租方无法通过行使优先承租权承租涉案场地，势必造成较大的经济损失以及无形商业利益损失，承租方继续使用涉案房屋则可充分利用原有设施设备，一定程度上避免了不必要的浪费”[③]，并以此作出了承租方享有优先承租权的裁决。

（五）利益平衡原则在房屋租赁合同纠纷案件中的司法适用

所谓利益衡量，是指法官审理案件，在案情事实查清后，不急于去翻阅法规大全和审判工作手册寻找本案应适用的法律规则，而是综合把握本案的实质，结合社会环境、经济状况、价值观念等，对双方当事人的利害关系进行比较衡量，作出本案当事人哪一方应当受保护的判断。[④] 有学者对一些案例的说理部分进行了分析，发现司法实践中，一些法官针对租赁合同纠纷的审判存在一个共同特点，即裁判结论不是基于某一具体规则直接作出的，而更多的是基于多方利益衡平的结果而作出的。[⑤]

城镇房屋租赁纠纷案件的审理主要体现为纠纷主体间之利益冲突与协调，实践中，利益归属方总体可区分为出租者、承租者以及管理者三方，基于追求各自利益最大化的倾向性，三方利益不断碰撞，矛盾自然不可避免。出租

---

① 王腾：《民法绿色原则的功能实现与适用规则——基于租赁合同纠纷司法案例的展开》，载吕忠梅主编：《环境资源法论丛》第 14 卷，法律出版社 2023 年版，第 3~18 页。

② 参见广东省佛山市中级人民法院（2023）粤 06 民终 13260 号民事判决书。

③ 参见北京市第二中级人民法院（2021）京 02 民终 2444 号民事判决书。

④ 梁慧星：《裁判的方法》（第 3 版），法律出版社 2017 年版，第 291 页。

⑤ 王腾：《民法绿色原则的功能实现与适用规则——基于租赁合同纠纷司法案例的展开》，载吕忠梅主编：《环境资源法论丛》第 14 卷，法律出版社 2023 年版，第 3~18 页。

者方面，作为房屋产权人或转租权享有者，其在租赁关系中势必处于优势地位，而其利用此地位上之不对等优势，以非法转租、非法群租、恶意上涨租金、恶意解约、怠于履行租赁合同义务等不当手段侵害承租方利益的可能性较大，极有可能引发矛盾。如非法转租行为将导致大房东与承租人、次承租人间之利益冲突，又如非法群租行为可能引发业主与业主间、业主与物业间、业主与政府部门间之利益冲突，再如恶意提升租金必将导致租赁合同双方利益难以协调，等等。承租者方面，其在租赁关系中虽属被动、弱势地位，但作为房屋的实际占有者，其同样有引发矛盾之可能性。如未经同意非法转租、未经许可改变房屋结构、迟缴或拒缴租金等。受租赁市场高额利益驱使，当前社会中存在专业转租人群体，其以租赁后群租他人为谋利手段，由此引发各类纠纷者不在少数，其间便存在大房东与承租人之间、承租人与次承租人之间、周边业主与租赁关系当事人之间，以及租赁关系与整体社会和谐间等利益冲突问题。管理者方面，作为楼市调控政策的制定者与政策法规的执行者，在政策制定中，其与租赁关系产生利益协调之宏观关系，在政策执行中，其与租赁关系产生管理与被管理之利益冲突。此类矛盾通常作为引发租赁乱象的环境诱因，探索矛盾最小化之最佳途径的必要性也不可小觑。实践中，该利益冲突具体可区分为“出租人—承租人”“承租人—次承租人”“出租人—次承租人”“承租人—承租人”以及“管理者—缔约者”五类冲突类型。此外，一些地方因村级工业园升级改造或租赁物被拆迁，承租人起诉出租人请求支付村改拆迁补偿款的租赁合同案件增多，因村改或租赁物被拆迁而导致租赁合同解除时，出租人可依据拆迁补偿协议领取一定的拆迁补偿款，而承租人却无法依据租赁合同直接获得补偿款，其对租赁物的投入、所产生的搬迁费用、停产停业损失等更是无法通过租赁合同得到任何补偿，此时出租人与承租人之间便处于利益失衡的状态，在出租人和承租人或者次承租人之间合理分配相关补偿项目，需要综合考虑合同约定、物权保护以及实际经营等情况，基于公平原则在出租人与承租人之间进行利益平衡，如果处理不当，既影响清租、拆迁的进度和成本，还可能会进一步激化冲突。以事实为根据，以法律为准绳，是人民法院审理房屋租赁纠纷案件的基本原则。然而，社会发展有其客观必然性，法律受其稳定性所限而有滞后性与不周全性。于房屋租赁市场而言，各类新型租赁纠纷层出不穷，利益冲突错综复杂，单靠简单援引法律条文通常难以彻底解决问题。制定法律之初，为避免法律局限性所导致之立法漏洞，立法者通常以基本原则、一般条款等方式为日后司法实践中立法者、裁判者合理行使解释权、自由裁量权留有余地。当前，面对严峻的租赁纠纷审判压力，于司法实践中结合个案特点，引入利益权衡之裁判思路，充分发挥自由裁量权之最大效能，可谓缓解当前租赁纠纷中利益冲突之最佳方法。租赁案件中，除运用基本法律规则外，平衡各类纠纷主体之利益，应综合考量如下要素：（1）租赁场所之承租目的；（2）租赁环境之基本现状；（3）权利行使的合理限度；（4）租赁合同基本义务履行的情况；（5）缔结租赁合同的客观背景。[①] 因村改或租赁物被拆迁而导致租赁合同解除时，关于拆迁补偿款的分配，应综合把握此类纠纷的实质，在处理相关补偿项目的分配时，可以基于多方利益衡平，作如下处理：第一，在无特别约定的情况下，承租人在租赁合同期届满前搬离租赁物的，有权按剩余租期占合同约定租期（合同约定租期超过20年的，按20年计算）的比例（以下简称剩余租期比例）请求支付由其建设、添附、添置的地上建（构）筑物、装饰装修、不可搬迁设备等对应的补偿款。第二，关于承租人请求支付可搬迁设备补偿、存货原材料搬迁补偿等与其搬迁相关的补偿款的，无论承租人是否在租赁期限届满前搬离租赁物，均予以支持。第三，承租人搬离租赁物时租赁期限尚未届满，且评估报告已列明出租人可取得土地使用权价值补偿的，承租人有权请求支付临时安置补偿、停产停业损失补偿。法院可根据剩余租期比例、承租人所属行业、经营状况等个案因素对前述比例进行适当调整，调整承租人取得的临时安置补偿、停产停业损失补偿的比例。承租人搬离租赁物时租赁期限尚未届满，且评估报告未列明一手承租人可取得土地使用权价值补偿的，承租人有权按照剩余租期比例请求支付临时安置补偿、停产停业损失补偿。承租人搬离租赁物时租赁期限已届满的，无权请求支付临时安置补偿、停产停业损失补偿。需要说明的是，如果出租人可取得土地使用权价值补偿，其损失已得到一定的补偿。故根据公平原则，临时安置补偿、停产停业损失补偿应在承租人、出租人间作平均分配，并可根据个案情况进行适当调整。只要评估报告已列明出租人可取得土地使用权价值补偿等补偿款的，出租人已有取得该款项的合理预期，即使出租人尚未实际取得该项补偿款，承租人仍有权请求支付临时安置补偿、停产停业损失补偿。

---

① 上海市闵行区人民法院课题组：《城镇房屋租赁纠纷利益冲突化解机制研究》，载《法律适用》2015年第9期。

（六）情势变更原则在房屋租赁合同纠纷案件中的司法适用

情势变更制度最早见于最高人民法院于1986年4月14日发布的《最高人民法院关于审理农村承包合同纠纷案件若干问题的意见》以及于1993年5月6日发布的《全国经济审判工作座谈会纪要》中。其后在1999年全国人大常委会将情势变更制度写入《合同法（草案）》，但在最终公布的文本中却将其删除，究其原因，情势变更制度可能破坏原本稳定的合同拘束力体系。[①]之后在2003年《最高人民法院关于在防治传染性非典型肺炎期间依法做好人民法院相关审判、执行工作的通知》中也有过关于情势变更原则的规定。新冠肺炎疫情对房屋租赁合同产生的影响，主要是针对承租人而言的，比如无法正常对外经营、收益明显减少等，作为应对，承租人有可能援引情势变更原则要求变更或解除合同。而出租人出租房屋的合同目的是收取租金，原租赁合同的继续履行，没有损害其预期收益，对其而言不会产生显失公平的情形。因此，出租人没有主动援引情势变更原则主张变更或者解除合同的可能性。对于承租人援引情势变更原则主张减免租金、延长租期或者解除合同的处理，就此问题，应根据租赁房屋的用途以及疫情对租赁合同履行产生的影响区别审查。对于商业用房租赁合同，承租人的合同目的是通过对外经营活动获取利润回报，疫情防控可能导致其营业收入减少、无法正常经营等情形，承租人因此援引情势变更原则主张减免租金、延长租期或者解除合同的，要结合租赁房屋的具体用途、是否处于疫区、疫情的严重程度、营业收入减少或无法经营与疫情的因果关系以及关联程度等具体个案情形，综合进行判断继续履行合同是否对于承租人显失公平或者不能实现合同目的，进而根据公平原则，决定是否减免租金、延长租期或者解除合同。基于此，最高人民法院发布的《最高人民法院关于依法妥善审理涉新冠肺炎疫情民事案件若干问题的指导意见（二）》根据租赁房屋是否属于国有房屋也分别作出相应规定。但需要注意的是，公平原则是对于合同双方当事人而言的，如果免除承租人疫情期间的全部租金，实际上是将疫情带来的全部风险转嫁给出租人，对于出租人是不公平的，因此，应当适度分配疫情风险，不能过度偏向承租人，损害出租人的合法权益。对于住宅租赁合同，即便发生了疫情，也没有直接影响租赁房屋的居住、使用功能，合同履行受疫情影响较小，承租人不能以

① 梁慧星：《统一合同法：成功与不足》，载《中国法学》1999年第3期。

情势变更为由要求变更或者解除合同。[①] 为了回应实践需求、统一裁判尺度，《民法典》第533条将情势变更制度予以明确规定，肯定了其在合同编中的体系地位。与《最高人民法院关于适用〈中华人民共和国合同法〉若干问题的解释（二）》（已废止，下同）第26条相比，《民法典》第533条延续了将情势变更与商业风险进行严格区分的态度，同时删去了“非不可抗力造成”与“不能实现合同目的”的要求，并在法律后果上增加了“重新协商”程序。比较而言，《民法典》第533条调整了《最高人民法院关于适用〈中华人民共和国合同法〉若干问题的解释（二）》的情势变更规则，实务中应予注意。一是删除“非不可抗力造成”的条件限制，将不可抗力引发的某些合同订立基础的变化，也纳入情势变更规则之中。情势变更之“情势”的内涵相对确定，但外延具有开放性，只要是在合同订立时不能预见、履行完毕前发生、不属于商业风险的重大客观变化，均可成为该“情势”。二是认定情势之“变更”，重点在于判断“无法预见”与“重大变化”，前者要求按一般谨慎人标准认定风险，无法定或约定的风险分配规则；后者要求变化重大到“继续履行合同对于一方当事人明显不公平”的程度。三是基于鼓励交易、尊重意思自治的考虑，引入了再协商程序，但再协商是当事人的权利而非义务。四是由法院根据公平原则和个案情况，选择变更还是解除合同，并处理变更或解除后的法律后果。[②]

四、审查要素及相关程序问题

（一）立案审查

【审查要点】

当事人合同中约定了有效的仲裁条款，或者另行达成书面仲裁协议的，告知原告向仲裁机构申请仲裁，人民法院不予受理。

【规范指引】

《民事诉讼法》第127条；《最高人民法院关于适用〈中华人民共和国民事诉讼法〉的解释》第215条。

---

① 最新法律文件解读丛书编选组：《民事法律文件解读》（总第185辑），人民法院出版社2020年版，第109页。

② 茆荣华主编：《〈民法典〉适用与司法实务》，法律出版社2020年版，第350页。

（二）管辖审查

【审查要点】

房屋租赁合同案件由房屋所在地法院专属管辖，当事人不能协议约定管辖法院。

【规范指引】

《民事诉讼法》第 34 条；《最高人民法院关于适用〈中华人民共和国民事诉讼法〉的解释》第 28 条。

（三）诉讼主体审查

【审查要点】

1. 房屋租赁合同纠纷的当事人主要有出租人、承租人、次承租人等。出租人依据租赁合同提起诉讼的案件中，一般以承租人为被告，如果存在转租关系等特殊情况，可能以次承租人为共同被告或第三人。承租人依据租赁合同提起的诉讼中，一般以出租人为被告。次承租人依据转租合同提起的诉讼中，以承租人（转租人）为被告。

2. 基于合同相对性原则，一般应根据房屋租赁合同记载确定出租人、承租人范围。

3. 租赁房屋在承租人按照租赁合同占有房屋时发生所有权变动的，新的所有权人可以成为租赁合同的出租人，但当事人有特别约定，或者原出租人本来就不是房屋所有权人等特殊情况除外。

4. 与承租人共同居住，但未列入租赁合同当事人的房屋使用人，不是租赁合同的承租人。

5. 承租人在房屋租赁期限内死亡的，与其生前共同居住的人或者共同经营人可以取得原租赁合同的承租人身份。

6. 营利法人的设立人为设立法人以自己的名义签订租赁合同租赁房屋而产生的合同责任，法人设立后，出租人有权选择请求法人或者设立人承担。

【规范指引】

《民法典》第 75 条、第 465 条、第 725 条、第 732 条；《最高人民法院关于适用〈中华人民共和国公司法〉若干问题的规定（三）》第 2 条、第 3 条、第 4 条。

第二节　房屋租赁合同请求权及请求权基础审查

一、确认合同无效的诉讼请求基础审查

审理房屋租赁合同纠纷，人民法院须依职权审查合同效力，此系实质审理的第一步，也是必不可少的一步。关于合同效力问题，还有一些导致合同全部或部分无效的特别案件。

（一）租赁期限超过二十年的部分无效

其基础规范为《民法典》第 705 条第 1 款。主要有以下情形：一是约定租赁期限为二十年且到期后赠送十年，应理解为实际约定租赁期限为三十年，则超过二十年部分无效。二是约定租赁期限为十年，并同时约定到期后自动续期二十年。该情形下，应理解为约定的是三十年租赁期限，超过二十年部分无效。

【规范指引】

《民法典》第 705 条。

（二）租赁期限超过临时建筑的使用期限部分的无效

其基础规范为《房屋租赁合同解释》第 3 条第 1 款第 1 句。此为对《民法典》第 153 条违反法律法规强制性规定无效的具体解释。

抗辩基础规范为《房屋租赁合同解释》第 3 条第 2 款第 2 句，即租赁房屋在一审法庭辩论终结前经主管部门批准延长使用期限的，房屋租赁合同有效。构成要件：一是得到主管部门批准延长使用；二是一审法庭辩论终结前办理完毕延长审批手续。

【规范指引】

《民法典》第 153 条；《房屋租赁合同解释》第 3 条。

（三）就未取得建设工程规划许可证或者未按照建设工程规划许可证的规定建设的房屋订立的房屋租赁合同无效

其基础规范为《房屋租赁合同解释》第 2 条第 1 句，此为对《民法典》第 153 条违反法律法规强制性规定无效的具体解释。房屋租赁合同标的物违

法的本质是违反《城乡规划法》规定，破坏城镇规划秩序，规避了政府对城镇规划监管，扰乱了国家行政管理秩序，法律对此持否定性评价。依照《城乡规划法》规定，禁止房屋建设者未取得建设工程规划许可证或者未按照建设工程规划许可证的规定进行建设，相关规章将上述建筑物表述为违法建筑物。

抗辩基础规范为《房屋租赁合同解释》第2条第2句但书，即租赁房屋在一审法庭辩论终结前取得建设工程规划许可证或者经主管部门批准建设的，房屋租赁合同有效。构成要件：一是取得建设工程规划许可证或者得到主管部门批准建设；二是一审法庭辩论终结前办理完毕建筑审批手续。

【规范指引】

《民法典》第153条;《城乡规划法》第40条;《房屋租赁合同解释》第2条。

（四）就未经批准或者未按照批准内容建设的临时建筑订立的房屋租赁合同无效

其基础规范为《房屋租赁合同解释》第3条第1款第1句。此为对《民法典》第153条违反法律法规强制性规定无效的具体解释。

抗辩基础规范为《房屋租赁合同解释》第3条第1款第2句，即租赁房屋在一审法庭辩论终结前经主管部门批准建设的，房屋租赁合同有效。构成要件：一是得到主管部门批准建设；二是一审法庭辩论终结前办理完毕建筑审批手续。

【规范指引】

《民法典》第153条;《房屋租赁合同解释》第3条。

二、合同无效后果的请求权基础审查

房屋租赁合同无效的法律后果，应该根据《民法典》第157条规定处理，即行为人因该行为取得的财产，应当予以返还；不能返还或者没有必要返还的，应当折价补偿。有过错的一方应当赔偿对方由此所受到的损失；各方都有过错的，应当各自承担相应的责任。

（一）出租人的占有使用费请求权

1. 请求权基础

请求权基础为《房屋租赁合同解释》第 4 条第 1 款。构成要件：一是房屋租赁合同无效；二是承租人占有使用了租赁房屋。还要注意以下几种情形：一是费用标准，一般情况可参照合同约定的租金标准，如双方未约定，可参考同时期的同地段同类房屋市场租金标准。合同无效，房屋符合约定用途的，出租人请求参照合同约定的租金标准支付占有使用费的，一般应予支持；出租人有证据证明房屋租赁合同被确认无效后，房屋所在地的租赁市场价格高于合同约定的租金标准的，对出租人参照市场价格计算占有使用费的请求，可以予以支持。合同被确认无效，出租人请求承租人支付免租期房屋占有使用费的，参照合同约定的剩余租赁期间占全部租赁期间的比例，并根据当事人的过错程度处理。二是占有使用费是否还需要计算利息的问题。因占有使用费本身即占有使用利益的折价体现，合同效力未确定时，其支付标准及支付时间未定，且考虑到其系持续性债务，故通过诉讼对合同效力进行确定并处理占有使用费时，可不予支持请求支付利息的主张。具体的情形及相关论述，将在后文详细展开。

2. 对方抗辩情形

占有使用费系对占有使用利益返还不能的折价补偿，故本质上仍属于债，系房屋占有使用利益的对价，因此，承租人仍可参照请求支付租金的抗辩。如同时履行抗辩等权利妨碍抗辩和已清偿、抵销等权利消灭抗辩，以及参照房屋租赁合同特点提出一些特别事由进行抗辩，并依据公平原则和诚信原则综合酌情确定占有使用费标准。特别抗辩的具体如下：

（1）不可抗力影响履行抗辩，即因不可抗力影响房屋占有使用的，根据不可抗力影响，承租人主张减免费用。

（2）因出租人原因影响房屋使用抗辩，即因出租人不当实施断水、断电、锁门等手段影响承租人使用房屋，承租人可主张减免费用。

（3）因维修租赁物影响房屋使用抗辩，即因维修租赁物影响承租人使用，承租人可以主张减免费用。

（4）次承租人已代付欠付费用抗辩，此种情形下，出租人不得再向承租人主张费用。

（5）第三人主张权利影响承租人使用、收益抗辩，即根据《民法典》第

723条的规定，第三人对租赁房屋主张权利，致使承租人不能对租赁物使用、收益的，承租人可以主张减免费用。需要注意的是，第三人主张权利应与承租人不能对租赁物进行使用、收益有因果关系。

（6）非承租人事由导致租赁房屋部分或全部损毁、灭失抗辩，即发生不可归责于承租人的事由致使租赁房屋部分或全部损毁、灭失，承租人可抗辩减免费用。

（7）承租人有证据证明出租人请求占有使用费的计算标准明显高于租赁市场价格的，对承租人降低占有使用费计算标准的抗辩，可以酌情予以确定。

【规范指引】

《民法典》第157条、第723条；《房屋租赁合同解释》第4条。

（二）承租人的装饰装修损失赔偿请求权

在司法实践中，因房屋租赁合同无效引起的装饰装修纠纷不仅包括铺设地板砖、吊设天花板、墙壁粉刷油漆等一般意义上的装饰装修，而且包括大量的承租人在租赁房屋内安装空调、电梯、水电、消防设施设备等增设物。按照装饰装修物与租赁房屋的结合程度有可分离（未形成附合）和不可分离（形成附合）两种形态。装饰装修物已与房屋结合在一起非毁损不可分离或者分离需花费巨大，可以认定形成附合；装饰装修物与房屋未完全结合尚未达到不可分离状态，则不能认定形成附合。如何判断装饰装修物与租赁房屋是否结合在一起而不能分离，则应按照附合规则，考虑其继续性与固定性的程度，依物理和社会经济观念来确定。一般情况下，装饰装修物与租赁房屋，已形成继续性和固定性的，非毁损不能分离或分离需花费巨大，则可以认定该装饰装修物与租赁房屋形成附合。①

1. 请求权基础

请求权基础为《民法典》第157条，具体适用依据为《房屋租赁合同解释》第7条第2款第2分句。构成要件：一是房屋租赁合同无效；二是装饰装修经出租人同意；三是装饰装修形成附合；四是装饰装修仍存在残余价值；五是出租人不同意利用；六是出租人对合同无效存在过错。

出租人同意装修主要有以下几种形式：一是出租人明确同意的；二是出

---

① 最高人民法院民事审判第一庭编著：《最高人民法院关于审理城镇房屋租赁合同纠纷案件司法解释的理解与适用》，人民法院出版社2009年版，第118~119页。

租人知道或应当知道承租人对租赁房屋进行装饰装修，未及时提出异议的；三是出租人为承租人装饰装修提供协助的；四是根据租赁房屋原状况和合同约定的用途，房屋经装饰装修才能使用的。

2. 对方抗辩情形

出租人抗辩基础为《房屋租赁合同解释》第7条第2款第2分句、第10条第1句、第11条第1句。主要情形如下：一是承租人的装饰装修未取得出租人的同意；二是房屋租赁合同被确认无效，但是租赁期限已经届满；三是出租人对合同无效没有过错。在房屋租赁活动中，承租人在未经出租人同意的情况下，擅自对房屋进行装饰装修，改变了房屋形态，可以看作恶意装修，因而构成对房屋所有权的侵害，依法应当承担侵权责任。根据恶意当事人不受法律保护之原则，不应支持承租人装修费用补偿请求。如经出租人同意进行装饰装修，对于形成附合的装饰装修损失，按照双方过错大小比例分担损失。

【规范指引】

《民法典》第157条；《房屋租赁合同解释》第7条、第10条、第11条。

（三）承租人的扩建造价费用请求权

对于房屋而言，其扩建主要是指在原有房屋基础上加高加层，增加其使用面积。①

1. 请求权基础

请求权基础为《房屋租赁合同解释》第12条，构成要件如下：一是承租人实施扩建；二是征得出租人同意；三是双方对扩建费用承担没有约定；四是办理合法建设手续，或者虽未办理合法建设手续，但出租人对此存在过错（该种情形下，按过错大小比例承担损失）。

出租人同意扩建主要有以下几种形式：一是出租人明确同意的；二是出租人知道或应当知道承租人对租赁房屋进行扩建，未及时提出异议的；三是出租人为承租人扩建提供协助的；四是根据租赁房屋原状况和合同约定的用途，房屋经扩建才能使用的。

---

① 最高人民法院民事审判第一庭编著：《最高人民法院关于审理城镇房屋租赁合同纠纷案件司法解释的理解与适用》，人民法院出版社2009年版，第181页。

2. 对方抗辩情形

出租人就承租人的本项费用请求权，其抗辩基础规范为《房屋租赁合同解释》第 11 条和第 12 条。具体有如下三种情形：一是承租人未经出租人同意实施扩建；二是承租人已取得出租人同意，但双方就费用承担有约定，此时则按照约定处理；三是承租人已取得出租人同意扩建，然而未办理合法建设手续且承租人对此有全部过错。

另外需要说明的是，扩建部分未取得合法建设手续的原因可能有出租人过错、承租人过错、出租人和承租人均有过错以及双方均无过错等多种情形。根据《民法典》第 157 条及第八章“民事责任”的相关规定，对应上述不同原因，扩建费用应根据过错情况按下列原则处理：第一，只有出租人存在过错时，承租人的扩建费用损失应由有过错的出租人承担；第二，只有承租人存在过错时，其扩建费用损失由其自担；第三，双方均有过错时，则扩建费用损失由出租人、承租人按照过错承担；第四，双方均无过错时，则按公平原则，由出租人、承租人共同分担。①

【规范指引】

《民法典》第 157 条；《房屋租赁合同解释》第 11 条、第 12 条。

三、合同相对方诉请解除租赁合同请求权基础审查

解除租赁合同是合同相对方打破履约僵局的一种途径，由合同相对方提出解除合同事由，试图以此事由达到停止履约目的，包含协商解除、约定解除、任意解除及法定解除四种情形，《民法典》对以上四种解除合同情形分别作出不同规定。需要强调的是，以上解除合同情形均基于合同成立且合法有效的法定前提，该前提是合同解除权必要构成要件，下篇不再赘述，并将区分不同解除合同情形进行阐述。

（一）协商解除

1. 请求权基础

协商解除的请求权基础为《民法典》第 562 条第 1 款。根据该条规定，该情形下请求权构成要件为出租方与承租方双方在合同期内通过协商达成解

---

① 最高人民法院民事审判第一庭编著：《最高人民法院关于审理城镇房屋租赁合同纠纷案件司法解释的理解与适用》，人民法院出版社 2009 年版，第 186~187 页。

除原有租赁合同的意思表示，注意应区分法定解除、约定解除的请求权基础。

2. 对方抗辩情形

由于沟通协商过程中对于是否协商一致容易出现个人理解偏差，因而在诉讼过程中对方多会提出未经协商一致的抗辩。

3. 审查要点

一是当事人双方是否确实提出并明确回应解除合同主张，达成意思表示一致。重点应审查前后协商过程记录，根据能否形成完整证据链得出是否协商一致达成解约的意思表示的结论。在实践中，多有当事方未正面答复对方解约主张，而以实际搬离行动或确定撤场搬离时间、达成赔偿协议等方式表示同意解约诉求，故审查时不能局限于言语上的明示同意，还应注意当事人是否以实际行动同意解约。可以围绕意思表示的相关规定、理论予以认定。

二是解约的意思表示是否合法有效。租赁双方协商一致解除合同，实际系以达成新协议的形式解除原有租赁合同。为使解除协议产生拘束力且达到解约效果，则解约协议同时应具备法定生效要件。若经审查缺失生效要件，如非真实意思表示、受胁迫达成等，则解约协议不发生效力，原租赁合同应继续履行。

三是协商一致的解约意思表示内容不必然包含对解约后果的处理。租赁交易中，当事人双方往往是因发生争议而产生解约的想法，但多数仅在解约层面达成一致，对解约后果包括损失补偿、租赁物返还时间、租金结算等结算清理事宜未能协商一致或者说有较大争议。由于解约后果的处理在争议较大的情形下会耗时长久，不利于纠纷解决，故从充分遵循意思自治原则、实现市场资源再配置角度考虑，《民法典合同编解释》第 52 条采用搁置争议的做法，只要双方均有解约的意思表示即可适用《民法典》第 562 条第 1 款得出协商一致解除合同的认定，对解约后果再行协商或判决。

【规范指引】

《民法典》第 562 条。

（二）约定解除

1. 请求权基础

约定解除的请求权基础为《民法典》第 562 条第 2 款，具体为租赁双方提前于租赁合同中约定行使合同解除权事由，如欠付租金达到一定程度、损坏租赁物设施、阻碍租赁物使用等，履约过程中待条件满足，当事人一方即可主张行使合同解除权。

2. 对方抗辩情形

以上合同约定解除事由多以对方违约为基础，故而相对方一般会提出解除合同事由未发生的抗辩主张。当然，约定的解除合同的条件也可能为客观履约受阻情形，如遇拆迁改造等。

3. 审查要点

一是合同约定解除事由是否发生。因租赁合同为双方协商一致签订，故租赁双方对预设的解除合同事由应有一定的心理预期，故而应重点审查该合同解除事由的发生过程正当性及结果正确性。例如，针对欠付租金达数月后解除合同的预设事由，应审查租金欠付过程中出租方有无恶意拒收租金情形、承租方欠付租金是否源于其他合约正当事由等，此为过程正当性审查；进而还应审查是否确已达到合同约定的欠付租金程度，此为正确性审查。

二是行使解除权一方是否通知对方。《民法典》第563条对约定解除权的行使提出通知的要求，亦即行使解除权一方在确实享有合同解除权的情形下应提前通知，方能达到解除合同的法律效果，后续亦能以解约通知到达之日作为认定合同解除时间的依据。

三是解除权行使期限是否届满。《民法典》第564条对行使解除权期限作出明确规定。在法定、约定的解除权行使期间，当事人不履行合同解除权的，该权利即告消灭。租赁合同项下行使解除权期限一般由当事人自行约定，故而行使解除权一方应遵守上述期限，超出期限后解除权自动消灭，由该方自行承担不利法律后果。同时还应注意，在对解除权期限未作明确约定的情形下，则应遵照《民法典》第564条第2款判定解除权行使有无超期，具体为自知道或应当知道解除事由之日起一年内或经对方催告后的合理期限，后者"合理期限"应结合案件事实具体判定。

【规范指引】

《民法典》第562条、第563条、第564条。

（三）任意解除

1. 请求权基础

任意解除的请求权基础为《民法典》第730条、第731条，具体构成要件如下：租赁期限没有约定或约定不明，又称不定期租赁，或租赁物质量不合格影响承租人安全或健康。

2. 对方抗辩情形

基于以上法律规定，对方抗辩主张主要包括未在合理期限内通知解约、租赁物不存在危及人身安全健康的质量问题等。

3. 审查要点

一是租赁期限不定。根据《民法典》第 730 条的规定，在不定期租赁关系中，租赁双方享有任意解除权，故应区别于定期租赁作审查。根据《民法典》第 707 条、第 730 条、第 734 条的规定，租赁期限不定有以下几种形式：第一，未采用书面形式、无法确定租赁期限的视为不定期租赁；第二，对租赁期限没有约定或约定不明；第三，租赁期限届满后双方对继续租赁无异议，原租赁合同继续有效，后续视作不定期租赁。

二是租赁物是否存在危及人身安全健康的质量问题。是否存在该等质量问题受个人主观感受、客观环境条件等影响，因而争议较大，譬如甲醛、噪音、基建、消防等，审判实务中可视具体案情决定是否通过司法鉴定确定房屋质量问题影响。同时应注意，《民法典》第 731 条明确规定即使承租方明知存在该等质量问题，其仍具备任意解除权。

三是是否在合理期限内提前通知。由于任意解除合同确会对租赁一方造成影响，故从避免损失扩大、维护交易秩序角度出发，行使任意解除权应在合理期限内提前通知，否则将影响合同解除时间的认定及损失赔偿的过错界定。

【规范指引】

《民法典》第 707 条、第 730 条、第 731 条、第 734 条。

（四）法定解除

1. 请求权基础

法定解除，即合同解除权的行使条件由法律明文规定，具体请求权基础为《民法典》第 563 条、第 711 条、第 716 条、第 722 条、第 724 条、第 729 条及《房屋租赁合同解释》第 5 条、第 6 条。由于法定解除权所涉情形较多，抗辩主张不一，下篇将按照具体抗辩主张详述。

2. 对方抗辩情形及对应审查要点

一是不构成不可抗力，未导致合同目的落空。

审查要点：根据《民法典》第 180 条的规定，不可抗力，主要是指不能预见、不能避免且不能克服的客观情况。目前，对于不可抗力事件的具体构成范围，我国法律并无明确规定，实务中，自然现象如地震、台风、洪灾等，社会现象如战争、政治事件等，都可认定为不可抗力，其他如商业风险等可预见事件，则不属于上述“不可抗力”范畴。同时，即使存在不可抗力事件，仍需审查是否确已导致合同目的无法实现，如只是导致合同暂时不能履行，则应审慎从严认定当事人此时提出的解除合同主张，轻易解约将可能加重对方损失、浪费社会资源。

二是租赁一方已在合约或合理期限内履行合同主要义务，不会导致合同目的无法实现。

审查要点：主要权利义务的形式及履行是考量租赁合同目的能否实现的重要标杆。在租赁交易过程中，一方多以对方未履行主要义务 / 主要债务主张构成法定解除事由从而主张解约，因而，应重点把握当事人履约程度。是否合约履约，依照合同约定判定即可，重点及难点在于轻微违约及合理期限内补充履约的情形认定及把握。从法定解除权的订立意义分析，法律赋予该解除权的目的在于破解合同目的无法实现的僵局，因而《民法典》第 563 条第 2 项、第 3 项、第 4 项均是以合同目的无法实现为前提，如当事人违约情节轻微或经催告后在合理期限内补充履约、主动承担违约补偿责任等，则双方继续履约及合同目的实现仍存在较大可能性，此时则不应轻易支持解约。

具体抗辩请求：

（1）承租方抗辩：承租方正当使用租赁物，未使租赁物受损。根据《民法典》第 710 条、第 711 条的规定，应审查承租方是否按照约定的方法正确使用租赁物，如合同未作约定，则应审查是否按照租赁物性质进行使用，同时还应审查承租方的不当使用是否确造成租赁物受损的后果。

（2）承租方抗辩：出租方同意承租方转租或未对承租方转租行为提出异议。根据《民法典》第 716 条的规定，因承租方擅自转租的，出租方可以解除合同，在此应审查承租方转租行为是否经出租方明示或默示同意，默示同意根据《民法典》第 718 条的规定主要是指出租方明知转租行为，但未在合理期限内提出异议，该合理期限为出租方知道或应当知道转租行为之日起 6 个月内。实务中，可以结合次承租方的开业宣传事实、有无代付租金水电费等综合推断。

（3）出租方抗辩：系承租方原因导致租赁物无法使用或毁损。根据《民法典》第 724 条、第 729 条的规定，承租方享有法定解除权的条件如下：租赁物被司法机关或者行政机关依法查封扣押；租赁物权属争议；租赁物违反关于使用条件的强制性规定；租赁物毁损导致合同目的无法实现。以上四个条件择其一即可，但均以不归咎于承租方为前提。故此，在承租方依据该条款提出解约时，应审查以上租赁物使用功能及物权方面的争议或缺陷具体由哪方原因所致，是否影响租赁物使用。如经审查系第三人或出租方原因所致，则承租方有权提出解约。同时应注意“强制性规定”指向使用条件，如租赁物需要进行二次消防验收等，应区别于租赁物规划报建方面的强制性规定。

（4）出租方抗辩：一房多租情形下，承租方已实际占有房屋。根据《房屋租赁合同解释》第5条的规定，出租方一房多租情形下，实际承租方按以下顺序予以确定：合法占有房屋；办理备案登记手续；订立合同在先。故承租方提出的一房多租并不必然成就承租方的法定解除权，仅有在承租方未实际占有房屋的情形下，其方具备法定解除权。如经查实承租方已实际占有房屋，则其与出租方已成功形成房屋租赁合同关系，出租方一房多租并不会影响承租方实现合同目的。

（5）承租方抗辩：承租方并未变动或系经得出租方同意变动房屋主体承重结构，或承租方虽变动房屋结构但出租方并未提出异议，以及承租方已在合理期限内按出租方要求恢复原状。

在租赁交易过程中，租赁物的使用安全保障是重要一环，承租方负有正当使用租赁物的合同义务，但承租方在具体使用过程中，不可避免会根据租赁用途对房屋内部进行修缮改动，譬如二次装修等，故出租方亦应有所容忍。根据《房屋租赁合同解释》第6条的规定，承租方应在改动过程中避免对房屋主体结构安全造成影响，如确需改动，亦应经得出租方同意，否则出租方有权行使解除权。但需注意，如承租方经出租方要求已在合理期限内恢复原状，此时房屋主体结构安全已重获保障，不会影响出租方实现合同目的，则对出租方解约诉请应慎重考量。

【规范指引】

《民法典》第180条、第563条、第710条、第711条、第716条、第718条、第720条、第724条、第729条；《房屋租赁合同解释》第5条、第6条。

（五）因情势变更诉请解除合同

1. 请求权基础

请求权基础为《民法典》第533条，当然房屋租赁合同成立且有效也是请求权基础。构成要件：一是房屋租赁合同成立且有效；二是合同的基础条件发生了重大变化；三是情势变更发生在合同成立之后、履行完毕之前；四是该重大变化是当事人在订立合同时无法预见的；五是继续履行合同对当事人一方明显不公平。

2. 对方抗辩情形

相对方除了提出诸如其非合同相对人、合同不成立、无效等一般性法律关系的抗辩，还可能提出系商业风险、继续履行未对一方明显不公平、未在合理期限内协商的抗辩，并由此产生不得依公平原则解除合同的法律效果，即抗辩成立。具体如下：

（1）商业风险抗辩，即属于从事商业活动所固有的风险。可预见性是区分情势变更与商业风险的主要依据。其抗辩基础为《民法典》第533条。在可预见性的判断上，应当以客观标准，即不以特定的订约人而是以一个抽象的一般理性交易人作为考察的对象。可预见性包含了可归责性，情势变更因其不可预见而不具备可归责性；相反，因为商业风险可以被预见，当事人主观上是可被归责的。最高人民法院在《关于当前形势下审理民商事合同纠纷案件若干问题的指导意见》中指出："商业风险属于从事商业活动的固有风险，诸如尚未达到异常变动程度的供求关系变化、价格涨跌等。情势变更是当事人在缔约时无法预见的非市场系统固有的风险。人民法院在判断某种重大客观变化是否属于情势变更时，应当注意衡量风险类型是否属于社会一般观念上的事先无法预见、风险程度是否远远超出正常人的合理预期、风险是否可以防范和控制、交易性质是否属于通常的'高风险高收益'范围等因素，并结合市场的具体情况，在个案中识别情势变更和商业风险。"构成要件：一是可以预见；二是未达到异常变动程度。

（2）继续履行未对一方明显不公平抗辩，即继续履行不会违背公平原则。其抗辩基础为《民法典》第533条。对于当事人一方明显不公平，指继续履行合同会造成一方当事人履约能力严重不足、履行特别困难、继续履约会对其利益造成重大损害、明显违反公平原则。构成要件：一是对方具备履约能力；二是继续履约不会严重损害对方利益。

（3）未在合理期限内协商抗辩，即未经合理协商径行要求解除合同。其抗辩基础为《民法典》第533条。鼓励当事人重新协商，是尊重意思自治原则的体现，有利于双方当事人自行解决纠纷，减少司法干预。构成要件：一是重新协商的履行主体是受不利影响的一方当事人，受不利影响的当事人需要获得救济，不应被动等待相对方发起重新协商的请求。二是未提出重新协商的请求。同时，还需要注意程序性要求，即须向法院或仲裁机构提出。

【规范指引】

《民法典》第533条；《关于当前形势下审理民商事合同纠纷案件若干问题的指导意见》第3条。

四、合同解除后果

（一）基于合同解除诉请返还房屋

1. 请求权基础

请求权基础为《民法典》第733条，当然房屋租赁合同有效且被解除也是请求权基础。《民法典》第235条规定："无权占有不动产或者动产的，权利人可以请求返还原物。"出租人作为租赁物的权利人，在租赁合同终止的情况下，依据《民法典》物权编规定，可以请求承租人返还租赁物，承租人继续占有租赁物已构成"无权占有"。因此，承租人基于租赁合同而取得占有的租赁物，在租赁合同终止后，应当返还出租人。构成要件：一是房屋租赁合同有效且被解除；二是承租人继续占有租赁物。

2. 对方抗辩情形

相对方除了提出诸如其非合同相对人、合同不成立、无效等一般性法律关系的抗辩，还可能提出承租人继续使用但出租人未提出异议的抗辩，并由此产生无须立即返还房屋的法律效果，即抗辩成立。具体如下：

承租人继续使用但出租人未提出异议的抗辩，其抗辩基础为《民法典》第734条，即租赁期限届满但承租人继续使用租赁物，出租人未提出异议的，原租赁合同继续有效，但是租赁期限转为不定期，根据《民法典》第730条的规定，出租人此时可随时解除合同，但应当在合理期限之前通知对方，即给予合理的搬迁、腾退期限，否则承租人无须立即返还房屋。构成要件：一是出租人对承租人继续使用未提出异议；二是没有给予合理搬迁、腾退期限。

【规范指引】

《民法典》第235条、第730条、第733条、第734条。

（二）基于合同解除诉请支付房屋使用费

1. 请求权基础

请求权基础为《民法典》第566条，当然房屋租赁合同有效且被解除也是请求权基础。构成要件：一是房屋租赁合同有效且解除；二是承租人未返还租赁物。

2. 对方抗辩情形

相对方除了提出诸如其非合同相对人、合同不成立、无效等一般性法律关系的抗辩，还可能提出约定使用费过高、出租人未及时收回房屋导致损失扩大的抗辩，并由此产生少支付或无须支付房屋使用费的法律效果，即抗辩成立。具体如下：

（1）约定使用费过高抗辩，即合同约定未返还租赁物时需支付的房屋使用费标准过高，高于租赁物的市场价值，有违公平原则。其抗辩基础为《民法典》第 6 条，构成要件：一是租赁合同有约定合同解除后未返还租赁物需支付的使用费标准；二是约定的使用费标准高于租金标准。

（2）出租人未及时收回房屋导致损失扩大抗辩，即房屋具备收回条件的情况下，出租人未及时收回房屋导致损失扩大。其抗辩基础为《民法典》第 591 条，构成要件：一是承租人未按约返还房屋，存在违约；二是出租人未在合理期间内收回房屋导致损失扩大；三是出租人对损失的扩大有过失；四是扩大的损失与受损害方未及时采取合理的、适当的措施之间存在因果关系。

【规范指引】

《民法典》第 6 条、第 566 条、第 591 条。

（三）基于合同解除诉请恢复原状

1. 请求权基础

请求权基础为《民法典》第 566 条、第 715 条，当然房屋租赁合同有效且被解除也是请求权基础。构成要件：一是房屋租赁合同有效且被解除；二是租赁合同约定承租人负有恢复原状义务，或承租人未经出租人同意改善或者增设他物。

2. 对方抗辩情形

相对方除了提出诸如其非合同相对人、合同不成立、无效等一般性法律关系的抗辩，还可能提出交付时房屋原状标准不确定的抗辩，并由此产生无须恢复原状的法律效果，即抗辩成立。具体如下：

交付时房屋原状标准不确定抗辩，即无法确定承租人改变了租赁物原状。其抗辩基础为《民事诉讼法》第 67 条，构成要件：一是出租人无法举证房屋原状标准；二是根据日常生活经验法则无法推定房屋应有原状标准。

【规范指引】

《民法典》第566条、第715条；《民事诉讼法》第67条。

（四）基于合同解除诉请赔偿装饰装修损失

1. 请求权基础

请求权基础为《房屋租赁合同解释》第8条、第9条第1项，当然房屋租赁合同有效且被解除也是请求权基础。构成要件：一是房屋租赁合同有效且被解除；二是承租人经出租人同意装饰装修且存在损失。

2. 对方抗辩情形

相对方除了提出诸如其非合同相对人、合同不成立、无效等一般性法律关系的抗辩，还可能提出双方另有约定、对已形成附合的装饰装修物处理另有约定、承租人违约导致合同解除、双方违约导致合同解除、不可归责于双方的事由导致合同解除等的抗辩，并由此产生少赔偿或无须赔偿装饰装修损失的法律效果，即抗辩成立。具体如下：

（1）双方另有约定抗辩，即租赁合同已约定由出租人拆除未形成附合的装饰装修物。其抗辩基础为《房屋租赁合同解释》第8条，构成要件：一是存在未形成附合的装饰装修物；二是租赁合同已另行约定由出租人负责拆除。

（2）对已形成附合的装饰装修物处理另有约定抗辩，即租赁合同已约定如何处理形成附合的装饰装修物。其抗辩基础为《房屋租赁合同解释》第9条，构成要件：一是存在已形成附合的装饰装修物；二是租赁合同已明确约定如何处理。

（3）承租人违约导致合同解除抗辩，即承租人对合同解除存在过错，且直接导致合同解除。其抗辩基础为《房屋租赁合同解释》第9条第2项，构成要件：一是承租人违约；二是该违约行为直接导致合同解除；三是承租人请求赔偿剩余租赁期内装饰装修残值损失。

（4）双方违约导致合同解除抗辩，即合同当事人都违反合同，且双方违约共同导致合同解除，应根据过错比例承担租赁期内的装饰装修残值损失。其抗辩基础为《房屋租赁合同解释》第9条第3项，构成要件：一是合同当事人都违反合同；二是双方违约共同导致合同解除；三是存在剩余租赁期内的装饰装修残值损失。

（5）不可归责于双方的事由导致合同解除抗辩，即合同当事人对合同解除不负有过错责任。其抗辩基础为《房屋租赁合同解释》第 9 条第 4 项，构成要件：一是合同当事人均未违反合同；二是合同因不可归责双方的事由导致解除；三是存在剩余租赁期内的装饰装修残值损失。

【规范指引】

《房屋租赁合同解释》第 8 条、第 9 条。

（五）基于合同解除诉请支付解除合同违约金

1. 请求权基础

请求权基础为《民法典》第 585 条第 1 款，当然房屋租赁合同有效且解除也是请求权基础。构成要件：一是房屋租赁合同有效且被解除；二是租赁合同有约定解除合同违约金；三是一方违约导致解除合同。

2. 对方抗辩情形

相对方除了提出诸如其非合同相对人、合同不成立、无效等一般性法律关系的抗辩，还可能提出约定违约金过分高于造成损失的抗辩，并由此产生减少违约金的法律效果，即抗辩成立。具体如下：

约定违约金过分高于造成的损失抗辩。我们认为违约金系以“补偿性为主，惩罚性为辅”，补偿性乃其主要属性，违约金本质上属于损害赔偿额的预设，主要功能在于填补守约方的损失，相当于替代履行。若约定违约金“过分”高于造成的损失，则可对违约金进行酌减。其抗辩基础为《民法典》第 585 条第 2 款，构成要件：一是债务人提出申请并举证；二是约定违约金“过分”高于造成的损失。

【规范指引】

《民法典》第 585 条。

（六）基于合同解除诉请赔偿损失

1. 请求权基础

请求权基础为《民法典》第 566 条、第 584 条，当然房屋租赁合同有效且被解除也是请求权基础。构成要件：一是房屋租赁合同有效且被解除；二是一方违反合同约定；三是造成对方损失。

2. 对方抗辩情形

相对方除了提出诸如其非合同相对人、合同不成立、无效等一般性抗辩，还可能提出违约金过分高于损失、损失超出预见范围、对方没有采取适当措施防止损失扩大、对方损失的发生负有过错等抗辩，并由此产生无须赔偿或减少赔偿损失的法律效果，即抗辩成立。具体如下：

（1）违约金过分高于损失抗辩。我们认为违约金系以“补偿性为主，惩罚性为辅”，补偿性乃其主要属性，违约金本质上属于损害赔偿额的预设，主要功能在于填补守约方的损失，相当于替代履行。若约定违约金“过分”高于造成的损失，则可对违约金进行酌减。其抗辩基础为《民法典》第 585 条第 2 款，构成要件：一是违约方提出申请并举证；二是约定违约金过分高于造成的损失。

（2）损失超出预见范围抗辩，即违约方在订立合同时无法预见该损失。其抗辩基础为《民法典》第 584 条，构成要件：一是违约方提出损失无法预见的抗辩；二是该损失以社会一般人的预见能力为标准判断属无法预见。

（3）对方没有采取适当措施防止损失扩大抗辩，即受损方在具备减损条件的情况下，未采取合理措施造成损失扩大，应自行承担扩大的损失。其抗辩基础为《民法典》第 591 条，构成要件：一是违约方的违约行为导致了损害的发生，受损害方对损害的发生没有过错；二是受损害方未采取合理措施造成了损失扩大的后果；三是受损害方对损失的扩大有过失；四是扩大的损失与受损害方未及时采取合理的、适当的措施之间存在因果关系。

（4）对方对损失的发生负有过错抗辩，即受损失方的一方对损害的发生也有过错，应扣减受损失方过错相应的损失赔偿额。其抗辩基础为《民法典》第 592 条，构成要件：一是受损失方因对方违约受有损害；二是双方均有过错，违约方的违约行为引起了损害的发生，但受损失方的过错也是导致损害发生的原因；三是双方过错与损害之间有因果关系。

【规范指引】

《民法典》第 583 条、第 584 条、第 585 条、第 591 条、第 592 条。

五、违约责任

（一）继续履行请求权

继续履行请求权，是指在房屋租赁合同履行过程中，当一方违约时，守约方要求违约方继续履行合同的权利。包括请求继续交付房屋、支付租金、支付水电费、公用事业费等。

1. 请求权基础

请求权基础为《民法典》第 577 条，当然房屋租赁合同成立且有效也是请求权基础。构成要件：一是房屋租赁合同成立且有效；二是存在不当履行的违约行为；三是客观上具有履行的可能。

如果合同已经不能履行，那么就不可能再有继续履行责任的发生。无论是事实上的不能履行还是法律上的不能履行，都不应再有强制履行责任。在某些情况下，不能采取继续履行的方式，如法律上或事实上不能履行，债务的标的不适于强制履行，或债权人在合理期限内未要求履行，在致使合同目的不能实现时，则当事人只能采取请求终止合同并要求违约方赔偿损失的方法予以补救。

2. 对方抗辩情形

相对方除了提出诸如其非合同相对人、合同不成立、无效等一般性法律关系的抗辩，以及主张已经履行等权利消灭抗辩外，在房屋租赁合同纠纷中，针对请求继续履行的，诸如同时履行抗辩、先履行抗辩、不安抗辩等权利妨碍抗辩和合同履行不能的权利限制抗辩也比较常见，由此产生暂缓履行或终止履行的法律效果。具体如下：

（1）同时履行抗辩，是指在双务合同中，当未规定何方先履行的情况下，一方在对方未履行对待给付义务前，有权拒绝自己履行的权利。它是双务合同当事人享有的法定权利，而不是约定权利。该权利的目的是使一方在对方未履行或未适当履行合同义务时，能够对抗对方的履行请求，但不具有消灭对方请求权的效力，仅是具有在对方当事人履行之前，暂时性拒绝履行己方的义务。其抗辩基础为《民法典》第 525 条，构成要件：一是必须基于同一双务合同，且双方当事人都需互负债务，即双方当事人在同一合同中互享债权、互负债务，这种债务应当是互相对立的，即一方的债务是另一方的债权。二是双方互负的债务构成对待给付，且均已届清偿期。三是对方未履行债务或加害履行。四是对方的对待给付是客观上可能履行。

（2）先履行抗辩，是指在双务合同中，约定有先后履行顺序的，负有先履行义务的一方当事人未依照合同约定履行债务，后履行债务的一方当事人可以依据对方的不履行行为，拒绝对方当事人请求履行的抗辩权。其本质上是对先期违约的抗辩。其抗辩基础为《民法典》第 526 条，构成要件：一是当事人基于同一双务合同互负债务；二是当事人履行有先后的顺序；三是先履行合同债务一方当事人不履行合同债务或者履行合同债务不符合约定；四是先履行一方当事人应当先履行的债务是可以履行的。

（3）不安抗辩，是指在双务合同中，在后履行一方当事人出现财产状况严重恶化、丧失或可能丧失履行债务之能力等情形时，应先履行的一方当事人可以主张不安抗辩，在对方未履行对待给付或提供担保之前，可以拒绝自己债务之履行。其抗辩基础为《民法典》第 527 条，构成要件：一是双方当事人因同一双务合同而互负债务；二是后履行一方当事人有丧失或可能丧失履行债务能力的情形；三是应当先履行债务的当事人有确切证据证明对方丧失或可能丧失履行债务能力；四是先履行一方当事人中止履行合同义务必须及时通知对方。

（4）合同履行不能抗辩，当事人一方不履行非金钱债务或者履行非金钱债务不符合约定，且非金钱债务能够继续履行时，守约方可以请求违约方继续履行。虽然债务人应当继续履行合同是原则，但是当发生例外情形时，债务人可以抗辩债权人的履行请求。其抗辩基础为《民法典》第 580 条第 1 款，主要情形如下：一是法律上或者事实上不能履行。在房屋租赁合同纠纷中，约定的出租人交付租赁房屋期满，但出租人未履行房屋交付义务，承租人未能实际占有使用房屋，此时承租人无法履行租金交付义务。二是债务的标的不适于强制履行或者履行费用过高。具体到房屋租赁合同纠纷中，如租赁房屋维修义务，义务主体明确拒绝维修时，因系行为义务，不适合强制履行，守约方可以变更请求要求替代履行或者请求支付相应维修费用。三是债权人在合理期限内未请求履行非金钱债务。

【规范指引】

《民法典》第 525 条、第 526 条、第 527 条、第 577 条、第 580 条。

（二）出租人租金请求权

该项诉请实际系请求承担继续履行合同、支付租金的违约责任。

1. 请求权基础

请求权基础为《民法典》第 577 条、第 579 条、第 721 条、第 722 条，当然成立且有效的房屋租赁合同也是请求权基础。构成要件：一是房屋租赁合同成立且有效；二是租金支付期限届满；三是承租人未按期足额支付租金，即存在拖欠租金情形。

2. 对方抗辩情形

相对方除了提出诸如其非合同相对人、合同不成立、无效等一般性法律关系的抗辩，以及同时履行抗辩、先履行抗辩、不安抗辩、诉讼时效抗辩等权利妨碍抗辩和已清偿、抵消等权利消灭抗辩外，还可能结合房屋租赁合同特点提出一些特别事由的抗辩，并由此产生可暂时不支付、少支付或不需要支付租金的法律效果，即抗辩成立。具体如下：

（1）不可抗力影响履行抗辩，即因不可抗力不能履行合同的，根据不可抗力影响，相对人主张减免租金。其抗辩基础为《民法典》第 590 条，构成要件：一是发生不可抗力事件；二是不可抗力导致不能履行合同；三是不存在迟延履行后才发生不可抗力事件的情况；四是需要根据不可抗力影响程度酌情确定责任减免大小；五是无法律例外规定。

（2）出租人原因导致租赁物不适租影响房屋使用抗辩，如因出租人不当实施断水、断电、锁门等手段影响承租人对房屋使用，承租人可主张减少或不支付租金。其抗辩基础为《民法典》第 708 条，此为出租人负有适租义务的规定，构成要件：一是出租人交付的租赁房屋不符合约定使用条件。出租人需要按照租赁合同约定的时间向承租人交付房屋，并确保交付的房屋符合租赁合同的约定，处于正常的可使用状态。二是出租人在租赁期间未保持租赁物符合约定的使用状态。出租人对租赁房屋承担瑕疵担保。出租人需要承担瑕疵担保义务，包括物的瑕疵担保和权利的瑕疵担保。物的瑕疵担保，是指出租人应确保出租的房屋没有物理上的缺陷或损坏，能够正常使用。权利的瑕疵担保，是指出租人应担保不因第三人对承租人主张租赁物上的权利而使承租人无法依约对租赁物进行使用收益。在租赁期间，出租人有义务保持租赁物（即房屋）符合约定的用途。这包括确保房屋的正常使用和安全。

（3）因维修租赁物影响房屋使用抗辩，即因维修租赁物影响承租人使用，主张出租人应当相应减少租金或延长租期。其抗辩基础为《民法典》第 713 条，构成要件：一是约定由出租人承担租赁房屋的维修义务，或者未约定维修主体；二是租赁房屋存在需要维修情形；三是出租人在合理期间未进行维修；四是因维修房屋影响承租人使用。

（4）次承租人已代付欠付租金抗辩，即次承租人已行使代为支付租金权利且实际代付完毕，承租人可主张其支付租金义务已履行。其抗辩基础为《民法典》第 719 条，构成要件：一是承租人拖欠租金；二是经出租人同意，承租人将租赁房屋转租次承租人，或者出租人知道或应当知道承租人转租房屋但未在六个月内提出异议（视为同意情形）；三是次承租人向出租人代承租人支付了租金。

（5）第三人主张权利影响承租人使用、收益抗辩，即第三人对租赁房屋主张权利，致使承租人不能对租赁物使用、收益，承租人可主张减少或不支付租金。其抗辩基础为《民法典》第 723 条，构成要件：一是存在租赁关系。该条款涉及的是租赁合同中承租人和出租人之间的权利义务关系，因此，必须存在有效的租赁关系。二是第三人主张权利。这里的“第三人”指的是租赁关系以外的其他主体，他们基于某种原因（如所有权、担保权等）对租赁物提出了权利主张。这种主张可以是直接的，也可以是间接的，但必须是针对租赁物的。三是承租人无法对租赁物使用、收益。由于第三人的权利主张，承租人无法正常地使用或收益租赁物。这里的“使用”和“收益”是租赁合同中承租人的基本权利，如果这些权利受到影响，承租人就有权请求减少租金或者不支付租金。四是承租人及时通知出租人。当承租人知道或应当知道第三人主张权利时，应当及时通知出租人。这是承租人的义务，也是出租人了解租赁物状况、采取相应措施的必要条件。

（6）非承租人事由导致租赁房屋部分或全部损毁、灭失抗辩，即发生不可归责于承租人的事由致使租赁房屋部分或全部损毁、灭失，承租人可向承租人主张减少或不支付租金。其抗辩基础为《民法典》第 729 条，构成要件：一是租赁物部分或者全部毁损、灭失的事实存在；二是毁损、灭失的原因不可归责于承租人；三是承租人因租赁物毁损、灭失而遭受损失。

【规范指引】

《民法典》第 577 条、第 579 条、第 590 条、第 708 条、第 713 条、第 719 条、第 721 条、第 722 条、第 723 条、第 729 条。

（三）违约金请求权

概括来说，该项权利系请求承担因不履行合同义务或履行合同义务不符合约定应承担的违约责任的权利，诸如迟延履行、部分履行、瑕疵履行等情况。

1. 请求权基础

违约金请求权的基础为《民法典》第 577 条，当然成立且有效的房屋租赁合同也是请求权基础。构成要件：一是房屋租赁合同成立且有效；二是对方存在违约行为；三是针对违约行为约定了违约金。房屋租赁合同中常见的租赁保证金约定，也应理解为违约金约定。

2. 对方抗辩情形

相对方除了提出诸如其不存在违约行为，或者即使存在违约但具有减责、免责事由（如对方未尽损失扩大防止义务、不可抗力影响）等抗辩意见外，最常见的是提出违约金过高抗辩，即对于违约金请求，对方可以抗辩违约金过高要求酌减，其抗辩基础为《民法典》第 585 条第 2 款第 2 分句，规则为约定的违约金数额过分高于守约方因对方违约遭受的损失。根据《民法典合同编解释》第 65 条的规定，确定违约金过分高于损失的规则为以损失为基础，兼顾合同主体、交易类型、合同的履行情况、当事人的过错程度、履约背景等因素，运用公平原则和诚信原则进行衡量，一般而言，约定的违约金超过造成损失的百分之三十的，可以认定为过分高于造成的损失。为了贯彻诚信原则，恶意违约的当事人一方请求减少违约金的，人民法院一般不予支持。

【规范指引】

《民法典》第 577 条、第 585 条；《民法典合同编解释》第 65 条。

（四）违约损害赔偿请求权

与违约金请求权相同，该项权利同样系请求承担因不履行合同义务或履行合同义务不符合约定应承担的违约责任的权利。在司法实务中，除了通常违反双方明确的约定导致损失进而引发违约损害赔偿外，对双方未明确约定的诸如房屋使用、转租等情况所引发的违约损害赔偿，《民法典》和《房屋租赁合同解释》进行了规定，主要情形如下：

1. 租赁物不合理使用致损的违约损害赔偿请求权

承租人需依约或按租赁物的性质使用租赁房屋，否则应根据租赁房屋损失向出租人承担违约责任。

（1）请求权基础。请求权基础为《民法典》第 711 条，当然房屋租赁合同也是请求权基础，《房屋租赁合同解释》第 6 条规定承租人擅自变动房屋建筑主体和承重结构，也属于不当使用。构成要件：一是房屋租赁合同成立且有效；二是承租人不当使用租赁物；三是租赁物因被不当使用而致损。

（2）对方抗辩情形。承租人可提出租赁物的正常损耗不产生赔偿责任抗辩，意思是出租人应当容忍租赁物发生正常损耗。抗辩基础为《民法典》第 710 条，构成要件：一是承租人是按照约定方法使用租赁房屋或根据房屋用途、性质使用房屋或者是取得出租人同意进行特别使用或改造、变动；二是承租人合理使用房屋；三是租赁物的损耗是租赁物被使用的正常结果；四是租赁房屋发生的损耗系正常的折旧、老化或者装饰装修破损。

【规范指引】

《民法典》第 710 条、第 711 条;《房屋租赁合同解释》第 6 条。

2. 租赁物保管不善致损的违约损害赔偿请求权

承租人负有妥善保管租赁房屋的义务，应以善良管理人的注意去保管租赁物，因保管不善造成房屋损毁、灭失的，应向出租人承担违约责任。

（1）请求权基础。请求权基础为《民法典》第 714 条，当然房屋租赁合同也是请求权基础。构成要件：一是房屋租赁合同成立且有效；二是承租人未以善良管理人标准保管租赁房屋；三是租赁物因被不当保管而致损。

（2）对方抗辩情形。承租人可提出对租赁物已尽保管义务的抗辩，意思是出租人应当容忍租赁物发生正常损耗。抗辩基础为《民法典》第 714 条。承租人已尽妥善保管义务的认定规则，主要如下：一是约定保管方式或者法定保管方式。如果租赁合同中明确约定了保管方式，承租人应按照约定的方式进行保管。如果合同没有约定或者约定不明确，可以依据合同的有关条款或交易习惯来确定保管方式。无约定时，按法定保管方式承担特别保管责任，如关于消防安全责任，按照各地消防条例、房屋租赁管理规定等，通常要求在房屋租赁合同中订立消防安全条款，租赁合同双方应当按照规定对消防安全责任作出约定，由占有使用租赁物的承租人实际承担消防安全责任。二是保管行为。承租人需要采取合理的保管措施，确保租赁房屋保持其正常适宜的居住使用功能和收益功能。三是通知和协助。当租赁物出现质量问题或损坏时，承租人应及时通知出租人，并采取积极措施防止损坏的蔓延或损失的扩大。承租人还应协助出租人进行必要的维修或替换。

【规范指引】

《民法典》第 714 条。

3. 出租人就承租人租赁物擅自改善或增设他物致损的违约损害赔偿请求权

一般认为，在未经出租人同意的情况下，承租人对租赁物进行改善或者增设他物，违反租赁合同为承租人设定的应当合理使用并妥善保管租赁物的义务，构成违约行为，应当承担继续履行、采取补救措施或者赔偿损失等违约责任。另外，该行为也可能同时侵害出租人的所有权，构成侵权行为，应当承担停止侵害、返还财产、恢复原状或者赔偿损失等侵权责任。因此，这里存在违约责任和侵权责任竞合的问题。本节仅讨论违约损害赔偿责任。

（1）请求权基础。请求权基础为《民法典》第 715 条第 2 款，当然房屋租赁合同也是请求权基础，《房屋租赁合同解释》第 11 条规定承租人擅自装饰装修或扩建也属于不当改造情形。构成要件：一是房屋租赁合同成立且有效；二是承租人对租赁房屋进行改善或增设他物；三是未经出租人同意。

（2）对方抗辩情形。在租赁合同有效情况下，承租人可以提出其改善或增设他物行为已经出租人同意或视为同意的抗辩，抗辩基础为《民法典》第 715 条第 1 款，其构成要件为出租人同意，主要情形如下：一是房屋租赁合同就承租人对租赁物进行改善或者增设他物的范围、内容作出约定且承租人按约定实施。二是依照租赁物性质，承租人必须对租赁物进行改善或者增设他物才能实现合同目的的，出租人虽未明示同意，亦可由承租人对租赁物的合理使用加以解释，出租人不得以未明确同意承租人加以改造主张由其承担责任。

【规范指引】

《民法典》第 715 条；《房屋租赁合同解释》第 11 条。

4. 未经同意转租致租赁物受损的违约损害赔偿请求权

转租，是指承租人将租赁物转让给第三人使用、收益，承租人与第三人形成新的租赁合同关系，而承租人与出租人的租赁关系继续合法有效的一种交易形式。承租人是否对租赁物享有转租权，对于承租人对出租人是否构成违约及应否承担违约责任至关重要。

（1）请求权基础。请求权基础为《民法典》第 716 条，当然房屋租赁合同也是请求权基础。构成要件：一是房屋租赁合同成立且有效；二是次承租人造成租赁物损失；三是转租未经出租人同意。

（2）对方抗辩情形。在租赁合同有效的情况下，承租人可以提出转租已经出租人同意或视为同意的抗辩，抗辩基础为《民法典》第 716 条第 1 款第 1 句，其构成要件为出租人同意，主要情形如下：一是房屋租赁合同约定承租人可以转租、出租人明示可以转租或事后追认同意转租。二是视为出租人同意转租，即根据《民法典》第 718 条规定，出租人知道或应当知道承租人转租，但未在 6 个月内提出异议，视为出租人同意转租。三是依照租赁物性质或用途，承租人必须对租赁物进行转租才能实现合同目的的，出租人虽未明示同意，亦可由承租人对租赁物的合理使用加以解释，出租人不得以未明确同意承租人转租为由主张由其承担责任。

【规范指引】

《民法典》第 716 条、第 718 条。

5. 出租人侵害承租人优先购买权的违约损害赔偿权

在合同无明确约定情况下，通常情况下，承租人在同等条件下享有对租赁房屋的优先购买权。

（1）请求权基础。请求权基础为《民法典》第728条第1句，当然房屋租赁合同也是请求权基础。构成要件：一是房屋租赁合同成立且有效；二是合同未排除承租人同等条件下优先购买租赁房屋的权利；三是出租人出卖租赁房屋未通知、未在合理期限内通知承租人或有其他妨碍承租人行使优先购买权的行为；四是导致承租人损失。

（2）对方抗辩情形。承租人的优先购买权属于意定范畴，双方可通过合意约定或排除优先购买权，该权利属于合同权利，故不能对抗基于物权如共有产生的优先购买权，出租人抗辩基础为《民法典》第726条、第727条，主要抗辩情形如下：一是出租人已在合理期限内通知承租人行使优先购买的权利；二是承租人未提出符合出卖条件的同等购买条件；三是出租人系向其他按份共有人或近亲属出卖房屋；四是承租人未在合同期限内向承租人要求行使优先购买的权利。

【规范指引】

《民法典》第726条、第727条、第728条。

（五）出租人的恢复原状请求权

在房屋租赁合同纠纷中，恢复原状请求权的基础规范有两大类：一是出租人基于物权受到侵害的侵权损害赔偿请求权；二是出租人基于违反房屋租赁合同的一种违约救济请求权。本书重点讨论违约救济情境下的恢复原状请求权。关于违约责任，我国《民法典》第577条规定，当事人一方不履行合同义务或者履行合同义务不符合约定的，应当承担继续履行、采取补救措施或者赔偿损失等违约责任。该处"采取补救措施"的表述，可作为"恢复原状"的合同违约责任的渊源。关于出租人恢复原状请求权，《民法典》合同编关于房屋租赁合同一节第715条规定了恢复原状，除此之外，在《房屋租赁合同解释》中，第6条、第8条、第11条也存在恢复原状的表述。由此可见，在违约责任中，上述规范为出租人的恢复原状请求权的基础。

另有必要说明的两点是，第一，根据《民法典》第733条，租赁期限届满，返还房屋只要符合约定或者符合根据房屋的性质使用后的状态即可，如无特别约定，不以恢复原状为要。第二，《房屋租赁合同解释》第7条也有恢复原状责任表述，但系房屋租赁合同无效法律后果的规定，性质上可纳入侵权责任或缔约过失责任，而不属于合同违约责任。

【规范指引】

《民法典》第577条、第715条、第733条；《房屋租赁合同解释》第6条、第7条、第8条、第11条。

第三节　房屋租赁合同纠纷要件事实审查

一、要件事实理论在租赁合同纠纷审理中的运用

关于要件事实的定义，有法院对于原告所提出的作为诉讼标的的实体法上的权利（如借款返还请求权）或者法律关系（如借贷法律关系）作出是否存在的判断，这种判断是通过对案件具体事实是否存在的判断来完成的，而这些具体事实则应完全符合构成裁判规范的民法诸要件，这些民法要件决定了能否产生诸如权利的发生、消灭等各种法律效果。完全符合构成裁判规范的民法诸要件的具体事实，就是要件事实。[①] 要件事实理论能否在租赁合同纠纷诉讼中予以应用呢？事实上，已经有不少文章对此进行探讨。有观点认为，要件事实诉讼方法是一种民事诉讼思维，该理论的产生与体系化直接影响了民事司法理论和司法实践领域。它具有解释法律和指导诉讼两大基本功能。它虽然是作为一项舶来品传播到国内，但在我国法律体系中亦有其价值。第一，要件事实是一种工具。要件事实可以为法官审判提供指南，同时可以指导双方当事人提出诉讼主张，进行抗辩。我国法官在审理案件时严格依照三段论的思维展开。当案件的各项事实（小前提）满足实体法的规定（大前提），并且达到证明标准时才能产生结论中的法律效果。因此，梳理案件中的要件事实，对于法官和当事人都具有指导作用。一方面，法官可以依照标准对案件予以定性，明确法律适用。在辩论主义的民事诉讼体制下，法官的裁

---

① ［日］伊藤滋夫：《要件事实的基础——民事司法裁判结构》，［日］小林正弘译，法律出版社2022年版，第5页。

判基础是当事人所主张的要件事实。对于当事人未主张的要件事实，法官不能将其作为裁判的基础。法官在判决书中所阐述与论证的判决理由也只能围绕产生法律效果的要件事实来着手。另一方面，当事人可以依据要件事实来整理争点，维护自身权益。原告希望实现自己所预期的法律效果，必须提供民事实体法规定的法律要件所反映的要件事实。如果原告未提供相应的要件事实，法院不会支持其主张。被告可以对原告所提出的要件事实进行否认或反驳，这种防御是具有针对性的。因此，在诉讼中，要件事实为当事人指明了攻击防御的标准，便于当事人迅速找到案件争点。总体来说，要件事实在运用过程中，规制着证明责任、诉讼标的，支配着当事人的诉讼行为。第二，要件事实是民事实体规范与程序规范衔接的纽带。一方面，要件事实使民事实体法与程序法的价值在司法实践中得以充分展现。要件事实理论并非单独存在的一个概念。作为一种思维方式，要件事实理论试图重述民法等实体法条文，从而系统性地梳理与运用民法。另一方面，它与民事实体法与程序法紧密联系，作用于具体案件中。要件事实实际上带动了诸多诉讼法的概念，如证明责任、诉讼标的等。换句话说，要件事实打通各民事法律上的概念，用以更好地剖析理解案件性质，进而更公正地处理案件。现实情况是很多当事人只关注民事实体法的规定，忽略了诉讼法在实践中的巨大作用。要件事实理论弥补了该方面的不足，对程序价值的实现起到重大作用。此外，民事判决中的法律判断，是通过对与案件诉讼标的相关的多种要件事实之存在与否进行判断，并就事实认定结论进行排列组合来完成的。因此，为了实现妥当、正确、迅速地进行民事审判之目的，要件事实理论就是不可或缺的，换言之，要件事实理论是民事诉讼审判活动的本质要求。[①] 因此，本书也从方便租赁合同纠纷审理角度出发，尝试用要件事实理论对其进行分析和运用。

二、房屋租赁合同效力认定相关请求的要件事实审查

准确认定房屋租赁合同效力，应从缔约主体、意思表示、租赁标的物、租赁期限等要件事实入手进行全面审查。对缔约主体要件事实的审查，一般包括对缔约主体民事行为能力、缔约主体出租权限、缔约代理权限的审查。司法实践中，在租赁合同效力认定争议中，对缔约主体问题的争议不多，主

---

① ［日］伊藤滋夫：《要件事实的基础——民事司法裁判结构》，［日］小林正弘译，法律出版社2022年版，第15页。

要是对意思表示、租赁标的物、租赁期限等要件事实的争议和审查认定。

（一）对缔约主体要件事实的审查

1. 对缔约主体民事行为能力的审查

（1）诉讼主张。主张缔约主体属于未成年人或者限制民事行为能力人，请求确认房屋租赁合同无效。此种情形下，其要件事实如下：

①该缔约主体缔结了房屋租赁合同；②该缔约主体属于未成年人或者限制民事行为能力人。

（2）抗辩。针对一方的事实主张，另一方一般从如下两方面进行抗辩：

①存在经法定代理人同意或事后追认的事实；②法定代理人对签约事实知情且同意，但故意利用缔约人的行为能力瑕疵，恶意主张合同无效。

关于缔约主体民事行为能力的诉讼主张，是根据《民法典》第 144 条规定以及第 145 条第 1 款的规定，对缔约主体是否属于未成年人或者限制民事行为能力人进行审查认定。在抗辩中，因房屋租赁合同系双务合同，订立房屋租赁合同不属于与限制民事行为能力人年龄、智力、精神健康状况相适应的民事法律行为，在未经法定代理人同意或事后追认的情况下，限制行为能力人订立的房屋租赁合同也应当被认定为无效。当然，实践中也存在法定代理人对签约事实知情且同意、但故意利用缔约人的行为能力瑕疵，恶意主张合同无效的情况。具体案件中，应结合缔约背景、交易目的、缔约过程、合同履行情况等判断法定代理人是否知情且同意，进而准确认定合同效力。

此外，从司法实践来看，对于成年人民事行为能力欠缺的审查认定方式有一定分歧，并未达成统一。有观点认为，成年人只有在经过法院特别程序认定之后才能成为无行为能力或限制行为能力人，认为成年人为无民事行为能力人或者限制行为能力人要依据《民事诉讼法》规定的程序，由人民法院通过判决作出认定，在个案审查中则不再对行为能力是否存在欠缺作出认定。还有观点认为，在未经特别程序认定的情况下不应排斥对当事人的行为能力进行个案判断，认定行为能力欠缺既可以基于法院特别程序，也可以基于对当事人的疾病诊断记录或司法鉴定意见及从事某行为时的认知情况。在我国法律体系下，认定成年人民事行为能力欠缺较为合理的模式应该是以特别程序的法律拟制为原则，辅之以行为能力的个案审查作为矫正。具体而言，在法律上因特别程序被认定为欠缺行为能力的，推定其为限制行为能力人或者无行为能力人，但个案中当事人可以通过举证证明被推定人在案涉法律场景或具体法律行为中具有行为能力而不适用这一法律推定。相反，完全民事行为能力人，法律推定其在行为时具有完全的行为能力，但当事人可以通过相反证据证明其在作出行为时行为能力存在欠缺。在这种审查认定方式之下，法院通过特别程序认定成年人的民事行为能力并不是成年人行为能力认定的必要条件。而在未经特别程序认定的情况下，亦可以通过个案事实审查综合认定成年人的行为能力状况。虽然强调个案审查的作用会带来举证的难题，并增加司法操作难度，但能尽量尊重当事人的自主决定权。毕竟，行为能力欠缺不是固定不变的，一个人在一项决定上欠缺行为能力，但不意味着他在其他不同类型的决定事项上欠缺所需要的行为能力。在英美法系国家存在“灵光时刻”的观点，该观点认为，即便经过宣告，亦不排除精神病人存在某种时刻，从而例外地能够理解其行为意义，并作出有效的意思表示。我国实际也具备个案审查的制度基础。《民法典》第 19 条规定，限制民事行为能力人可以独立实施纯获利益的民事法律行为或者与其年龄、智力相适应的民事法律行为。故限制行为能力人仅丧失了与他的精神状况不相适应的民事活动能力，其他法律行为则可以由本人单独实施。至于哪些法律行为受到限制，我国立法并没有对此列举，而是赋予法官一定裁量权，在具体案件中由法官依职权判断行为人有无能力实施该法律行为。[①]

2. 对缔约主体出租权限的审查

司法实践中，有当事人以出租人不具备出租房屋的权利为由，主张房屋租赁合同无效。实践中，对缔约主体出租权限进行审查主要包括以下几类：

（1）房屋部分共有人对外出租。共有物的管理问题，应由全体共有人协商后共同决定，其涉及对内、对外两个方面关系。首先，对内而言，有裁判观点认为，对共有物使用方法的判断缺乏客观标准，故在共有权人协商不成时，法院不能介入共有物的管理。对于共有物的利用行为，共有人对于共有物的使用收益方法不能达成协议起诉到人民法院的，人民法院应不予受理，已经受理的，应驳回起诉。共有人对于共有物的使用收益方法应协商予以解决，协商不成，其共有基础已经丧失，可就涉案房屋提起共有物分割之诉。其次，对外而言，部分共有人未经其他共有人同意擅自对外出租房屋，租赁合同的效力如何认定？此种情形下，其要件事实如下：①其他共有人未在合

① 李江英、赵恺祺：《关于成年人民事行为能力欠缺的审查认定模式思考》，载微信公众号“上海二中院”，2023 年 4 月 6 日。

同上签字；②出租人在共有房屋中占份额没有达到三分之二以上。

针对一方的事实主张，另一方一般从如下两个方面进行抗辩：①其他共有人虽然未在合同上签字，但对签约事实知情且同意；②出租人在共有房屋中占份额三分之二以上。

有观点认为，此种擅自对外出租房屋行为不应对不同意出租的共有人发生法律效力。也有观点认为，《民法典》第300条虽然规定每个共有人均有按照法律规定管理的权利和义务，但并非每个共有人均有任意管理的权利。由于房屋具有不可分性，包括出租房屋在内的对共有房屋处分及利用方法的选择在很多情况下具有唯一性。而对于包括出租在内的利用方法的选择，应当适用《民法典》第301条规定，即在无约定的情况下，出租共有房屋应当经占份额三分之二以上的按份共有人或者全体共同所有人同意。[①] 我们倾向认为，擅自出租共有房屋构成无权处分合同，应根据《民法典合同编解释》第19条第1款的规定进行处理："……当事人或者真正权利人仅以让与人在订立合同时对标的物没有所有权或者处分权为由主张合同无效的，人民法院不予支持；因未取得真正权利人事后同意或者让与人事后未取得处分权导致合同不能履行，受让人主张解除合同并请求让与人承担违反合同的赔偿责任的，人民法院依法予以支持。"

此外，实践中也要注意审查其他共有人是否存在虽然未在合同上签字，但对签约事实知情且同意的情况，有效规制出租人恶意违约损害承租人合法权益。

（2）承租人未经出租人同意对外转租。此种争议情形下，其要件事实如下：①出租人与承租人之间缔结了房屋租赁合同；②承租人将租赁物对外转租，如与次承租人签订合同等；③承租人未经出租人同意对外转租。

针对一方的事实主张，另一方一般从如下两方面进行抗辩：①出租人明确表示同意；②存在默示的情形，如出租人知道或者应当知道承租人转租，但在合理期间如六个月内未提出异议。

出租人同意对外转租的要件事实，其举证责任应由承租人承担。出租人可以明示同意也可以默示同意。根据之前2009年的《房屋租赁合同解释》第16条第1款的规定："出租人知道或者应当知道承租人转租，但在六个月内未

① 参见新疆某管理公司与新疆某投资公司房屋租赁合同纠纷案，新疆维吾尔自治区高级人民法院（2023）新民申30号民事裁定书。

提出异议，其以承租人未经同意为由请求解除合同或者认定转租合同无效的，人民法院不予支持。”据此，曾有观点认为根据前述条文的反向理解，承租人未经出租人同意对外签订的转租合同无效，也有观点认为效力待定。《民法典》第718条吸收并修正了前述条文，修订后的《房屋租赁合同解释》也删除了前述规定，彻底消除了前述争议。据此，无论是《民法典》实施前还是实施后，承租人未经出租人同意对外订立的转租合同，均应认定为有效合同，只不过对出租人不产生法律约束力，且出租人有权解除租赁合同。出租人解除合同的，次承租人可以解除转租合同并要求承租人承担违约责任。

（3）租赁过程中出租人丧失房屋所有权。《民法典》第725条规定：“租赁物在承租人按照租赁合同占有期限内发生所有权变动的，不影响租赁合同的效力。”据此，租赁期间内出租人丧失房屋所有权的，房屋租赁合同仍然有效。承租人的租赁权是否可以对抗房屋所有权的继受人，依照《民法典》第405条、《房屋租赁合同解释》第14条的规定，应结合租赁权是否在先设定、承租人是否实际占有、当事人是否另有约定等要件事实进行审查认定。

3. 对缔约代理权限的审查

代理行为包括委托代理和法定代理。关于委托代理，《民法典》第171条第1款和第172条规定了无权代理、表见代理等情况下房屋租赁合同效力的认定依据。实践中，另有一些涉及代理权限瑕疵的特殊情形，主要包括以下几类：

（1）冒名出租行为。此种争议情形下，一方主张另一方冒名出租，其要件事实如下：①出租人不是租赁物的所有权人；②出租人与承租人之间缔结了房屋租赁合同。

另一方可从以下两方面进行抗辩：①被冒名人已经开始履行合同义务或者接受承租人履行；②出租人对外出租行为构成表见代理。

冒名出租，意味着出租人有可能不是房屋的真正所有权人。首先，参照《民法典》第503条规定，被冒名人已经开始履行合同义务或者接受承租人履行的，视为对合同的追认，房屋租赁合同有效。其次，若被冒名人未被追认，应判断是否构成表见代理。若冒名人确实具备足以使承租人产生信赖的权利外观且被冒名人存在可归责性时，房屋租赁合同原则上有效并直接约束承租人和被冒名人。最后，若被冒名人未予追认，亦不构成表见代理，房屋租赁合同无效，冒名人和承租人签订的房屋租赁合同对被冒名人无法律约束力。

（2）监护人出租被监护人的房屋。监护人代替被监护人从事民事法律行为，属于法定代理范畴。如张某与吕某、马某房屋租赁合同纠纷案[①]中，吕某系涉案房屋的产权人，涉案的商铺租赁合同以及补充协议签订时吕某尚未成年，吕某2作为吕某的父亲，以监护人身份，可以代为签订相关合同。吕某2代吕某与张某、马某签订的商铺租赁合同以及补充协议系双方真实意思表示，未违反法律强制性规定，合法有效。但是，实践中也存在法定代理情形中发生无权代理的可能性，比如监护人资格被终止后实施的代理行为等，此时，一般也应当准用“委托代理”一节的相关规定判断合同效力。

（二）对意思表示要件事实的审查

1. 对是否存在相应意思表示的审查

意思表示的外观表现形式包括明示或默示。沉默只有在有法律规定、当事人约定或者符合当事人之间的交易习惯时，才可以视为意思表示。订立合同作为一种典型的民事法律行为，其“意思表示”体现为明示的要约与承诺。对于要约的界定及其构成、生效时间、撤回、撤销、失效，以及承诺的期限、撤回等各种情形，《民法典》均进行了相应规定。明示作为“意思表示”的最重要的外观表现形式，不仅体现在合同的订立中，也体现在无因管理、不当得利等其他民事法律行为的实施之中。除此之外，追认作为一种事后的明示，也是“意思表示”的特殊表现情形，如《民法典》第19条、第22条规定的对限制民事行为能力人实施民事法律行为的追认；《民法典》第171条、第503条规定的被代理人对无权代理人的追认。默示作为“意思表示”的特殊表现情形，只有在符合法定、约定、习惯时，才视为“意思表示”。《民法典》第522条规定第三人可以直接请求债务人向其履行债务，认定第三人是否同意的意思表示，采用的是“未在合理期限内明确拒绝”，即默示来确认。同理，《民法典》第552条规定第三人加入债务，认定债权人是否同意的意思表示，采用的也是“未在合理期限内明确拒绝”即默示来确认。

2. 对“意思表示”的真实性是否受到外部因素影响的审查

司法实践中，对于房屋租赁合同有关租赁标的物的确定或有关合同条款的达成，当事人常主张存在重大误解、欺诈、第三人欺诈、胁迫、乘人之危情形导致显失公平。以上行为人的“意思表示”因不当外力影响其真实性，属于可撤销范畴。

---

① 参见江苏省苏州市中级人民法院（2021）苏05民终5568号民事判决书。

3. 对通谋虚伪行为的审查

《民法典》第146条规定："行为人与相对人以虚假的意思表示实施的民事法律行为无效。以虚假的意思表示隐藏的民事法律行为的效力，依照有关法律规定处理。"通谋虚伪行为可能是无隐藏行为的单层结构，也可能是同时存在伪装行为和隐藏行为的双层结构。司法实践中应当认定伪装行为无效，并另行依法认定隐藏行为的法律效力。

4. 对恶意串通损害他人利益行为的审查

《民法典》第154条规定："行为人与相对人恶意串通，损害他人合法权益的民事法律行为无效。"如果房屋租赁合同缔约双方之间相互勾结，以签订合同的形式不正当损害他人合法权益，应认定合同无效。对于恶意串通损害他人利益的行为，在审判实践中应注意结合合同磋商、签订和履行情况、交易模式、当事人之间的沟通记录、标的物转移占有和使用情况等谨慎审查判断。

（三）对租赁标的物要件事实的审查

1. 对租赁标的物是否属于违法建筑的审查

（1）诉讼主张包括如下三类：①租赁标的物未取得规划许可证或未按规划建设；②租赁标的物未按照批准内容建设；③租赁标的物系超过使用期限的临时建筑。

（2）抗辩为一审法庭辩论终结前，当事人完成相关审批手续。根据《房屋租赁合同司法解释》第2条、第3条的规定，当事人就未取得规划许可证或未按规划建设的房屋、未经批准、未按照批准内容建设或超过使用期限的临时建筑签订的房屋租赁合同无效，但在一审法庭辩论终结前，当事人完成相关审批手续的，可以补正合同效力。实践中比较特殊的情形是出租人对合法建筑分割后进行出租。如果租赁房屋的分割已经在实质上构成改变规划设计，则合同应认定为无效。另需指出的是，判断房屋是否未按规划建设，不以房屋实际经过竣工验收为必要条件。

2. 对租赁标的物是否符合使用条件的审查

（1）未通过消防验收的建筑。根据《消防法》第13条以及《建设工程消防设计审查验收管理暂行规定》第27条、第34条第2款的规定，我国法律针对不同建筑物分别采用消防验收和备案抽查的管理模式。实践中，关于房屋未经消防验收或者经消防验收不合格是否影响房屋租赁合同的效力问题，对于涉及广大人民群众的人身安全、社会公共安全，影响社会公共利益的特殊建设工程，必须经过消防机构验收的房屋，未经验收或者验收不合格的，应当认定租赁合同无效。对于必须经过消防机构验收的房屋，具体规定在《建设工程消防设计审查验收管理暂行规定》第14条中。对于租赁合同涉及的不属于法律规定必须经消防机构验收的房屋，该类建筑物实行备案抽查制度，实行分类管理，经抽查不合格的，应当停止使用，人民法院不应以该房屋未经消防验收合格而认定合同无效。

（2）存在结构隐患的危房。《商品房屋租赁管理办法》第6条第2项规定，不符合安全、防灾等工程建设强制性标准的房屋不得出租。有观点认为，该规定属于部门规章，部门规章不能作为认定合同效力的直接依据，租赁房屋为存在结构隐患的危房的，一般不影响房屋租赁合同的效力。对此，根据《危险房屋鉴定标准》第7.0.5条的规定，对评定为局部危房或整幢危房的房屋可按下列方式进行处理：①观察使用；②处理使用；③停止使用；④整体拆除；⑤按相关规定处理。因此，对于将存在结构隐患的危房出租的合同效力应分类进行认定：首先，将存在严重结构隐患或可能造成重大安全事故应当尽快拆除的危房进行出租的，人民法院应从严把握，不应支持、鼓励追求经济利益而忽视公共安全、有违社会公共利益和公序良俗的行为，应体现人身利益高于财产利益的价值判断，依法认定租赁合同无效，按照合同双方的过错大小确定各自应承担的法律责任。其次，对于属于存在一般结构隐患的危房，属于观察使用或属于处理使用类型且在一审辩论终结前房屋经加固修复通过检测，符合继续使用标准的，可根据实际情况认定租赁合同有效。如果在使用过程中，非因承租人原因致使租赁物无法使用，或者即使承租人明知该租赁物质量不合格，但租赁物危及承租人的安全或健康的，承租人可依据《民法典》第724条、第731条的规定，随时解除租赁合同。

（3）对租赁标的物违反用途的审查。根据住房和城乡建设部《商品房屋租赁管理办法》第6条第3项的规定，违反规定改变使用性质的房屋不得出租。前述规定仅为部门规章，不能作为认定合同效力的直接依据。对于改变房屋用途出租的行为，不应轻易否定合同效力。但是对于一些特殊性质的房屋，如果擅自改变用途出租营利，仍应对合同效力作出否定性评价。例如，对于出租人将划拨土地上房屋对外出租营利的行为，应该区分土地使用权人的类别进行处理：若划拨土地使用权属于一般的公司、企业、其他组织和个人，且房屋取得合法权属证书的，应认定房屋租赁合同有效，出租人应根据《城市房地产管理法》第56条之规定，将租金中所包含的土地收益上缴国家；若划拨土地使用权属于国家行政机关、司法机关等具有国家公权力性质的单位，出租此类划拨土地上的房屋作经营用途的，房屋租赁合同因违背公序良俗而无效。又如，对于出租人将经济适用住房对外出租营利的行为，考虑到经济适用住房是政府提供政策优惠、限定套型面积和销售价格、按照合理标准建设、面向城市低收入住房困难家庭供应、具有保障性质的政策性住房，相关出租人利用公共资源谋取个人利益，因此该类合同因违背公序良俗而无效。

（四）对租赁期限要件事实的审查

1. 租赁期限有无超过法定最长期限

《民法典》第705条第1款规定："租赁期限不得超过二十年。超过二十年的，超过部分无效。"需注意的是，实践中有当事人试图以"租赁期限为20年，到期后自动续期20年"等约定规避法律对租赁合同最长期限的限制。此类自动续期的约定无效，20年租赁期限到期后，双方形成不定期租赁合同关系。

2. 转租期限是否超过租赁期限

在承租人对外转租的情况下，转租合同约定的租赁期限超过租赁合同约定的租赁期限时是否有效，应当注意规范的变化。2009年《房屋租赁合同解释》第15条规定："承租人经出租人同意将租赁房屋转租给第三人时，转租期限超过承租人剩余租赁期限的，人民法院应当认定超过部分的约定无效。但出租人与承租人另有约定的除外。"修订后的《房屋租赁合同解释》已经删除了前述规定。《民法典》第717条规定："承租人经出租人同意将租赁物转租给第三人，转租期限超过承租人剩余租赁期限的，超过部分的约定对出租人不具有法律约束力，但是出租人与承租人另有约定的除外。"

据此，《民法典》实施后，转租期限超过租赁期限的约定仍为有效，只是对出租人不发生法律效力。若出租人选择租赁合同到期后收回房屋，次承租人可以解除合同并要求承租人承担违约责任。

三、房屋租赁合同解除相关请求的要件事实审查

（一）房屋租赁合同因解除条件成就而解除的要件事实审查

1. 主张解除条件已达成，合同已解除

此种争议情形下，其要件事实如下：

（1）租赁合同成立并生效。

（2）所附条件是合法的事实。

（3）合同约定的解除条件成就。

2. 抗辩

（1）当事人为了自己的利益不正当地阻止条件成就的，视为条件已经成就。

（2）不正当地促成条件成就的，视为条件不成就。

需要说明的是，解除条件需要当事人明确约定。所附条件是将来可能发生的事实。将过去的、现存的事实或者将来必定不会发生的事实约定为条件的，视为没有约定条件。以将来必定会发生的事实为条件的，属于约定期限而非约定条件。所附条件必须是合法的事实。房屋租赁合同因解除条件成就而导致的解除不具有溯及力，已经履行的部分不受影响。解除条件成就之日合同自动解除，不需要当事人以通知等方式行使合同解除权。

（二）当事人合意解除房屋租赁合同要件事实的审查

1. 主张合意解除合同

此种争议情形下，其要件事实如下：

（1）租赁合同成立并生效。

（2）双方当事人就租赁合同解除以及解除的后果处理均达成合意。

（3）双方已经实际办理房屋返还等合同终止手续。

2. 抗辩

（1）双方未就合同解除达成一致。

（2）双方未就所附条件达成一致。

需要说明的是，第一，不具有约定或者法定解除权的一方当事人发出解除合同的意思表示，另一方表示同意但附有条件，双方未就所附条件达成一致的，不能认定双方达成解除合意。第二，不具有约定或者法定解除权的一方当事人发出解除合同的意思表示，对方同意解除，且双方均同意就解除合同的后果另行处理的，可以认定双方达成解除合意，不影响守约方依据合同约定或者法律规定追究违约方的违约责任。第三，当事人虽然没有就解除租赁合同达成明示合意，但已经实际办理房屋返还等合同终止手续的，可以认定就合同解除达成默示合意。合同解除不影响守约方追究违约方合同解除的违约责任，但有证据证明守约方放弃追究违约方违约责任的除外。

（三）合同约定解除权要件事实的审查

1. 主张约定的解除合同的事由已发生

此种争议情形下，其要件事实如下：

（1）租赁合同成立并生效。

（2）合同中有关约定解除的约定明确。

（3）解除权的约定不存在违反法律强制性规定或者违背公序良俗等无效情形。

（4）解除权产生的事实符合合同中解除权条款的构成要件。

2. 抗辩

（1）有关约定系违约责任而非合同解除权的约定。

（2）约定解除权条款系格式条款，未进行提示和说明，不产生效力或存在不合理加重对方责任、限制对方主要权利等格式条款无效情形。

（3）违约方的违约程度显著轻微，不影响守约方合同目的实现。

需要说明的是：第一，约定解除权的审查主要是合同意思表示解释的问题。意思表示解释时，应当按照所使用的词句，结合相关条款、行为的性质和目的、习惯以及诚信原则，确定相关条款的含义。第二，注意区分约定解除权条款与擅自解除合同的违约责任条款。例如，“一方当事人提前三个月通知对方，并且向对方支付相当于三个月租金的补偿金的，可以解除合同”一般为约定解除权条款。“一方擅自解除合同，应当向对方赔偿相当于三个月租金的违约金”一般为违约责任而非合同解除权的约定，当事人不能依据该条款解除合同。第三，约定解除权条款系格式条款的，需认定提供格式条款一方在缔约时是否履行提示或者说明义务，或者该条款是否存在不合理加重对方责任、限制对方主要权利等格式条款无效情形。第四，合同约定的解除条件成就，守约方以此为由请求解除合同的，法院应当审查违约方的违约程度是否显著轻微，是否影响守约方合同目的的实现，根据诚信原则，确定合同应否解除。违约方的违约程度显著轻微，不影响守约方合同目的的实现，守约方请求解除合同的，法院不予支持。

（四）拒绝履行合同的解除权的要件事实审查

1. 一方主张因对方拒绝履行义务而解除合同

此种争议情形下，其要件事实如下：

（1）租赁合同成立并生效。

（2）对方当事人明确表示拒绝履行或者以其行为表明不履行合同义务。

（3）对方当事人在合理期限内未恢复履行能力且未提供担保的。

2. 抗辩

（1）不存在拒绝履行的行为。

（2）对方当事人先行违约导致合同未能履行。

需要说明的是：第一，此项合同解除权的权利人为债权人。第二，承租人擅自搬离房屋，出租人经法院释明后仍不收回房屋，坚持要求承租人继续履行的，人民法院可根据承租人的请求，判决解除租赁合同，以判决生效之日作为合同解除时间。承租人应当承担赔偿损失的违约责任。出租人虽系守约方，也负有减损义务，应采取合理措施避免房屋长期空置，否则法院对扩大的损失部分不予支持。

（五）迟延履行合同解除权的要件事实审查

1. 一方主张因对方迟延履行合同义务而解除合同

此种争议情形下，其要件事实如下：

（1）租赁合同成立并生效。

（2）对方当事人有迟延履行合同的违约行为。

（3）一方对迟延履行一方进行了催告，并给予了合理的宽限期。

（4）迟延履行一方在宽限期内仍未履行义务。

2. 抗辩

（1）不存在迟延履行的违约行为。

（2）导致迟延履行的原因归责于对方当事人。

（3）迟延履行并非导致合同目的不能实现。

需要说明的是，第一，此项合同解除权的解除权人为债权人。第二，出租人一方迟延履行的行为主要是迟延交付房屋，承租人一方迟延履行的行为主要是迟延支付租金。第三，合同未就房屋修缮义务进行特别约定的情况下，非因承租人过错，只是租赁房屋需要维修的，应由出租人负担维修义务。出租人怠于维修的，承租人可以自行维修，维修费用由出租人负担。承租人一般不得以出租人未履行维修义务而解除租赁合同，除非租赁房屋已经发生了毁损灭失等严重影响房屋正常使用的情况。第四，一方迟延履行导致合同目的不能实现的，另一方可以不经催告直接行使合同解除权。例如，承租人告知出租人租赁房屋将用于具有较强时效性要求的会议、演出等，并得到出租人的认可，出租人迟延交付房屋导致会议、演出不能按时举行的，承租人可不经催告直接解除合同。

（六）不完全履行合同的解除权的要件事实审查

1. 租赁房屋有危及承租人安全或健康的隐患，承租人请求解除合同

此种争议情形下，其要件事实如下：

（1）租赁合同成立并生效。

（2）租赁房屋存在危及承租人安全或者健康的现实危险。

2. 抗辩

出租人积极采取整改措施，在承租人行使解除权之前已经消除阻却合同能够履行的因素。

需要说明的是，第一，区分房屋的安全性与合法性。违法建筑租赁合同无效。房屋的建设取得了建设工程规划许可证，当事人仅以房屋未办理竣工验收备案等行政手续作为房屋不安全的证据的，法院不予采纳。第二，承租人需就房屋危及承租人安全或者健康承担举证证明责任，必要时可委托司法鉴定机构进行房屋的安全性鉴定。承租人仅需要证明房屋存在危及承租人安全或者健康的危险性，不需要证明实际产生了损害。第三，居住性房屋空气质量不符合环保标准，危害承租人健康的，可以认定危及承租人安全或者健康。第四，出租人积极采取整改措施，在承租人行使解除权之前已经消除危险的，承租人解除权消灭。

（七）合同僵局的诉讼解除的要件事实审查

1. 陷入合同僵局，违约方请求解除合同

此种争议情形下，违约方无解除权，能继续履行的，应继续履行，合同僵局的要件事实如下：

（1）房屋租赁合同成立并生效。

（2）违约方不存在恶意违约的情形。

（3）违约方欠缺继续履行合同的能力。

（4）守约方拒绝解除合同。

2. 抗辩

（1）不存在履行不能。

（2）任意解除合同，违背合同严守原则。

需要说明的是，第一，合同僵局下的诉讼解除权不能理解为赋予违约方以合同解除权。该制度主要是为了破解继续性合同履行过程中双方形成的合同僵局。一概不允许债务人解除合同，将产生对于双方皆不利的法律后果，可能导致社会资源的巨大浪费。第二，在房屋租赁情形中，此种解除多发生在承租人要求解除合同的场合。承租人的主给付义务为金钱债务，不存在履行不能的问题。但是，承租人可能由于经济经营状况、生活工作地点的重大改变等原因，使其失去继续使用租赁房屋的实际需求。有的案件中承租人甚至已经实际搬离租赁房屋，如果仍然要求承租人继续租赁房屋，对其显失公平。第三，此种解除使承租人能够从合同中解脱出来，但不影响其承担违约责任。出租人的损失可以通过追究承租人违约责任的方式获得补偿。①

四、房屋租赁合同违约责任相关请求的要件事实审查

（一）请求给付租金相关要件事实审查

1. 出租人请求承租人交付租金

此种争议情形下，其要件事实如下：

（1）承租人欠付租金。

（2）与租金给付相关的合同条款中明确约定了租金给付计算方式等。

（3）未超过诉讼时效。

2. 抗辩

（1）已支付租金。

（2）出租人未实际交付租赁房屋或承租人非因自身原因未使用租赁房屋，如因第三人原因影响承租人对租赁物的使用、收益；因不可归责于承租人事由，致使租赁物部分或者全部毁损、灭失；出租方断水、断电等从根本上影响承租人对房屋的使用等。

（3）超过诉讼时效期间。

出租人要提起租金给付之诉，需要提出请求原因。请求原因是特定请求的必要事实，因此，原告需要提出能够满足民事法律关系发生的最低限度的事实，而不需要提出其他排除否定权利之事实，否则会加重原告的起诉负担。

---

① 茆荣华主编：《房屋租赁合同类案办案要件指南》，人民法院出版社 2021 年版，第 87 页。

这是因为，租金的支付是承租人应负担的主要义务，迟延交付租金的，应负迟延履行债务的相应责任。出租人在提出支付租金的请求时，不需要提供证据，以证明对方未付租金，因为未付租金的事实，属于消极事实，出租人很难对其举证；相反，如果承租人予以抗辩，主张已支付租金的，应就支付租金的积极事实进行举证。在判定该项义务履行情况时，因承租人自己主观原因而未对租赁房屋使用、收益的，不能因此而免除其支付租金的义务。

需要说明的是，对于房屋租赁合同无效、履行期限届满或者解除，出租人请求次承租人支付逾期腾房占有使用费的，应当举证证明对方占用房屋、使用费的计算标准等要件事实。司法实践中，对于房屋租赁合同无效、履行期限届满或者解除，次承租人占有、使用房屋的，出租人可向次承租人主张房屋使用费。次承租人占有、使用房屋的要件事实，主要是通过出租人提交的转租合同、次承租人占有房屋的记录资料，或者承租人、次承租人的陈述、自认等证据来认定；如果次承租人予以否认的，应当提供相应的反驳证据加以证明。对于房屋使用费问题，可以根据案件的具体情况，如合同中已约定的租金标准、约定标准是否明显背离市场标准、出租人对租金标准的选择意愿等因素，进行综合考虑，妥善处理针对请求权成立要件事实的抗辩，这种抗辩以权利发生障碍事实、权利阻止事实、权利消灭事实为基础。

权利发生障碍事实可以阻止原告提出的主张成立，而不用考虑请求原因事实是否存在。合同法中常见的障碍事实主要是导致合同无效的法律效果事实或者导致合同效力待定的法律效果的事实。需要注意的是，以权利发生障碍事实为基础进行的抗辩与否认之间的区别。例如，承租人主张双方并非房屋租赁关系而是暂时借住关系的，则是属于否认而非抗辩之事实。在否认的情况下，当事人需要承担举证责任。权利阻止事实指的是在请求原因成立的情形下，阻止请求权成立的要件事实。因此，在权利阻止事实存在的情况下，当事人也无法行使该项权利。承租人拒付租金或者调整租金的正当事由，常见的情形如下：（1）因第三人原因影响承租人对租赁物使用、收益之事实；（2）因不可归责于承租人事由，致使租赁物部分或者全部毁损、灭失之事实。（3）出租方断水、断电等从根本上影响承租人对房屋的使用的，承租方不必支付该期间的租金；尚未根本影响承租方使用的，可相应地减少支付租金。（4）承租人认为应当减少租金的金额、对应租赁期限、计算方式。（5）出租人存在未尽到保障房屋正常使用等合同义务的要件事实。除当事人另有约定外，如果承租人认为出租人未全面履行保障房屋正常使用义务，从而要求减免租金或者延长租期的，需要证明出租人存在如下违约的事实：一是出租人未提供符合约定要求的房屋及其附属设施。特别是对于经营用房租赁合同，首先，要看双方是否在合同中就此有约定，如合同中载明房屋必须符合某种经营条件而实际未满足，则出租人应承担无法满足出租条件的违约责任；如合同虽约定房屋用途，但未明确约定房屋必备条件的，一般应由承租人担责，但出租人有过错的也要承担相应的责任。其次，要看承租人作为经营人，是否对其经营活动所需要的房屋进行充分了解，因为出租人作为房屋提供者，没有义务对房屋条件是否能够满足承租人的经营活动进行审查。二是出租人未及时检查、维修房屋及其附属设施。在租赁期间，出租人应当经常进行检查维修，保持房屋及其附属设施的完好，不存在任何重大的安全隐患，以保障承租人或居住人的居住安全和正常使用。首先，出租人应当在合理期限内维修。租赁房屋出现问题，需要修理的，承租人可要求对方在合理期限内维修，该合理期限应当根据物的损坏程度、承租人需要维修的紧迫程度及出租人的维修能力等具体情况确定。其次，如出租人拒绝维修或因为其他原因不能在合理的期限内对租赁房屋进行维修的，承租人可以自行修理，由此支出的费用可要求出租人偿还或者从租金中扣除。总之，只要是出租人原因致使影响租赁房屋正常使用收益的，承租人有权要求减免租金或者延长租赁期限。权利消灭事实，是指请求原因成立后使该项请求权消灭的事实。用作租金给付请求权抗辩之权利消灭事实主要有以下几项：租金已经给付、租赁合同已解除、抵消、租金已经提存、免除债务、混同。

（二）请求支付违约金相关要件事实审查

房屋租赁合同中，为防范承租人违约风险，出租人一般会在合同中约定，当承租人违约导致租赁合同提前解除时，承租人应承担一定金额的违约金，乃至出租人有权没收保证金；如承租人已享有租金优惠的，还应向出租人全额补足；等等。

发生纠纷后，当出租人依据上述约定向承租人主张解约违约金时，出租人主张的约定金额是否应被全部支持，出租人同时主张保证金或者出租人同时主张补足免租期租金应如何处理？当出租人主张约定的解约违约金时，根据《民法典》第585条，承租人一方可能抗辩约定的解约违约金过高，请求法院予以酌减。房屋租赁合同纠纷中，违约金的功能一般被认定为弥补因承租人违约导致合同提前解除给出租人造成的房屋空置损失，因此，在衡量该违约金标准时，应审查的要件事实包括：一是当事人约定的或法定的违约情形出现；二是因违约而产生损失的事实，包括房屋空置期认定；三是有无另行出租的事实；四是出租人是否积极另行寻找其他租户等。

（三）请求装饰装修损失赔偿相关要件事实审查

1. 请求赔偿装饰装修损失

房屋租赁合同无效或者解除后，承租人主张装饰装修物损失赔偿的，应当举证如下要件事实：

（1）装饰装修行为经过了出租人同意。

（2）装饰装修物与租赁房屋形成了附合关系。

（3）出租人对合同无效、解除负有过错或违约责任。

2. 抗辩

（1）装饰装修行为未经过出租人同意。

（2）承租人对合同无效、解除负有过错或有违约行为。

需要说明的是，承租人为了有效利用租赁物，经常会对租赁房屋进行装饰装修，这就产生了法律上的添附问题。依照租赁行业惯例、交易习惯，装饰装修物一般视为在租赁期满后其使用价值基本耗尽，装修费用已摊销完毕，出租人无须补偿。在租赁合同无效或解除后，才会产生装饰装修物价值未充分摊销的情形，从而会出现装饰装修损失赔偿的问题。具体而言，承租人主张装饰装修物损失赔偿的，需要举证证明存在如下三个要件事实：

1. 装饰装修行为经过了出租人同意。如果未经过出租人同意的，违反了租赁合同的约定，侵害了出租人的物权，构成侵权，承租人应当承担因侵权产生的不利后果，此时不但不产生对添附财物的返还请求权，造成租赁物损失的，还负有赔偿损失、恢复原状义务。相反，如果经过出租人的同意，出租人应当对其同意行为负担一定的法律责任，即不得因自己的过错或违约行为导致对方遭受装饰装修损失。对于出租人是否已经同意的事实，承租人应负举证责任，这里的“同意”包括明示和默示的同意。

2. 装饰装修物与租赁房屋已形成附合关系。当装饰装修物与租赁物未形成附合关系，即二者未紧密结合在一起而形成的新的财产，尚可分拆使用，此时相互之间具有独立性，作为装饰装修物所有权人的承租人，可以自由享有处分权，无论租赁是履行期满，还是合同无效或解除，均可自行取回或放弃，与其他租赁合同权利义务隔离开来。但是，如果已形成附合关系的，则承租人就无法对装饰装修物进行分拆，否则会破坏价值大的租赁房屋原状，此时出租人取得装饰装修物的所有权，承租人的物权就转化为损害赔偿之债权。

3. 出租人对合同无效、解除负有过错或违约责任。（1）租赁合同无效的，需根据无效合同的处理原则分担责任，根据已证明的出租人的过错大小，来确定其分担装饰装修物现值损失的具体比例。所谓现值损失，是指合同被认定无效时，装饰装修的现存价值，除双方达成一致外，该价值的确定一般需要经过中介评估。（2）租赁合同解除的，应根据已证明的出租人导致合同解除的违约程度，来确定其分担装饰装修物残值损失的具体比例。所谓残值即指合同解除时装饰装修物的剩余“价值”，合同履行期间已经摊销的装饰装修费用，不应列入合同解除的损失范围。当然，因承租人违约导致合同解除的，如果出租人自愿同意利用装饰装修物的，应在利用价值范围内予以适当补偿。如因不可归责于双方的事由导致合同解除的，剩余租赁期内的装饰装修残值损失，由双方按照公平原则分担。[①]

① 参见《上海市高级人民法院民一庭城镇房屋租赁合同纠纷办案要件指南》。

第二章　合同的订立与合同效力

第一节　争点归纳概述与要素审查

争点，一般是指当事人于诉讼中存在争议并请求法院调查、审理的事项；争点包含的范围相当广泛，从最上位的诉讼标的与诉讼请求（最上位争点），到事实的认定（事实上争点）、证据的调查（证据上争点）、法律的适用（法律上争点）等。第一章已经就请求权及要件事实进行了分析，因此本章及以后的争点归纳，主要系关于法律上的争点归纳整理。

房屋租赁合同是出租人将房屋交付承租人使用、收益，承租人支付租金的合同。判断房屋租赁合同是否成立，应遵循合同类纠纷的基本审查思路。具体而言，当事人双方对是否存在租赁合同关系发生争议时，人民法院应依据《民法典》第134条、《民法典合同编解释》第3条等法律规范，结合合同成立的必要要素，判断当事人之间是否存在房屋租赁合同法律关系。司法实践中，房屋租赁合同订立方面的主要争议在于出租人的合同相对方的认定问题、交付面积与约定面积不符、租金标准是否变化等方面。

房屋租赁合同效力关系着当事人的诉讼请求权利基础，关系着当事人在诉讼中展开的攻击防御手段，关系着人民法院审理对象的法律适用，故人民法院正确判断房屋租赁合同效力是处理好房屋租赁合同纠纷的基石。无论当事人是否对房屋租赁合同的效力提出主张和抗辩，人民法院均应依职权主动审查房屋租赁合同是否存在无效的情形，当事人对合同是否有效的判断不影响人民法院根据查明事实和法律规定对合同效力进行认定。房屋租赁合同效力可分为有效合同、无效合同、可撤销合同、效力待定合同，但在审判实务中对合同效力的争议主要集中于房屋租赁合同是否因违反法律、行政法规的强制性规定而导致合同无效，常见的事由为房屋系违法建筑、房屋用途违法等。

一、房屋租赁合同订立的审查

（一）合同主体

【审查要点】

合同主体方面的审查重点在于当事人信息明确、真实。原则上租赁合同载明的当事人即合同主体，但司法实践中存在如下特殊情形：（1）租赁合同载明的当事人是受他人委托代理或职务代理办理签订租赁合同事宜，对方当事人亦对此明确，案外人实际使用房屋。（2）承租人为设立公司以自己名义与承租人签订租赁合同，成立后的公司实际使用房屋。（3）夫妻或合伙人出租或承租房屋，但仅有部分人在租赁合同上签名。以上特殊情况是租赁合同主体认定的难点，需要人民法院全面查明案件事实的基础后进行综合衡量认定。

（二）意思表示

【审查要点】

注意审查当事人是否达成租赁合意。租赁合同作为双方法律行为，需在出租人、承租人意思表示一致的情况下才能成立。当事人订立租赁合同，可以采取要约、承诺方式或者其他方式，实践中常见采用要约、承诺的方式，即要约方向他人发出希望与其订立合同的意思表示，并表明经受要约人承诺，要约方即受该意思表示约束。当事人通过签订意向书或者备忘录等方式，仅表达租赁的意向，未约定在将来一定期限内订立合同，或者虽然有约定但是难以确定将来所要订立合同的主体、标的等内容，表明当事人不受租赁意思表示的约束，故不能据此认定租赁合同成立。

承诺人收到要约后发出同意要约的意思表示，承诺通知到达要约人时，合同成立。采取现场拍卖、网络拍卖等公开竞价方式订立租赁合同，应自拍卖师落槌、电子交易系统确认成交时合同成立。

（三）合同客体

【审查要点】

注意审查租赁标的物是否明确。租赁合同应当对房屋的位置、面积，附属设施、赠送使用面积等有关租赁物范围作出明确而具体的约定。司法实践中，当事人对租赁物的范围易引发争议，比如合同约定的面积与实际测量面积存在差异或者租赁范围是否包括房屋周边的空地等，前述事项一定程度上影响着租金对价及租赁合同目的的实现，因此人民法院在案件审理过程中应查明租赁物范围以便作出公平合理的判决。

【规范指引】

《民法典》第 134 条、第 469 条、第 470 条、第 483 条；《民法典合同编解释》第 3 条、第 6 条。

二、租赁合同效力的审查

（一）合同主体

【审查要点】

1. 行为人是否具有相应的民事行为能力

房屋租赁合同属于双务有偿合同，具有合同标的额大、权利义务关系复杂等特点，故承租双方应具有完全民事行为能力。需要注意的是，依据《民法典》第 18 条的规定，即使承租双方订立合同时不满十八周岁，但若其以自己的劳动收入为主要生活来源的，也视为完全民事行为能力人，其订立的房屋租赁合同效力不受影响。

2. 行为人是否具有缔约代理权限

民事主体可以通过代理人实施民事法律行为。承租双方可以通过委托他人代为签订房屋租赁合同，此时人民法院应审查签约行为人是否属于有权代理，如果行为人是无权代理，则应根据查明的事实和当事人的主张，进一步审查是否构成表见代理。在间接代理法律关系中，还应审查租赁合同相对方订立合同时是否知道签约行为人与他人存在委托代理关系。如果出租人属于冒名出租，如果承租人善意认为与之交易的是被冒名人，则准用无权代理的规定。

3. 出租人是否具有出租租赁物的权利

出租人将其所有的房屋出租的他人，合同效力自不待言。有疑问的是，出租人将他人的房屋出租给承租人的合同效力如何认定？比如承租人未经出租人同意或部分共有人未经其他共有人同意擅自对外出租房屋，租赁合同是否有效。对此依据《民法典》第 723 条、《民法典合同编解释》第 19 条的规定可知，擅自出租他人的房屋不影响合同效力。对不同意出租的共有人不发生法律效力。当然，司法审判中也要注意审查其他共有人是否存在对签约事实知情且同意的情形或者视为同意出租、转租的情形，避免出租人恶意违约损害承租人合法权益。

（二）合同内容

【审查要点】

1. 意思表示是否真实

对双方虚伪行为的审查。《民法典》第146条规定，行为人与相对人以虚假的意思表示实施的民事法律行为无效。因此人民法院应主要审查房屋租赁合同双方是否存在通谋虚伪意思表示。例如，一些依政策被限制交易的房屋、土地的出租人，以合同名称使用“使用权转让”“承包”等隐藏租赁的意思表示的词语，合同内容为一次性付清租金、到期即续的超长期限的形式，达到规避政策获取利益的目的。人民法院经审查认为双方之间交易符合租赁合同的特征，即使双方主张合同属于房屋买卖合同，人民法院也应认定为房屋租赁合同，并依据《民法典》合同编租赁合同的规定处理。又如，长期预租合同中，开发商除与承租人签订一次性付清租金、到期即续的超长期限的《物业使用权出让合同》外，还让承租人与其指定的第三人签订的《物业委托装修合同》约定承租人委托第三人装修房屋，但该装修费实为租金，共同构成涉案房屋的使用权对价。对此在审判实践中人民法院应综合租赁双方合同磋商、签订和履行情况、出租人交易模式、第三人与出租人的关系等情形进行综合审查判断。还有一些商业房产租赁合同，租赁双方对租金标准存在通谋虚伪意思表示，租赁合同约定的租金标准与物业服务合同约定物业使用费的标准相同。如果租赁双方的行为造成国家税费流失的，人民法院可以通过向税务机关发出司法建议进行追补。

对恶意串通损害他人利益行为的审查。《民法典》第154条规定，行为人与相对人恶意串通，损害他人合法权益的民事法律行为无效。如果房屋租赁合同缔约双方基于非法损害他人利益的共同目的签订合同，应认定合同无效。如果租赁双方的行为侵害了他人的合法权益，构成共同侵权，应承担连带赔偿责任。

2. 是否违反公序良俗

《民法典》第8条规定，民事主体从事民事活动，不得违反法律，不得违背公序良俗。房屋租赁活动亦应遵守公序良俗原则。人民法院应审查承租人利用房屋从事的交易活动是否合法、合乎公序良俗，出租人是否知晓承租人利用房屋从事违法犯罪活动，如果出租人明知承租人利用房屋从事违法、违背公序良俗的交易的，则租赁合同无效。如出租人明知承租人利用房屋从事赌博、卖淫嫖娼等违法犯罪活动，仍同意与出租人订立房屋租赁合同，违背公序良俗原则，租赁合同无效。

3. 条款是否有违公平

《民法典》第 6 条规定，民事主体从事民事活动，应当遵循公平原则，合理确定各方的权利和义务。因此出租人、承租人在协商租赁合同条款时应当遵循公平原则，合理确定各方的权利和义务。如果合同条款内容严重有失公平的，则当事人可起诉确认该条款无效。例如，租赁合同约定“任意解除权”条款，则该合同条款是否有效，人民法院应从签约背景、租金标准、解除事由、解除赔偿、利益衡平等方面综合认定“任意解除权”条款效力。

4. 租期是否超过二十年

《民法典》第 705 条规定，租赁期限不得超过二十年。超过二十年的，超过部分无效。房屋租赁合同作为租赁合同的一种，亦应遵守该强制性规定。因此租赁合同关于“租赁期限为二十年，到期后自动续期 × 年”等约定，或者当事人同时或者短期内签订的数份合同约定的租赁期限之和超过二十年的，均属于规避法律对租赁合同最长期限的限制。此类超过二十年租期部分无效，二十年租赁期限到期后，双方形成不定期租赁合同关系。

（三）租赁标的物

【审查要点】

1. 房屋是否取得规划许可手续

根据《城镇房屋租赁合同司法解释》第 2 条、第 3 条规定，当事人出租的房屋应取得建设工程规划许可证或者经主管部门批准建设，否则房屋租赁合同无效。需要指出的是，租赁物取得建设工程规划许可的，房屋租赁合同即有效，当事人以房屋未办理竣工验收、不动产权证的事由主张合同无效，人民法院不予支持。

2. 房屋是否符合正常使用条件

《民法典》第 724 条规定，房屋具有违反法律、行政法规关于使用条件的强制性规定情形，不影响合同效力。例如，出租人如将未经消防安全检查或者检查不符合消防安全要求的房屋出租给他人经营，则承租人不能以此为由主张合同无效，但因此无法正常使用房屋的，有权解除合同。又如，住房和城乡建设部《商品房屋租赁管理办法》第6条第2项规定，不符合安全、防灾等工程建设强制性标准的房屋不得出租，因该规定仅为部门规章，不能作为认定合同效力的直接依据。对于存在结构隐患的危房，原则上不影响房屋租赁合同的效力。如果房屋存在严重结构隐患甚至存在坍塌风险，存在损害不特定第三人的人身健康的现实风险，损害了社会公共利益，应认定房屋租赁合同无效为宜。再如新房出租的，空气质量不合格，危及承租人的安全或者健康的，承租人虽不能以此为由主张合同无效，但可以随时解除合同，还可以要求出租人赔偿损失。

3. 房屋用途是否违反规划用途

《商品房屋租赁管理办法》第6条第3项规定，违反规定改变使用性质的房屋不得出租。因前述规定为部门规章，违反规章一般情形下不影响合同效力，不能直接以此作为认定合同效力的直接依据。因此对于改变房屋用途出租的行为，一般不宜否定合同效力。但是对于一些特殊性质的房屋，如果擅自改变用途出租营利，仍应对合同效力作出否定性评价。例如，将公租房对外出租营利的行为，考虑到公租房是为了解决城市特定中等偏低收入家庭及新就业职工、外来务工人员住房困难问题，由政府提供政策优惠、限定套型面积和销售价格、按照合理标准建设具有保障性质的政策性住房，转租该类公租房构成利用公共资源谋取个人利益，该类合同应被认定为损害社会公共利益而无效。

4. 房屋是否存在抵押、查封

出租人、承租人房屋租赁合同前，房屋是否已经存在查封、抵押的情形，影响着房屋租赁合同的效力。《房屋租赁合同解释》第14条规定："租赁房屋在承租人按照租赁合同占有期限内发生所有权变动，承租人请求房屋受让人继续履行原租赁合同的，人民法院应予支持。但租赁房屋具有下列情形或者当事人另有约定的除外：（一）房屋在出租前已设立抵押权，因抵押权人实现抵押权发生所有权变动的；（二）房屋在出租前已被人民法院依法查封的。"租赁房产上存在抵押权，租赁期间，抵押权人行使抵押权时，此时是优先保护承租人的利益还是保护抵押权人的利益，上述规定对此情况作出了明确规定，即原则上租赁合同有效，但如果是先抵押后租赁的，则此时的租赁合同不适用"买卖不破租赁"规则。对于查封时未出租的房屋，由于房屋所有人行使出租权通常会影响强制执行程序中被查封房屋的拍卖、成交等，为了保证执行的效果，被执行人未经人民法院准许不得擅自出租。但是对于查封前已经出租的房屋，在“活封”情况下，承租人的租赁权不受影响，有权对租赁房屋继续使用、收益，而且根据“买卖不破租赁”原则，即使被查封的房屋被拍卖，亦不影响承租人的租赁权。①

【规范指引】

《民法典》第 143 条、第 705 条、第 724 条、第 725 条、第 731 条；《房屋租赁合同解释》第 2 条、第 3 条、第 14 条。

第二节　一般争点整理与认定

争点 1：如何认定涉案法律关系是否属于房屋租赁合同关系

房屋租赁合同，是指出租人将房屋交付给承租人使用、收益，承租人支付租金的合同。房屋租赁合同一般应具有以下几个方面特征：（1）仅转移房屋使用权、收益权，不转移所有权、处分权。此系区分租赁与买卖行为的重点特征。如在长租公寓纠纷中，双方常见签订的合同名义为买卖合同、物业使用权转让合同等，但由于不能转移所有权、处分权，合同仍可能被定性为房屋租赁合同；与之相对应，部分名义为租赁的合同中变相约定所有权、处分权转移的相关内容，亦应根据其实质认定合同性质。（2）房屋租赁合同系双务合同、诺成性合同。双方达成意思表示一致，合同即成立，不以租赁物实际交付为合同的成立或生效要件。（3）房屋租赁合同系有偿合同。（4）房屋租赁合同具有期限性。此系将房屋租赁与房屋买卖区别开来的重要特征。（5）房屋租赁合同的标的物为房屋。实践中常出现名义为房屋租赁，但实际还包括所属土地租赁、房屋内动产租赁、特许经营资源转让等内容，或者名

① 最高人民法院民法典贯彻实施工作领导小组主编：《中华人民共和国民法典合同编理解与适用（三）》，人民法院出版社 2020 年版，第 1544 页。

义为土地租赁，实际包含土地上房屋租赁的合同，认定合同性质时应予谨慎甄别，结合具体情况个案处理。

争点 2：判断房屋租赁合同关系成立的要件

所谓合同成立，通常是指当事人经过要约、承诺，就合同的主要条款达成合意，即双方当事人意思表示一致而建立了合同关系。一般而言，认定当事人间成立租赁合同关系需要具备以下两个要件：

（1）具备基本的合同要素（条款、内容）。合同条款是否完整，影响着合同的成立及生效、权利义务的确定、合同的顺利履行及争议解决等，最终关乎合同目的的实现。根据《民法典》第 704 条规定，租赁合同的内容一般包括租赁物的名称、数量、用途、租赁期限、租金及其支付期限和方式、租赁物维修等条款。对于上述条款中哪些属于必备条款？结合《民法典合同编解释》第 3 条第 1 款“当事人对合同是否成立存在争议，人民法院能够确定当事人姓名或者名称、标的和数量的，一般应当认定合同成立。但是，法律另有规定或者当事人另有约定的除外”的规定，房屋租赁合同成立至少应具备明确的当事人、具体的租赁物两个核心必备条款。至于租赁期限、租金、争议解决等条款约定不明的，则可以根据《民法典》第 510 条、第 511 条等规定予以确定，但通过上述方法仍无法确定某一内容时，对合同是否成立仍可能产生影响，如租金无法确定时，租赁合同则会因缺失租金条款而未成立。[①]

（2）当事人间达成租赁合意。根据法律规定，判断是否达成合意的最主要要素是要约和承诺。当事人合意一致的过程，一般要经过要约、承诺这一程序。要约即希望与他人订立合同的意思表示，该意思表示一是内容具体确定，二是在受要约人承诺后即对要约人有约束力。承诺则为受要约人同意要约的意思表示。由于房屋租赁中当事人间一般签订有书面合同，故书面合同文本的订立、修改、签订等活动即体现了作出要约、承诺的过程。除了书面形式外，房屋租赁活动中也常存在以当事人实际行为认定双方达成合意的情形，如当事人间虽未约定租金标准，但承租人对出租人开具的租金缴费单从未提出异议并缴纳了出租人主张的费用，此时可视为双方已就租金标准达成合意。

---

① 参见最高人民法院（2016）最高法民再 369 号民事判决书。

争点 3：房屋租赁合同中的承租人的确定

承租人，是指在房屋租赁合同中享有租赁房屋使用权并按约定向对方支付对应租金的当事人。一般而言，承租人即租赁合同中的签约承租人，但由于实践的复杂性，也会出现签约承租人与实际使用人不一致、一房多租等情形，在这些情形中，如何确定承租人关系着合同权利的行使和义务的履行。

第一，承租后交由他人实际使用。一般而言，根据合同相对性原则，租赁合同的权利和义务仅对合同双方当事人有效，但在有证据证明实际使用人已经确认并享有合同权利或履行了合同义务的情况下，根据《民法典》第 552 条的规定，可以认定实际使用人的行为构成债的加入，即实际使用人加入签约承租人与出租人间的租赁法律关系，与出租方形成事实上的租赁关系，实际使用人成为事实上的承租人。如不能证明构成债务加入，则仅由租赁合同的签约承租人承担责任，实际使用人不承担责任。在审查中，可以通过当事人间的聊天记录、转账记录、收条收据、监控录像、物业管理记录等来确定实际使用人的身份。

第二，一房多租。出租人就同一租赁物与多个承租人签订多份租赁合同时，如何确定承租人？《房屋租赁合同解释》第 5 条第 1 款对此已作明确规定："出租人就同一房屋订立数份租赁合同，在合同均有效的情况下，承租人均主张履行合同的，人民法院按照下列顺序确定履行合同的承租人：（一）已经合法占有租赁房屋的；（二）已经办理登记备案手续的；（三）合同成立在先的。"

争点 4：租赁物的认定方式

租赁物即租赁合同的标的物，当事人订立租赁合同的目的是实现对租赁物的使用及收益。因此，租赁物是房屋租赁合同的主要条款，具有不可或缺性，如不能确定租赁物，则不能认定双方存在租赁关系。

房屋租赁中有关租赁物的条款主要包含以下几个方面的内容：（1）租赁物的名称及位置。房屋租赁合同的标的物一般而言系特定物，故需要通过名称及位置予以确定。租赁物的名称及位置可通过门牌号或明确的空间位置划分予以表述，如 ×× 街道 ×× 号 ×× 室、×× 工业区 ×× 地块自编 ××

号等。（2）租赁物的数量及面积。租赁物的数量及面积关系着租赁物的交付及返还、租赁费用确定等，一般需予以明确。（3）租赁物的用途。租赁物的用途关系到承租人如何使用租赁物，必须予以明确。租赁物用途除了由其性质特征决定，还须受相关法律法规的强制性规定所限制。通常而言，实际租赁物与合同约定是一致的，但也存在着与约定不符的情形，应综合实际履行情况、约定情况予以综合认定实际租赁物。

根据不同的标准，可对作为租赁物的房屋作不同划分：（1）根据房屋所有权的性质，租赁房屋可分为公有房屋和私有房屋。此等区分的主要意义在于公有房屋租赁通常具有福利性质，房屋的取得方式、价值确定、可流转性等与私有房屋租赁相比受到较多限制，司法实践中对公有房屋租赁的处理与私有房屋租赁亦存在不同，就具有实物工资或福利性质或为履行社会保障职能而出租的房屋产生的相关争议一般不认定为民事案件受理范围。（2）根据租赁房屋用途划分，租赁房屋可分为经营性用房和居住性用房，区分两者的主要意义在于：租赁用途反映着承租人的租赁目的，不同用途的房屋应当具备不同的使用条件，以满足承租人的租赁目的。在双方产生争议时，此等区分对认定当事人间的权利义务、责任划分等有重要影响。如出租人在出租厂房时，即使双方未对房屋是否应满足消防安全标准进行约定，提供符合消防安全标准的厂房亦是合同的应有之义。此外，经营性用房和居住性用房有时在登记备案要求等方面亦存在差异。（3）根据可使用期限划分，租赁房屋可分为临时性房屋和永久性房屋。两者在建设要求、使用期限上存在明显差异，对司法实践中认定租赁合同的期限、效力等有重要影响。

争点 5：未登记备案的房屋租赁合同的效力

根据《民法典》第 706 条的规定，当事人未对房屋租赁合同办理登记备案手续不影响合同效力。

房屋租赁合同未备案是否影响合同效力这一问题在过去存在一定争议。《城市私有房屋管理条例》（已废止，下同）第 15 条、《城市房地产管理法》第 54 条、《城市房屋租赁管理办法》（已废止，下同）第 13 条均规定了房屋租赁登记备案，但对未登记备案的合同的效力均未予以明确。《合同法》（已废止，下同）中亦未作出规定。对于《城市房地产管理法》《城市私有房屋管理条例》中的备案要求是否属于“法律、行政法规的强制性规定”，早期司法实践中也存在着一定的分歧，有观点认为，登记备案是房屋租赁合同生效的形式要件，如不具备，应认定合同无效。直到《民法典》出台，立法层面才明确规定未办理租赁合同登记备案手续不影响合同的效力。

对未登记备案的房屋租赁合同的效力问题的确定的主要原因在于司法机关对登记备案制度的深入理解及对合同效力问题的态度转变：（1）登记备案实质上为行政管理手段，在多个领域均有体现。现行法律规定的登记备案制度主要是作为公法上行政监管的方式，立法设计上并非主要针对私法领域。[①]登记备案作为行政机关的事后审查行为，可以通过监督、管理等方式引导民事关系的发展方向，以维护社会公共利益。（2）合同效力直接决定着当事人的权利义务，是合同顺利履行的前提和基础。我国立法、司法一直重视合同效力问题，其态度也经历了一个从严到宽的过程，特别是随着改革开放后经济社会快速发展、经济活动大量增加，立法机关、司法机关意识到，对合同有效的标准把握过严将严重降低交易效率，不利于经济社会的发展。

争点 6：房屋租赁合同租期超过二十年的部分无效

房屋租赁合同的租赁期限不得超过二十年，超过二十年的部分应认定无效，对双方当事人不产生法律约束力。

《民法典》第 705 条将租赁合同存续期间限制为不超过二十年，这是由租赁合同的性质决定的。租赁合同以承租人使用、收益租赁物为直接目的，承租人所取得的、出租人所转移的，仅是具有债权性质的租赁物使用权和部分收益权，而非租赁物的所有权。因此租赁合同具有临时性，在租赁关系消灭时，承租人应向出租人返还租赁物，如果允许租赁合同存续期限过长，一般的租赁物均会损耗殆尽，势必将影响租赁物的返还，出租人享有的所有权也会形同虚设，使租赁合同异化为转移财产所有权的买卖合同，违背了当事人设立租赁合同的初衷。[②]同时经济社会处于不断发展变化之中，当事人的预见

① 最高人民法院民法典贯彻实施工作领导小组主编：《中华人民共和国民法典合同编理解与适用（三）》，人民法院出版社 2020 年版，第 1428 页。

② 中华人民共和国最高人民法院民事审判第一庭本书编写组编：《民事审判实务问答》，法律出版社 2005 年版，第 106 页。

能力终究有限，合同严守规则使合同变更较为艰难，限制定期租赁合同的租期，有助于租赁双方适时调整交易条件，保障租赁双方的权利。

判断当事人之间法律关系的性质，不能仅看合同名称，应当根据合同内容所涉法律关系，即合同双方当事人所设立权利义务内容确定合同的性质。因此，合同名称、内容名义上使用“使用权转让”“承包”等词语隐藏租赁的意思表示，符合《民法典》第703条规定的，应认定合同性质为租赁合同。司法实践中，部分开发商为销售集体经营性建设用地、商务办公类项目用地上加盖的物业公司，同时规避政策风险可能导致的合同效力及履行争议，以签订《物业使用权转让合同》并约定“物业使用权出让期限为自物业交付日起二十年，期满后无条件自动续期至土地使用权期限届满时止”，同时或短期内签订数份合同约定租赁期限之和超过二十年等形式变相规避租赁期限不得超过二十年的规定。为避免开发商以出租替代转让的方式规避房地产调控政策，扰乱房地产市场秩序，应认定该约定违反法律的强制性规定，租赁期限超过二十年的部分无效，不对双方当事人产生法律约束力。

此外，房屋租赁合同在《合同法》施行（1999年10月1日）之前成立的，根据法不溯及既往的法理，该房屋租赁合同应自《合同法》施行之日起超过二十年的部分无效。

第三节　法律适用中的疑难问题

问题1：采取招标投标方式订立的租赁合同的成立及相应法律责任

招标投标是缔结合同的一种特殊程序，对招标投标行为进行规范的法律和行政法规主要为《招标投标法》和《招标投标法实施条例》。但《招标投标法》和《招标投标法实施条例》主要解决招标投标缔约涉及的程序性问题，只要通过招标投标方式签订租赁合同，即应受《招标投标法》及配套法规的调整。对于合同的成立、效力和实质性条款等实体性问题，仍需根据《民法典》合同编的相关规定来认定和处理。因此，采取招标投标方式缔结的租赁合同何时成立及相应的法律责任如何认定涉及对《民法典》第 472 条、第 473 条、第 479 条、第 483 条关于要约邀请、要约、承诺、合同成立的相关条款以及《民法典合同编解释》第 4 条关于以竞价方式订立合同的理解和适用。通常采取招标、投标方式订立的租赁合同自中标通知书到达中标人时成立本约合同，中标后，招标人改变中标结果或者中标人放弃中标项目的，应承担违约责任。

采取招标、投标方式订立租赁合同过程中，当事人之间的合同文本通常涉及招标文件、投标文件、中标通知书、另行订立的合同以及实际履行的合同等多个文本，如何认定这些文本的性质和效力，当事人发生争议时应以哪份文本认定双方之间的权利义务关系以及应承担何种法律责任是司法实践中争议较大的问题。我们认为，应当依据《民法典》及《民法典合同编解释》，从分析这些文本的法律性质出发，来探讨合同成立的时间、合同的性质及相应法律责任的承担等问题。

招标文件属于要约邀请。招标文件是招租人向公众发出的供其参加投标所需要的一切情况的汇总。通常包括招标公告、投标人须知、投标文件格式、合同条款以及供投标人了解的信息，如租赁地块或物业的性质、面积、用途等。招标文件的主要目的是邀请投标人向招标人发出订立租赁合同的意思表示。《民法典》第 473 条也明确规定，要约邀请是希望他人向自己发出要约的表示。招标公告在性质上属于要约邀请。

投标文件属于要约。投标人获悉招标公告或投标邀请后，从招标人处领取招标文件，编制投标文件，进行投标准备。投标文件应当对招标文件提出的实质性要求和条件作出响应。投标标书通常会承诺：一经招标人承诺，投标人要受其投标标书的约束，在投标文件发出后的投标有效期内，投标人不得随意修改投标文件的内容和撤回投标文件。根据《民法典》第 472 条的规定，要约是希望与他人订立合同的意思表示，经受要约人承诺，要约人即受该意思表示的约束。投标文件在性质上属于要约。

中标通知书属于承诺。中标通知书是在投标有效期内，招标人以书面形式向中标人发出中标通知的文件，在向中标人发出中标通知书的同时，招标人还必须将中标结果通知未中标的投标人。中标通知书应当载明中标人名称、中标价、租赁标的物、租赁时间、签订合同时间等内容。招标人向投标人发出中标通知书所产生的法律意义就是招标人对投标人发出的要约予以接受，招标人不得对投标条件进行修改，一经作出即受投标标书的约束，根据《民法典》第479条、第480条的规定，承诺是受要约人同意要约的意思表示，中标通知书在性质上属于承诺。

中标通知书到达中标人时成立本约合同。招标、投标虽然是订立合同的特殊方式，但关于要约、承诺的意思表示的效力的规定仍应符合民法的一般规则。《民法典》第484条第1款规定："以通知方式作出的承诺，生效的时间适用本法第一百三十七条的规定。"《民法典》第137条第2款第1句规定："以非对话方式作出的意思表示，到达相对人时生效。"中标通知书是招标人向中标人发出的书面承诺，属于以非对话方式作出的意思表示，自该意思表示到达投标人时生效。《招标投标法》第46条第1款第1句规定："招标人和中标人应当自中标通知书发出之日起三十日内，按照招标文件和中标人的投标文件订立书面合同。"该合同系在合同关系成立后按照法律要求作出的书面确认，而非新的合同，并不意味着合同自当时起才成立。意在要求当事人在中标通知书发出后一定期限内通过对招标文件、投标文件的梳理整合明晰双方的权利义务关系，以达到方便合同履行的目的。《民法典合同编解释》第4条规定，合同成立后，当事人拒绝签订书面合同的，人民法院应当依据招标文件、投标文件和中标通知书等确定合同内容。中标后，招标人与中标人之间依据《中标通知书》成立的是本约合同而非预约合同。当事人订立预约合同的目的在于将来订立合同，意在权利义务实际确定之前，提前达成合同关系。而本约合同意在确定当下实际权利义务。根据本约和预约合同订立合同的时间和目的的区别，《中标通知书》明显属于本约合同。因此，中标后，招标人改变中标结果或者中标人放弃中标项目的，应承担违约责任，守约方除直接损失外，还可以主张合同的履行利益损失赔偿。若合同成立后因违反法律法规的强制性规定致合同无效，则合同双方当事人依据过错承担缔约过失责任。

【规范指引】

《民法典》第472条、第473条、第479条、第484条、第490条；《民法典合同编解释》第4条。

【案例】某广告公司诉某物业公司房屋租赁合同纠纷案[①]

某物业公司作为招租单位发布《招租竞价说明书》及《招租物业明细表》，就58宗物业向社会公开竞价招租。某广告公司到某物业公司处填写了《竞租人登记表》，确认收到和认真阅读了招租人提供的招租文件，接受招租文件内容，并向某物业公司支付了10万元投标保证金。后某广告公司竞得上述58宗物业中的三面立柱广告牌，合同总价款为444 912元。某公共资源交易所签发《中标通知书》，载明中标单位为某广告公司。但某广告公司未按约定时间签订租赁合同，并要求改造其竞得的广告牌。某物业公司遂通知某广告公司，取消其中标资格，没收竞价保证金10万元。某广告公司起诉至法院，要求某物业公司退还投标保证金。法院经审理认为，基于某广告公司过错致使双方未能签订合同，某物业公司有权没收法定范围内的保证金8898.24元，保证金超出部分即91 101.76元无效，某物业公司应退还给某广告公司。

【分析】

《民法典》第471条规定："当事人订立合同，可以采取要约、承诺方式或者其他方式。"《民法典》第473条第1款规定："要约邀请是希望他人向自己发出要约的表示。拍卖公告、招标公告、招股说明书、债券募集办法、基金招募说明书、商业广告和宣传、寄送的价目表等为要约邀请。"招标投标是由交易活动的发起方在一定范围内公布标的特征和部分交易条件，按照确定的规则和程序，对多个响应方提交的报价及方案进行评审，择优选择交易主体并确定全部交易条件的一种交易方式。某物业公司就涉案租赁对外进行公开招租，其发布的《某镇公有物业招租竞价说明书》及某广告公司提交的《竞租人登记表》等一系列文件及实际招租过程所体现的招租流程、竞价方式等均符合招标投标活动的各项主要特征。某物业公司的公开招租属于要约邀请，某广告公司的投标行为为要约，某物业公司确定某广告公司中标后，向某广告公司发出的竞得确认书为承诺。本案系以招标投标方式签订租赁合同，依法应受《招标投标法》《招标投标法实施条例》的调整。《招标投标法实施条例》第74条规定，中标人无正当理由不与招标人订立合同，在签订合同时向招标人提出附加条件，或者不按照招标文件要求提交履约保证金的，取消其中标资格，投标保证金不予退还。本案中，某广告公司中标后，负有与某

---

① 参见广东省佛山市南海区人民法院（2023）粤0605民初9428号民事判决书、广东省佛山市中级人民法院（2023）粤06民终11065号民事判决书。

物业公司签订租赁合同的义务，合同签订过程中，某物业公司多次催促某广告公司签订合同，某广告公司因要求某物业公司同意改造广告牌未果而未如期签订合同，故，双方因某广告公司的原因而未能签订合同。《招标投标法实施条例》第26条规定，招标人在招标文件中要求投标人提交投标保证金的，投标保证金不得超过招标项目估算价的2%。《民法典》第156条规定，民事法律行为部分无效，不影响其他部分效力的，其他部分仍然有效。本案中，案涉租赁合同总价款为444 912元，投标保证金不得超过8898.24元。基于某广告公司过错，未能签订合同，某物业公司有权没收法定范围内的保证金8898.24元，保证金超出部分即91 101.76元无效，某物业公司应退还给某广告公司。

【规范指引】

《民法典》第156条、第471条、第473条；《招标投标法实施条例》第74条。

问题2：租赁物业属于违法建筑的房屋租赁合同应属无效

租赁物业属于违法建筑物的租赁合同应认定为无效。对于该类合同的效力认定应结合《民法典》第153条第1款、《民法典合同编解释》第16条，《房屋租赁合同解释》第2条、第3条的规定进行理解和适用。

《民法典》第153条第1款规定："违反法律、行政法规的强制性规定的民事法律行为无效。但是，该强制性规定不导致该民事法律行为无效的除外。"违反强制性规定是否导致合同无效应根据违反强制性规定的情节、后果以及合同的实际履行给社会公共秩序造成的影响程度和案件处理结果是否有失公平公正等因素进行综合评判，是比例原则在民商事审判中的具体应用。总体来说，就是目的和手段要成比例，不能用过重的责任来实现较小的目的。在公法上，行政主体实施行政行为应兼顾行政目标的实现和保护相对人的权益，如果行政目标的实现可能对相对人的权益造成不利影响，则这种不利影响应被限制在尽可能小的范围和限度之内。城乡规划是政府指导和调控城乡建设和发展的基本手段之一，是政府履行经济调节、市场监管、社会管理和公共服务职责的重要依据。建设工程规划许可证是城市规划行政主管部门依法核发的，确认有关建设工程符合城市规划要求的法律凭证。《城乡规划法》

规定禁止建设单位未取得建设工程规划许可证或未按建设工程规划许可证的规定进行建设。现实生活中，还存在各种各样的临时建筑，如报亭、临时停车场、售楼处、地铁配套的附属设施等。这些临时建筑亦应取得临时建设工程规划许可证，并在临时建设工程规划许可证记载的使用期限内按照规定的用途使用。实践中存在未取得建设工程规划许可证或者未按照建设工程规划许可证规定建设的房屋、未经批准或者未按照批准内容建设的临时建筑，或虽经批准但超过使用期限的临时建筑等。这类建筑破坏了城市规划秩序、规避了国家对规划体系、建筑产品质量、房地产交易市场等系列行为的监管，损害了国家利益和社会公共秩序，国家对其采取否定性评价，《城乡规划法》将其列为违法建筑，此为公法上的强制性规定。民商事活动中，相较于个体物业出租人就租赁物业所取得的出租收益和承租人对租赁物业的使用，上述国家利益和社会公共秩序的维护更为重要，《房屋租赁合同解释》第 2 条、第 3 条亦与《城乡规划法》的规定相统一，将其列为违法建筑。但需注意的是，《城乡规划法》第 64 条规定，未取得建设工程规划许可证或者未按照建设工程规划许可证的规定进行建设的，由县级以上地方人民政府城乡规划主管部门责令停止建设。县级以上地方人民政府城乡规划主管部门依法负有对未取得建设工程规划许可证或者未按照建设工程规划许可证规定内容建设的违法建筑认定和处理的职权，对违法建筑的认定和处理不属于人民法院主管范围，人民法院应避免通过司法程序代行行政职权而直接认定和处理违法建筑。

《房屋租赁合同解释》第 2 条规定，在一审法庭辩论终结前取得建设工程规划许可证或者经主管部门批准建设或者经主管部门批准延长使用期限等消除合同无效事由出现的，应认定合同有效。“一审法庭辩论终结前”不包括二审、再审程序中发回到一审法院审理阶段。《民法典》的立法目标和价值取向是最大限度地保护、鼓励交易，促成资源优化配置和有效利用、增进社会财富，如果出租人的房屋在一审辩论终结前取得了相应的建设工程规划许可证或临时建筑取得了相关部门的批准，认定合同违法的情形消失了，法律没有再继续否定的理由，无效合同转化为有效合同，更有利于提高交易效率，避免造成逆向流转，导致社会财富的损失和浪费。

租赁合同标的物违法会导致租赁合同无效，在违法原因消失后，无效合同转化为有效合同的前提是合同效力尚未被司法机关或者仲裁机构确定。如果租赁合同已经被人民法院或者仲裁机构认定为无效的，则不能转化为有效合同。无效的合同自始无效，不可逆转，不能因为取得规划权证或者有权机关批准而再次转为有效合同。

另外，根据《民法典合同编解释》第16条的规定，当事人一方虽然在订立合同时违反强制性规定，但是在合同订立后其已经具备补正违反强制性规定的条件却违背诚信原则不予补正的亦不因合同违反强制性规定而无效。因此，出租人能够办理建设工程规划许可证或建设批准手续而未办理，并以未办理建设工程规划许可证或建设批准手续为由请求确认房屋租赁合同无效的，人民法院不应支持。

【规范指引】

《民法典》第153条；《房屋租赁合同解释》第2条、第3条；《民法典合同编解释》第16条。

【案例】某创投公司与某企业、某投资公司房屋租赁合同纠纷案[①]

某创投公司与某企业签订《租赁合同》，约定某创投公司将其所有的涉案物业以现状出租给某企业用于办公，某企业向某创投公司交纳履约保证金50 133元，按每月支付租金，租赁期15年。若某企业拖欠租金、水电费、物业管理费等费用三个月以上，则某创投公司有权没收履约保证金50 133元。后因某企业长期拖欠租金，某创投公司遂向某企业发送解除合同通知，双方产生纠纷，某创投公司遂提起诉讼，要求某企业支付拖欠租金并承担违约责任，某企业提起反诉，主张涉案合同无效，某创投公司应返还其交纳的保证金50 133元。法院经审理认为，涉案建筑物属于合法建筑，应当认定合同有效，某企业应依约支付租金并承担违约责任。

【分析】

涉案物业原系某区技工学校实习工厂，于1996年8月22日取得建设工程规划许可证，后政府决定对该技工学校校区进行改造，2012年6月19日，该技工学校所在的区国土城建和水务局同意涉案建筑物建设项目名称变更，且区政府于2017年8月28日同意对涉案建筑物的改造按装修工程报建，因此涉案建筑物于2012年6月19日取得建设工程规划许可证，区国土城建和水务局对涉案建筑物外立面的提升改造装修工程亦无异议，则涉案建筑物属于合法建筑，故涉案租赁合同体现了双方当事人平等自愿协商的真实意思表

---

① 参见广东省佛山市南海区人民法院（2021）粤0605民初12234号民事判决书、广东省佛山市中级人民法院（2022）粤06民终1936号民事判决书。

示，未违反法律法规的强制性规定，合法有效。

【规范指引】

《民法典》第 143 条。

问题 3：公有住房、廉租住房、经济适用住房等保障性住房租赁合同效力的审查认定

1. 公有住房的租赁

公有住房主要包括政府有关部门统一管理的直管公有住房和各单位自行管理的自管公有住房。公有住房租赁，是指公有住房所有人或者管理人以出租人身份将国家或者集体组织所有的房屋出租给承租人使用、收益，由承租人支付资金的民事法律行为。公有住房制度是我国特有的制度，是为缓解城市住房紧张、改善居民居住环境而由国家、国有企业或事业单位投资兴建住房，由职工支付较低的租金获取居住权的一项制度。这项制度对解决城镇居民住房问题发挥了重要的作用。

建设部于 1994 年 3 月发布《城市公有房屋管理规定》(已废止)，该文件指出公有房租赁有以下特点：(1) 公有居住房屋的租金由政府统一规定，一般只相当于同地段同档次私有住房租金的 5% 至 10%。承租人缴纳的租金基本只用于房屋维修的成本费用支出，房管部门并不从租金中获利。(2) 公有住房租赁期限长，如果承租人在租期内死亡，共同居住两年以上的家庭成员可以继续租住。由此，公有住房租赁权可以在原承租人死亡后有条件转移，但不是继承。(3) 禁止自由转租和买卖公有房屋使用权。该规定于 2002 年 1 月 10 日被废止。该规章被废止后，相关部门没有出台后续的管理规定，目前也没有相关的倾向性指导意见。

在国务院、住房和城乡建设部等层面没有相应的管理办法可参照，《广东省公有房产管理办法》原则性规定了公有产权产籍、租赁使用、修缮养护三方面的内容。从各地情况看，一些地方性法规规定了公有房屋使用权出租行为，公有房屋使用权出租在实践中产生，并逐步被地方性法规所认可。故在没有全国性法律法规明确规定的情况下，可以参照地方性法规、政策等予以处理公有房屋使用权出租问题。

关于公有住房能否转租，目前有两种做法：一种做法认为承租人不能转

租。2015年银川市修订的《银川市直管公房管理办法》第26条规定，承租人将承租的房屋转租的，市住房和城乡建设部门有权终止租赁合同、收回房屋、记入不良信用记录，并追究相关责任。另一种做法认可公有住房转租。如《上海市房屋租赁条例》第31条第2款规定，承租人转租公有住房无须征得出租人同意，但应当在签订转租合同前书面告知出租人，未告知出租人的，出租人可以解除租赁合同。

2. 廉租住房租赁

按照建设部1999年4月发布的《城镇廉租住房管理办法》规定，城镇廉租住房，是指政府和单位在住房领域实施社会保障职能，向具有城镇常住居民户口的最低收入家庭提供的租金相对低廉的普通住房。城镇廉租住房制度是政府为建立和完善住房保障体系，解决城镇最低收入家庭住房困难问题而采取的社会保障性房屋租赁制度。后建设部于2004年3月1日发布《城镇最低收入家庭廉租住房管理办法》,《城镇廉租住房管理办法》同时废止。2007年12月1日，建设部等部门发布《廉租住房保障办法》,《城镇最低收入家庭廉租住房管理办法》同时废止。按照《廉租住房保障办法》的规定，廉租住房租金标准实行政府定价，租金标准原则上按照维修费和管理费两项因素确定，与城镇最低收入家庭的经济承受能力相适应。房屋维修费，是指维持廉租住房在约定使用期限内正常使用所必需的修理、养护等费用。房屋管理费，是指实施廉租住房管理所需的人员办公支出等正常开支费用。该办法第20条第1款规定："对轮候到位的城市低收入住房困难家庭，建设（住房保障）主管部门或者具体实施机构应当按照已确定的保障方式，与其签订租赁住房补贴协议或者廉租住房租赁合同，予以发放租赁住房补贴或者配租廉租住房。"

关于廉租住房能否转租的问题。《廉租住房保障办法》第二十五条规定："城市低收入住房困难家庭不得将所承租的廉租住房转借、转租或者改变用途。城市低收入住房困难家庭违反前款规定或者有下列行为之一的，应当按照合同约定退回廉租住房：（一）无正当理由连续6个月以上未在所承租的廉租住房居住的；（二）无正当理由累计6个月以上未交纳廉租住房租金的。"

3. 经济适用住房租赁

原建设部会同国家发展和改革委员会、财政部、国土资源部、中国人民银行、国家税务总局等部门于2007年11月19日发布的《经济适用住房管理办法》规定，经济适用住房，是指政府提供政策优惠，限定套型面积和销售价格，按照合理标准建设，面向城市低收入住房困难家庭供应，具有保障性质的政策性住房。经济适用住房制度是解决城市低收入家庭住房困难政策体系的组成部分。经济适用住房由市、县人民政府按限定的价格，统一组织向符合购房条件的低收入家庭出售。居民个人购买经济适用住房后，应当按照规定办理权属登记。经济适用住房购房人拥有有限产权，购买经济适用住房不满五年，不得直接上市交易，因特殊原因确需转让经济适用住房的，由政府按照原价格并考虑折旧和物价水平等因素进行回购。购买经济适用住房满五年，购房人上市转让经济适用住房的，应按照届时同地段普通商品住房与经济适用住房差价的一定比例向政府交纳土地收益等相关价款，具体交纳比例由市、县人民政府确定，政府可优先回购；购房人也可以按照政府所定的标准向政府交纳土地收益等相关价款后，取得完全产权。

关于个人购买经济适用住房后能否出租的问题。《经济适用住房管理办法》第 33 条规定，个人购买的经济适用住房在取得完全产权以前不得用于出租经营，表明购房人初始取得的是有限产权，如果擅自出租房屋，利用公共资源获取个人利益，侵害社会公共利益，违背公序良俗，由此产生的租赁合同应属无效。

关于个人取得完全产权后能否出租的问题。我们认为，根据该办法，购买经济适用住房满五年且按照政府所定的标准向政府交纳土地收益等相关价款后，购房人取得完全产权，此时房屋应不再具有政策性保障房的性质，变化后的政策性福利房转化为普通商品房，由此产生的租赁合同应属有效。

4. 公共租赁住房的租赁

2012~2024 年，我国保障性住房体系由最初的公有住房、廉租住房、经济适用住房等慢慢整合，廉租住房、经济适用住房并入到公共租赁住房统一管理，以便实现“租购并举”的住房市场的发展。《公共租赁住房管理办法》由住房和城乡建设部发布并于 2012 年 7 月 15 日施行。现在保障性住房按照产权可分为产权类、租赁类两类，产权类指住房人拥有房屋产权，包括经济适用住房、“两限”房、共有产权住房；租赁类则无相应产权，包括公租房、保障性租赁住房。引用国务院官网表述来说，“中国建成了世界上最大的住房保障体系”。廉租住房、经济适用住房等逐步退出了历史舞台，但历史遗留的法律问题以及公共租赁房屋的相关法律问题仍需进一步妥善处置，以促进保障性住房市场的健康发展。

关于公共租赁住房能否转租的问题。我们认为，《公共租赁住房管理办法》

第27条规定“承租人有下列行为之一的，应当退回公共租赁住房：（一）转借、转租或者擅自调换所承租公共租赁住房的……承租人拒不退回公共租赁住房的，市、县级人民政府住房保障主管部门应当责令其限期退回；逾期不退回的，市、县级人民政府住房保障主管部门可以依法申请人民法院强制执行”，表明承租人不能转租公共租赁住房。

5. 当事人依照国家福利政策租赁公有住房、廉租住房产生的案件是否属于人民法院受理范围、能否作为民事案件审理

我们认为，行政主管部门或者其受托人为履行社会保障职能作为出租人与承租人签订的公共租赁住房、廉租住房、公有住房等房屋租赁合同，应当认定为行政协议。当事人依据该合同提起民事诉讼的，不予受理；已经受理的，裁定驳回起诉。

国家机关、企事业单位作为出租人与承租人签订具有实物工资或者福利性质的房屋租赁合同，不属于平等主体之间的民事法律关系。因该合同产生的纠纷，不作为民事案件受理。

行政主管部门或者其受托人、国家机关、企事业单位作为出租人与承租人以平等协商或者公开竞价方式签订的不具有社会保障功能或者福利性质的房屋租赁合同，属于平等主体之间的民事法律关系。因该合同产生的纠纷，作为民事案件受理。

理由如下：

第一，最高人民法院指出：“当事人依照国家福利政策租赁公有住房、廉租住房、经济适用住房产生的纠纷案件，不适用《最高人民法院关于审理城镇房屋租赁合同纠纷案件具体应用法律若干问题的解释》，也不适用《民法典》合同编‘租赁合同’一章的规定。依据建设部发布的《城市公有住房管理规定》及建设部等部门联合发布的《廉租住房保障办法》《经济适用住房管理办法》的规定，公有住房、廉租住房、经济适用住房具有政府福利性与保障性，通常由政府投资或者给予补贴，承租人必须具备特定的条件（如廉租住房只出租给城市低收入住房困难家庭），不是所有的民事主体都可以成为承租人。因此，依照国家福利政策订立的租赁合同，出租人与承租人之间不属于平等的民事法律关系。”[①]

---

① 最高人民法院民法典贯彻实施工作领导小组主编：《中华人民共和国民法典合同编理解与适用（三）》，人民法院出版社2020年版，第1419~1420页。

第二，最高人民法院民一庭指出："公有住房、廉租住房、经济适用住房等类型的房屋在不同程度上带有福利性，后两种还属于社会保障性住房，前一种房屋属于原有计划经济体制下单位分配的福利房。凡是福利房、保障房租赁活动都是受到国家法律、行政法规、部颁规章、地方性法规等规范性文件的规制，并不是谁想租房就能租的，承租人的资格是受到严格限制的，只有符合法律、政策规定的条件的公民才能与规范性文件规定的国家或者特定出租人签订房屋租赁合同，成为承租人。出租人的资格是受政府文件约束的，出租人取得合同当事人地位及其租赁行为都受到政府文件调整，出租人不得将福利随意让渡给他人，只能与政府认可的、具备签约资格的承租人签约，不能随行就市自主选定承租人，不能体现合同法中当事人签约自由、自愿的原则。政府代表国家是保障房、福利房的投资人，在租赁合同中居于主导、支配地位，是规则的制定者、执行者。租赁合同当事人很大程度上受制于政府，接受政府监督指导，出租人与承租人地位不平等，不属于平等主体之间的民事权利义务关系。据此，合同当事人签订上述三种房屋租赁合同，不能体现意思表示自由、自愿，当事人地位平等的合同法基本原则，与人民法院受理的平等主体间的民事权益争议案件的条件不一致，不受本解释调整。但是，上述说法并不意味着所有的上述三种纠纷案件都不属于人民法院案件受理范围。本文只是表达不受本解释调整，至于能否作为民事案件审理，需要甄别案件具体情况后，按照《民事诉讼法》第 108 条规定审查，对于符合案件受理条件的，依法受理；不符合条件的，予以驳回。"①

第三，《最高人民法院关于审理行政协议案件若干问题的规定》第 2 条规定："公民、法人或者其他组织就下列行政协议提起行政诉讼的，人民法院应当依法受理……（四）政府投资的保障性住房的租赁、买卖等协议……"表明这类协议是行政机关为了推行和实现福利政策，与行政相对人签订的由政府投资建设的保障性住房的租赁、买卖等协议。建设部《廉租住房保障办法》规定了相应的协议类型。该办法第 20 条规定："对轮候到位的城市低收入住房困难家庭，建设（住房保障）主管部门或者具体实施机构应当按照已确定的保障方式，与其签订租赁住房补贴协议或者廉租住房租赁合同，予以发放租赁住房补贴或者配租廉租住房。"在司法实践中，人民法院通过行政审判，

① 最高人民法院民事审判第一庭编著：《最高人民法院关于审理城镇房屋租赁合同纠纷案件司法解释的理解与适用》，人民法院出版社 2009 年版，第 27~28 页。

保障了人民群众在廉租住房租赁合同中的权益。例如最高人民法院公布的行政审判十大典型案例（第一批）中的“林某国诉某市住房保障和房产管理局房屋行政管理案”，经最高人民法院调解，残疾人林某国获得了廉租住房租赁合同中的相关权益。我们认为，无论是公有租赁住房还是新类型的保障房，都是国家通过财政进行补助，由国家所有或者开发商所有、物业企业运营的房屋，其目的都在于保障部分人群的住房权利，属于国家福利行政的范围，具有强烈的公共服务性质，其相关协议属于行政协议的范畴。因此，从最高人民法院的上述意见来看，当事人依照国家福利政策租赁公有住房、廉租住房、经济适用住房所签订的协议是行政协议，应作为行政案件受理。

6. 关于公租房、廉租住房、公共租赁住房的转租合同效力问题

我们认为，公租房、廉租住房、公共租赁住房的转租合同独立于原租赁合同，系双方当事人通过真实意思表示达成的协议，双方是平等民事主体，因此公租房、廉租住房、公共租赁住房的转租合同为民事合同。关于转租合同效力。公租房、廉租住房、公共租赁住房的承租人擅自将其承租的房屋转租给第三人，妨害了该房屋具有的社会保障职能，扰乱了国家对于该房屋的管理秩序及城市管理秩序，损害了社会公共利益。根据《民法典》第 153 条第 2 款的规定，公租房、廉租住房、公共租赁住房的转租合同因违反公序良俗而无效。

【规范指引】

《民法典》第 153 条；《房屋租赁合同解释》第 1 条。

【案例 1】某房管局与李某租赁合同纠纷案[①]

某房管局名下的直管公有住房供各单位职工租赁使用。1994 年，原某市建委安排其市政处职工李某在某房屋居住至本案起诉时，某房管局与李某一直未签订租赁合同，李某也未交纳租金。2017 年，因城市危旧房改造项目，某区人民政府对某房屋进行征收。2018 年 3 月 14 日，某房管局向李某发出腾房通知，但李某未按通知腾空并返还房屋。后某房管局起诉请求解除与李某之间的不定期租赁合同，李某将住房腾空并返还。法院经审理认为，李某基于工作单位安排入住直管公有住房，属于依照国家福利政策而租赁公有住房的范畴，所形成的并非平等主体间的民事合同关系，相关纠纷不属于民事案

① 参见重庆市涪陵区人民法院（2017）渝 0102 民初 9481 号民事判决书、重庆市第三中级人民法院（2019）渝 03 民终 459 号民事裁定书。

件的受案范围，遂裁定驳回某房管局的起诉。

【分析】

李某基于原在某市建委的工作关系并根据工作单位的安排而入住案涉房屋，取得该房屋的占有和使用权。双方之间并非平等主体间的民事合同关系，故本案不属人民法院民事案件受案范围，故法院裁定驳回某房管局的起诉。

【规范指引】

《房屋租赁合同解释》第1条。

【案例2】赵某与杜某房屋租赁合同纠纷案[①]

2018年6月，出租人赵某与承租人杜某签订《承租房屋合同》，约定赵某将一处公共租赁住房出租给杜某居住使用。合同签订后，杜某实际占有使用涉案房屋，交纳相应租金、保证金及服务费。合同履行过程中，杜某被相关管理部门告知涉案房屋为公共租赁住房，不允许转租，故杜某于2018年10月搬离。杜某诉至法院，要求赵某补偿损失费（搬家费200元、诉讼损失费1500元）。法院经审理认为，转租公共租赁住房的合同系无效合同，因杜某对合同无效存在过错，且其主张的损失缺乏证据证明，故对于杜某主张的损失费不予支持。

【分析】

公共租赁住房具有保障性质，转租合同违反了国家对于公共租赁住房的管理秩序及城市管理秩序，侵犯了不特定第三人利益，损害了社会公共利益，系无效合同。故本案中赵某与杜某签订的租赁合同系无效合同。关于杜某主张的损失费，因杜某认可在租赁涉案房屋时知晓房屋性质，故对于合同无效的后果杜某存在过错，且其并未提交证据证明产生了搬家费损失，因诉讼产生的损失也没有法律依据，故对于杜某主张的损失费不予支持。

【规范指引】

《民法典》第153条。

---

① 参见《北京市第二中级人民法院　北京市住房和城乡建设委员会　联合发布住房租赁典型案例》，载微信公众号“北京二中院金色天平”，2021年7月23日。

问题 4：租赁合同中约定电费标准超过国家核准电价的，超过部分无效

实践中，有时双方在租赁合同中约定的电费标准会高于电力部门实际收取的电费。出租人提出，其进行了电力线路或者设备改造，增加了变压器、修建了电房、安装了电表、分表线路或者设施设备等，所以合同约定的电费包含了设施设备的折旧损耗或者用电损耗、管理人员费用等，应该按合同约定的标准来收。承租人则会认为，按照法律规定不得价外收费，所以应该按电力部门实际收取的电费标准据实收取。对于租赁合同中电费加价条款的效力如何认定，一直是租赁合同，特别是商铺、办公楼、仓库等经营性物业租赁合同中常见的问题。我们认为，房屋租赁合同中，约定作为电费代收人的出租人高于供电企业标准代收电费的条款违反了《电力法》的强制性规定，超过部分无效。作为终端电力用户的承租人请求代收人退回超标电费的，法院应予以支持。代收人主张电力用户需另行支付“供电设备的折旧损耗、公共设施用电损耗和物业费”等已经发生的费用，一方面，需由双方对此作明确约定，另一方面，应当提供充分的证据予以证明相关费用确实产生，如有充分证据证明则予以支持，如无充分证据证明，上述相关用电设施及损耗可通过租金等方式协商解决。

理由如下：

（1）电费加价条款违反了《电力法》的强制性规定而无效。《电力法》第 43 条规定：“任何单位不得超越电价管理权限制定电价。供电企业不得擅自变更电价。”《电力法》第 44 条规定：“禁止任何单位和个人在电费中加收其他费用；但是，法律、行政法规另有规定的，按照规定执行……禁止供电企业在收取电费时，代收其他费用。”因电价关系国计民生，具有公益性，因此不能仅靠市场机制形成，需要政府实施强制性管制。电价的强制性规定涉及市场秩序、国家宏观政策。《国务院关于落实〈政府工作报告〉重点工作部门分工的意见》规定：“大幅降低企业非税负担……降低电网环节收费和输配电价格，一般工商业电价平均降低 10%。”《国家发展改革委关于降低一般工商业电价有关事项的通知》要求：“为贯彻落实中央经济工作会议关于降低企业用能成本和《政府工作报告》关于降低一般工商业电价的要求……落实一般工商业电价平均下降 10% 的目标要求，进一步优化营商环境……全面清理规范

电网企业在输配电价之外的收费项目。重点清理规范产业园区、商业综合体等经营者向转供电用户在国家规定销售电价之外收取的各类加价……商业综合体等经营者应按国家规定销售电价向租户收取电费，相关共用设施用电及损耗通过租金、物业费、服务费等方式协商解决……”上述相关规定体现了国家对电价的强制性管制以及电价红利必须传导至终端商户的宏观政策，国家对电价所作的重大调整和多项补贴，在城乡经济一体化协同发展的过程中，关系到每一个终端用户的切身利益。如果房屋租赁合同中双方约定的电费标准超过国家核定的电费标准，且没有法律、行政法规的特别规定允许这样的加价，则该电费加价条款违反了《电力法》的强制性规定，确实损害了公共利益或者违背了公序良俗，依法应认定该条款无效。在审理此类案件时，保护的法益类型、违法行为的法律后果、交易安全保护等因素均应综合考量。

（2）高于国家电价标准收取电费，多收部分应退还给终端电力用户。国务院《物业管理条例》于 2003 年制定，第 44 条规定：“物业管理区域内，供水、供电、供气、供热、通信、有线电视等单位应当向最终用户收取有关费用。物业服务企业接受委托代收前款费用的，不得向业主收取手续费等额外费用。”《国家发展改革委关于完善居民阶梯电价制度的通知》明确指出：“居民自建房屋用于出租的，业主应严格按照国家规定的销售电价向租户收取用电费用，相关共用设施用电及损耗通过租金等方式协商解决。不得将用电量加价销售给租户，提高用户电价标准，扰乱电价秩序。”参照上述规定，房屋租赁合同中，约定作为电费代收人的出租人高于供电企业标准代收电费的条款违反了《电力法》的强制性规定，超过部分约定无效。作为终端电力用户的承租人请求代收人退回超标电费的，法院应予以支持。但是，如上所述，代收人主张电力用户需另行支付“供电设备的折旧损耗、公共设施用电损耗和物业费”等已经发生的费用，应当提供法律、行政法规另有规定的相关证据予以证明，例如，绵阳某大厦第二届业主委员会与绵阳优某娱乐有限公司不当得利纠纷案件二审民事判决[①]指出：“绵阳某大厦第二届业主委员会负责管理某大厦的总电表及各个商户分电表用电读数抄录，并计算出各商户应缴纳电费，收取后向供电部门统一缴纳电费。绵阳优某娱乐有限公司是承租人，双方是转供电关系。根据《四川省发展和改革委员会关于清理规范转供电环节收费有关事项的通知》第 3 条转供电的用户（租户）线损电价暂统一按 6%

① 参见四川省绵阳市中级人民法院（2020）川 07 民终 3236 号民事判决书。

计算的规定，线损电价按6%计算。绵阳某大厦第二届业主委员会除了收取基准电价0.76元/度和法律、行政法规等规定的转供电中的线损电价之外，不得加收其他任何费用。”

【规范指引】

《电力法》第44条。

【案例】顺某公司与好某公司租赁合同纠纷案[①]

出租人顺某公司与承租人好某公司在2012年6月12日签订的《综合肉菜市场租赁合同补充协议书》中约定，顺某公司每月收取租金、整体卫生管理费以及水电费等相关费用，水费、电费及公共损耗合理的水电费按照商业用途计价。合同签订后，顺某公司引电给好某公司使用。2018年7月1日至2019年9月30日，顺某公司按1.35元/度的标准向好某公司共收电费1 282 412.25元，而供电部门根据好某公司使用分表的电量计得上述期间的应收电费为613 792元。好某公司起诉请求顺某公司返还多收的电费及相应利息。顺某公司辩称其收取的电费包含了“供电设备的折旧损耗、公共设施用电损耗和物业费”，且按1.35元/度的标准计收电费已实际履行多年，双方没有异议，也没有违反相关强制性规定。法院经审理认为，电价不属于租赁双方可以自由约定的范围，约定电价超过国家核准电价的部分无效，顺某公司应返还多收取的电费。

【分析】

顺某公司以高于国家电价标准向好某公司收取电费，违反了《电力法》第43条、第44条、第66条的强制性规定和国家宏观政策，损害电力市场秩序，应认定双方的约定无效。案涉合同明确约定为电费，顺某公司主张其收取的电费中包含了“供电设备折旧损耗、公共设施用电损耗、物业管理等费用”，缺乏依据，其主张将其他费用并入电价，也与国家价格主管部门的规范性文件的要求不相符，属于《电力法》第44条规定的禁止在电费中加收其他费用的行为。因此法院判令顺某公司退还多收的电费并承担相应利息。

【规范指引】

《电力法》第44条。

① 参见广东省高级人民法院（2021）粤民再277号民事判决书。

问题 5：租赁标的物中有部分属于违法建筑的，租赁合同的效力应区分情形进行认定

租赁物中有部分属于违法建筑时应根据不同情形分别处理：（1）如果可以明确区分合法部分与违法部分，基于鼓励交易，尽可能认定合同有效的司法理念，应认定合法部分租赁合同有效，违法部分租赁合同无效。如产权证面积和加盖、扩建面积可以清晰界定，或者合法部分与违法部分位于不同楼层，此时应认定合法部分租赁合同有效，违法部分租赁合同无效。（2）如果无法明确区分合法部分与违法部分，可以综合考虑合同目的、租赁用途、违法部分所占比例、建筑物主要功能及违法部分对合法部分的依附程度等因素，确定租赁合同的整体效力。

也就是说，如何区分租赁物的“一体性”与“可分性”对合同效力存在根本性的影响，这也是该类房屋租赁合同的审理难点。对此我们认为，若加盖部分面积小、位置偏，未与合法建筑融为一体，认定违法建筑部分租赁合同无效不影响整个租赁合同目的实现，且剩余有效部分能继续得到全面、实际、独立履行，可以认定合法建筑与违法建筑具有“可分性”，租赁合同中涉及合法建筑物租赁部分有效，违法建筑物租赁部分无效。若加盖面积占比大，位置属于建筑物核心组成部分，在物理上无法分割，分割后会对整个建筑物的使用产生重大影响，无法实现当事人订立租赁合同目的，则认定租赁物不具有可分性，应认定租赁合同整体无效。

司法实践中，还存在着所有权人对合法房屋自行加层或分割后再将房屋出租的情形，那么对于加层或分割部分的租赁合同效力如何认定呢？对此，我们认为，应区分所有权人加层或分割的改建行为是属于免于或无须办理建设工程规划许可的内部装修行为，还是需办理规划许可的但未经规划许可的违法行为。如果属于免于或无须办理建设工程规划许可的内部装修行为，因不存在影响合同效力的法律障碍，则房屋租赁合同效力不受影响。如果属于需办理规划许可的但未经规划许可的违法行为，则加层或分割部分的租赁合同效力，应根据房屋是否单独租赁分别认定。一是加层或分割部分作为独立租赁物单独出租。如房屋顶部加层单独出租，或室内的隔间分别单独出租的，因房屋的使用与批准情形完全相悖，一般应认定加层或隔间的租赁合同无效。二是房屋加层或分割后整体出租。此时就房屋整体而言仅改变使用空间，双

方基于加层或隔间的使用订立租赁合同，不宜直接认定合同无效。因行政执法部门对房屋整改导致合同履行不能时，承租人可以请求解除合同。

【规范指引】

《民法典》第153条第1款；《城乡规划法》第40条第1款；《房屋租赁合同解释》第2条。

【案例】某寓公司诉某泰公司房屋租赁合同纠纷案[①]

2017年4月1日，某泰公司、某寓公司签订房屋租赁合同。2017年10月9日，某泰公司收到某寓公司的《关于合同解除及收回租赁房屋通知》，某寓公司以租赁房屋夹层在装修过程中被政府拆除导致房屋可使用面积减少一半，其合同目的无法实现，以及某泰公司对租赁房屋没有合法产权、出租权为由通知某泰公司解除合同。诉讼中，某泰公司认为涉案租赁合同为合法有效的合同，某泰公司拥有合法的产权和出租权，虽然租赁房屋内设夹层，但某泰公司并未将夹层计入租赁面积，也没有收取夹层的租金及物业管理费，涉案房屋不属于《房屋租赁合同解释》第2条规定的“未取得建设工程规划许可证或者未按照建设工程规划许可证的规定建设的房屋”。法院经审理认为，物业违法加盖面积占房屋整体面积比例较大，且租赁合同关系是基于租赁房产的整体状况而形成，违法面积与合法面积不可分割时，应认定租赁合同整体无效。

【分析】

某寓公司承租的某泰公司房产，可使用建筑面积为10 896.08平方米，其中房产证面积仅5241.8平方米，二层、三层房屋夹层违法加建面积占总面积的50%以上。根据《房屋租赁合同解释》第2条的规定，出租人就未取得建设工程规划许可证或者未按照建设工程规划许可证的规定建设的房屋，与承租人订立的租赁合同无效。租赁房产交付时某泰公司按办公要求设置夹层，并承诺确保物业现状满足办公所要求的工程安全指标，双方的租赁合同关系基于上述租赁房产的整体状况而形成，违法面积与合法面积不可分割，故租赁合同应认定为整体无效。

【规范指引】

《民法典》第153条。

---

① 参见广东省深圳市南山区人民法院（2018）粤0305民初1577号民事判决书、广东省深圳市中级人民法院（2019）粤03民终29184号民事判决书。

问题 6：承租人擅自转租与次承租人签订的转租合同有效

转租未经出租人同意的，不影响承租人与次承租人签订的租赁合同的效力，在没有其他无效原因存在的情况下，未经出租人同意的房屋转租合同有效。在承租人擅自转租的情况下，出租人可以在知道或者应当知道承租人转租之日起六个月内提出异议行使合同解除权，解除其与承租人的租赁合同。

租赁合同属于确立债权、债务关系的合同，而不是以产生物权变动效果为目的的合同。出租人对租赁物是否享有所有权、处分权，不是租赁合同必须考虑的内容。承租人将依照合同取得的对租赁物的占有、使用权转移给次承租人享有，并不构成对租赁物的处分，而是属于无权处分，适用无权处分的处理规则。我国《民法典》虽然对转租合同的法律效力没有给出直接而明确的规定，但结合《民法典》删除原《合同法》第 51 条规定，并在第 597 条规定了未取得出卖物处分权的买卖合同并非无效合同，以及第 723 条规定第三人主张权利致使承租人不能对租赁物使用、收益的，承租人可以请求减少租金或者不支付租金，上述情形均间接指向无论承租人是否取得出租人同意，其对外签订的转租合同效力均不受出租人是否同意影响。①

【规范指引】

《民法典》第 597 条第 1 款、第 716 条、第 718 条、第 723 条。

【案例】某饮食投资公司与林某某房屋租赁合同纠纷案②

某饮食投资公司与某大学于 2018 年 7 月 27 日签订了《某大学学生食堂风味档口经营服务合同》，某饮食投资公司获得某大学学生食堂一楼南侧第一档口的经营权。2018 年 7 月 16 日，某饮食投资公司作为出租人（甲方）与林某某（乙方）签订了租赁合同，约定，乙方承租甲方位于某大学学生食堂一楼的部分场地，面积约 20 平方米，用以经营汉堡、奶茶、甜品的零售；租赁

---

① 最高人民法院民事审判第二庭、研究室编著的《最高人民法院民法典合同编通则司法解释理解与适用》引言指出，《民法典》只针对无权处分订立的买卖合同作了规定，未对无权处分所订立的其他合同作出规定，因此可以将无权处分所订立的买卖合同的规则类推适用到无权处分所订立的其他合同之上。民法上的不少规定虽然采用了“不得”“必须”“应当”等表述，但该规定的目的并非禁止或者强制当事人实施特定行为，而是限制行为人的民事权利。由此可知，即使转租人事先未取得房屋转租权，其转租合同的效力也不受影响。

② 参见广东省佛山市顺德区人民法院（2021）粤 0606 民初 33798 号民事判决书、广东省佛山市中级人民法院（2022）粤 06 民终 13680 号民事判决书。

期限自2018年8月1日起至2021年7月31日止；合同第7条约定，如林某某不按期支付场地租金、水电、刷卡手续费等费用达一个月的，某饮食投资公司有权解除合同，林某某应按照合同的押金标准支付违约金并承担相应的经济和法律责任。上述租赁合同签订后，林某某按约支付了租赁押金70 000元。但林某某未再支付自2019年12月起的租金及自2019年7月起的水电费，某饮食投资公司催收无果，遂诉至法院，请求判令解除某饮食投资公司、林某某签署的租赁合同等。林某某辩称，某饮食投资公司中标取得该食堂的承包经营权，某饮食投资公司违反合同约定及法律规定，在不具备转包或转租权利的情况下，将本案所涉的食堂部分场地转租给林某某经营，故某饮食投资公司与林某某签订的租赁合同无效。法院经审理认为，某饮食投资公司与林某某于2018年7月16日签署的租赁合同有效，因林某某存在根本违约行为，某饮食投资公司有权解除合同并收回租赁物。某饮食投资公司于起诉前并未向林某某发出解除合同的通知，但其已实际于2021年3月4日（起诉前）自行收回了租赁物，该行为已明确表明其解除合同的意思表示，故租赁合同应于2021年3月4日解除。

【分析】

林某某与某饮食投资公司签订的租赁合同系双方真实意思表示，内容并未违反法律、行政法规的强制性规定，合法有效。在承租人擅自转租情况下，承租人虽不具有将租赁物进行转租的处分权，但其与第三人订立转租合同的效力应当适用无权处分的法律规则，转租合同的效力并不因此受到影响。林某某主张涉案租赁合同因擅自转租而无效缺乏依据。

【规范指引】

《民法典》第143条、第562条。

问题7：城镇房屋用于群租的合同效力认定

群租，是指出租人将房屋内部装修改造后分成多个单元，分别出租给不特定的多个承租人居住使用。在经济发达、人口稠密的大城市，因群租房租金价格低廉，迎合了低收入人群的租房需求，同时也为出租人带来更高租金收益，故在大城市的“城中村”、居民小区中群租现象较为常见。但群租房普遍存在消防设施不健全、用电设备超负荷、燃气设备不规范、房屋质量不达标等安全隐患，严重影响居民群众的生命、财产安全，对此住房和城乡建设部、各地政府相继开展整治违法“群租”行为的专项活动，住房和城乡建设部出台了《商品房屋租赁管理办法》，部分地方立法机关出台法规、规章，规范住房租赁市场秩序。例如，《广州市房屋租赁管理规定》第10条规定：“出租住宅的，居住空间的最小出租单位和人均使用面积等应当符合本市住房租赁标准的规定。”《上海市住房租赁条例》第15条规定：“出租住房应当遵守下列规定：（一）房屋符合国家和本市建筑、消防、治安、防灾、卫生、环保等方面的标准和要求；（二）具备供水、供电等必要的生活条件；（三）以原始设计或者经有关部门批准改建的房间为最小出租单位；（四）厨房、卫生间、阳台、贮藏室以及其他非居住空间不得单独出租用于居住；（五）每个房间的居住人数和人均居住面积符合本市相关规定；（六）法律、法规、规章的其他规定。禁止违反前款第三项至第五项规定，将住房用于群租。禁止将违法建筑、擅自改变使用性质的房屋以及其他依法不得出租的房屋用于出租。”

上述规定明确出租住宅的，最小出租单位应符合规定，禁止住房私自改造违法群租。实践中，当事人常以房屋为群租房为由主张租赁合同无效，《民商事审判会议纪要》第31条规定：违反规章一般情况下不影响合同效力，但该规章的内容涉及金融安全、市场秩序、国家宏观政策等公序良俗的，应当认定合同无效。基于此，分析群租合同的效力必然涉及价值判断和利益衡量，是考虑当事人是否仅需承担公法上的责任就可以实现强制性规定的目的，还是也有必要通过否定合同效力来实现该强制性规定的目的。我们认为，群租虽然影响住房租赁市场秩序，但群租合同的实际履行对市场秩序造成的影响显著轻微，一律认定合同无效将导致案件处理结果有失公平公正，而对于出租人违法改建行为，人民法院应当向行政管理部门提出司法建议，对当事人违反强制性规定的行为依法予以处理，让行为人承担公法责任即可实现该强制性规定的立法目的，不必否定合同效力。因此，我们认为不应以群租房不符合上述规章相关规定而认定租赁合同无效，但如果是违反规划改建房屋被行政机关确认违法，则属于因租赁房屋为违法建筑而导致租赁合同无效的情形。①

---

① 参见刘国林编著：《土地、房屋租赁疑难问题理论解答与案例指引》，人民法院出版社2018年版，第405~406页。

【规范指引】

《民法典》第 153 条第 1 款；《商品房屋租赁管理办法》第 8 条。

【案例】张某诉某房屋中介公司房屋租赁合同纠纷案[①]

2013 年 8 月 19 日，张某与某房屋中介公司签订租赁合同，约定张某租赁中介公司所有的一套房屋中的一间，租金标准为每月 1500 元，租期一年。合同签订当日，张某支付租金及押金后，入住该房屋。合同履行期间，中介公司又将该套房屋的其他房间打隔断后出租多人。2014 年 4 月，相关行政管理部门在租赁房屋所在小区张贴告知书，对打隔断群租及出租厨房、卫生间、阳台和地下储藏室等违法出租房屋行为进行整顿治理，要求上述房屋的承租人尽快搬离。5 月 19 日，相关部门联合执法清理群租房，张某主动搬离了租赁房屋，距 1 年租赁期满还差 2 个月。后张某提起诉讼，请求确认双方租赁合同无效，中介公司返还已支付的房屋租金及押金。法院经审理认为，中介公司将房屋群租违反了房屋出租的相关管理规定，但不违反法律、行政法规的强制性规定，合同有效。承租人提前搬离房屋的，可确认解除租赁合同，由中介公司退还王某某押金 2306.16 元、租金 780 元。

【分析】

王某某与中介公司签订房屋租赁合同，中介公司出租给王某某的租赁房屋虽系隔断间，但房屋租赁合同并未违反法律、行政法规的强制性规定，是双方当事人的真实意思表示，不存在合同无效事由，属于合法有效的合同。然而，法院对租赁合同效力的认定不影响行政主管机关对违反禁止隔断群租行政管理规定的行为予以认定和处理。房屋租赁合同虽然有效，但中介公司出租隔断间确实违反相关行政管理规定，承租人可以请求解除合同且不构成违约。

【规范指引】

《民法典》第 153 条。

---

① 《房屋租赁合同有效，出租方违反相关行政管理规定，承租人可以请求解除合同且不构成违约——王某某诉某中介公司房屋租赁合同纠纷案》，载法信网，https://www.faxin.cn/v2/cpgz/content.html?gid=C1439871&highlight=%E7%8E%8B%E6%9F%90%E6%9F%90%E8%AF%89%E6%9F%90%E4%B8%AD%E4%BB%8B%E5%85%AC%E5%8F%B8%E6%88%BF%E5%B1%8B%E7%A7%9F%E8%B5%81%E5%90%88%E5%90%8C%E7%BA%A0%E7%BA%B7%E6%A1%88，最后访问时间：2024 年 10 月 18 日。

问题 8：租赁合同约定房屋用途与房屋登记用途不符的，一般应认定合同有效

房屋的用途，是指房屋的使用方式。房屋用途有登记用途和实际用途之分，当两者一致时，实际用途为合法用途。当两者不一致时，实际用途一般被当作违法用途。房屋登记用途应以规划用途为准，其主要依据是规划部门核准的建设工程规划许可证明。司法实践中，对于住宅用房改为商业用房、工业厂房改为商业租赁等改变房屋用途的合同效力认识不一。

无效主张者的主要理由是，根据我国“房地合一”的基本政策，改变房屋的使用功能就等于改变了土地的用途，违反了《民法典》第 350 条“需要改变土地用途的，应当依法经有关行政主管部门批准”，《土地管理法》第 56 条“确需改变该幅土地建设用途的，应当经有关人民政府自然资源主管部门同意”，《城市房地产管理法》第 18 条“土地使用者需要改变土地使用权出让合同约定的土地用途的，必须取得出让方和市、县人民政府城市规划行政主管部门的同意”，《城镇国有土地使用权出让和转让暂行条例》第 18 条“土地使用者需要改变土地使用权出让合同规定的土地用途的，应当征得出让方同意并经土地管理部门和城市规划部门批准”等规定，而《民法典》第 153 条规定，违反法律、行政法规的强制性规定的民事法律行为无效。

有效主张者认为，房屋租赁合同不应因房屋使用功能的擅自改变而无效，这类房屋租赁合同并没有直接违反《民法典》《土地管理法》《城市房地产管理法》《城镇国有土地使用权出让和转让暂行条例》等法律、行政法规的强制性规定。理由如下：其一，从调整的对象看，《民法典》第 350 条规定了建设用地使用权人、《土地管理法》第 56 条规定了建设单位、《城市房地产管理法》第 18 条规定了土地使用者均不能随意改变土地用途，调整的对象是建设用地使用权人、建设单位、土地使用者等利用土地进行建设的建设方，而非调整房屋的所有权人。其二，以上法律条文调整的是建设方利用土地开始建设这一改变土地用途的法律行为，而非调整建设完成后房屋利用、处分等法律行为，更非调整改变物业租赁用途和改变房屋使用功能的法律行为。其三，《土地管理法》第 4 条第 2 款、《土地管理法实施条例》第 10 条等相关法律明确将土地用途分为农用地、建设用地、未利用地。只有在以上这三种土地用途之间的转换，才属于法律意义上的“改变土地用途”。

对此我们同意后一种意见，通常情形下，住宅用房、工业用房改为商业用房进行出租，所涉的房屋租赁合同有效。如以住宅为网店的经营场所、登记为工业用途出租给他人居住使用，通常情况下上述行为未损害国家、集体或他人利益或者对社会公共秩序造成的影响显著轻微，一般应认定房屋租赁合同有效。如因受到行政管理处罚、责令整改等事实上无法继续履行合同的，当事人可以合同无法履行为由请求解除合同。

【规范指引】

《民法典》第153条第1款、第279条、第350条;《土地管理法》第25条第1款、第56条;《城市房地产管理法》第18条;《城镇国有土地使用权出让和转让暂行条例》第18条;《商品房屋租赁管理办法》第6条;《民法典合同编解释》第17条。

【案例】某文化公司诉某网络公司房屋租赁合同纠纷案[①]

2018年，某文化公司与某网络公司签订租赁合同，约定某文化公司将某文创园区内房屋出租给某网络公司用于商业经营。合同签订后，某网络公司未按照约定支付租金，某文化公司诉至法院要求确认解除合同，某网络公司支付租金及违约金。某网络公司提出反诉，称涉案房屋属于工业厂房，与商业用途不符，故租赁合同应属无效，法院经审理认为，某文化公司和某网络公司签订的租赁合同系双方真实的意思表示，某文化公司提交了涉案园区土地使用权及房屋所有权的登记手续，表明租赁物系合法建筑物，虽然涉案地块原为工业用地，与现在作为文创园区进行商业运营用途不符，但该事由不影响双方租赁合同的效力，并非必然导致房屋租赁合同无效。

【分析】

房屋按照用途分类可以分为“住宅”“工业、交通、仓储用房”“商业、金融和信息用房”等八大类。房屋在建造之前，必须取得建设工程规划许可证，且必须按照批准的建筑设计方案建造，这种规划设计方案决定了房屋的具体用途。国家根据社会需要和发展要求，在房屋建造审批时就决定了房屋用途，从而实现地区的合理规划。可以说，相关法律规定房屋所有权人及使用权人必须按照规划用途使用房屋主要考虑的是城市的功能定位、城市布局规划、区域社会秩序的安定、社会的管理，同时避免变更房屋用途造成国家税费的

① 《朝阳法院涉文化创意产业园区典型案例》，载法信网，https://www.faxin.cn/v2/flfg/sfzl/content.html?gid=H10264&highlight=%E6%9C%9D%E9%98%B3%E6%B3%95%E9%99%A2%E6%B6%89%E6%96%87%E5%8C%96，最后访问时间：2024年11月29日。

流失。因此依据《民法典合同编解释》第16条第1款第1项、第2项的规定，双方约定改变房屋用途的租赁合同，不因违反法律、行政法规的强制性规定而无效。

【规范指引】

《民法典》第153条；《民法典合同编解释》第16条。

问题9：租赁房屋未经工程竣工验收的合同效力

租赁房屋具有建设工程规划许可证的，当事人一方仅以租赁房屋未办理工程竣工验收合格手续为由，要求确认房屋租赁合同无效的，不予支持。租赁房屋违反法律、行政法规关于房屋使用条件强制性规定导致租赁房屋无法使用，承租人有权解除合同。

《建筑法》第61条第2款规定建筑工程未经验收或者验收不合格的，不得交付使用。那么租赁房屋未办理工程竣工验收或者经验收不合格的，租赁合同效力如何认定呢？对此我们认为，《建筑法》上述规定立法目的在于加强对工程竣工验收环节的规范和管理，并非对房屋交易或租赁市场等私法领域的规制。租赁房屋具备建设工程规划许可证但未经竣工验收，表明该租赁房屋的建设施工是合法的，虽然在施工后的"竣工验收"环节存在瑕疵，会使房屋租赁合同的履行前提条件受到影响，但并未有明确的法律规定禁止该类房屋租赁行为。因此，当事人一方以租赁房屋未办理工程竣工验收为由，要求确认房屋租赁合同无效的，不应支持。如果因房屋未经竣工验收导致承租人无法按照租赁合同约定的用途使用，或者无法按照租赁房屋的性质使用时，承租人有权请求解除合同。

【规范指引】

《建筑法》第61条；《民法典》第724条；《民法典合同编解释》第16条。

【案例】某农垦公司诉王某某、艾某房屋租赁合同纠纷案[①]

2010年12月2日，某农垦公司取得涉案楼房的《建设工程规划许可

① 参见陕西省高级人民法院（2020）陕民终856号民事判决书、最高人民法院（2021）最高法民申4912号民事裁定书。

证》，许可修建地上九层地下二层商业综合楼，建筑面积为7479.54平方米；2012年7月16日，某农垦公司再次取得1378.1平方米的《建设工程规划许可证》，共计8857.64平方米。该楼建成后，2013年3月20日，榆林市榆阳区公安消防大队对楼房进行了消防验收，验收的建筑面积为7479.54平方米。2016年9月13日，该楼进行了建设、监理、勘察、设计、施工五方验收。该楼实际修建了地上十层地下二层，建筑面积为9982.8平方米。2012年8月17日，某农垦公司将位于榆阳区人民路35号院内建筑面积为9983平方米的商业综合楼出租给艾某。双方签订了租赁合同书。合同约定租赁用途为商铺及宾馆。2012年10月8日，艾某与王某某签订租赁合同，艾某将其从某农垦公司处承租的租赁物转租给王某某。某农垦公司从2014年6月起开始不间断地索要第二年度及其后的租赁费，未果，故诉至法院请求判令确认其与艾某签订的租赁合同书及综合商业楼补充合同书有效，并予以解除。法院经审理后认为，某农垦公司与艾某签订的《租赁合同书》以及《榆阳区农垦工商联合公司综合商业楼补充合同书》规划许可范围内有效，超出部分无效。

【分析】

某农垦公司与艾某签订的租赁合同系双方的真实意思表示，内容不违反法律、行政法规的强制性规定，为有效合同。但对其超出建设工程规划许可证部分，根据《房屋租赁合同解释》第2条“出租人就未取得建设工程规划许可证或者未按照建设工程规划许可证的规定建设的房屋，与承租人订立的租赁合同无效”的规定，超出部分的合同无效。《建筑法》第61条第2款的规定旨在强调建设单位应主动、及时地履行竣工验收备案手续，否则将承担行政处罚或合同违约责任的不利后果，并非否认私法行为的效力。故依据《民法典合同编解释》第16条的规定，由建设单位承担行政责任就能够实现《建筑法》第61条第2项强制性规定的立法目的，故人民法院可以认定该未竣工验收房屋租赁合同不因违反强制性规定而无效。

【规范指引】

《民法典》第724条。

问题10：关于未经消防验收房屋租赁合同的效力

建设工程的消防验收具有保障建筑安全、人民生命财产安全，促进消防安全管理，维护社会稳定重要作用。建设工程消防验收的重要性不言而喻，对此我国《消防法》第 13 条明确规定："国务院住房和城乡建设主管部门规定应当申请消防验收的建设工程竣工，建设单位应当向住房和城乡建设主管部门申请消防验收。前款规定以外的其他建设工程，建设单位在验收后应当报住房和城乡建设主管部门备案，住房和城乡建设主管部门应当进行抽查。依法应当进行消防验收的建设工程，未经消防验收或者消防验收不合格的，禁止投入使用；其他建设工程经依法抽查不合格的，应当停止使用。"《建设工程消防设计审查验收管理暂行规定》第 27 条规定："对特殊建设工程实行消防验收制度。特殊建设工程竣工验收后，建设单位应当向消防设计审查验收主管部门申请消防验收；未经消防验收或者消防验收不合格的，禁止投入使用。"对其他建设工程实行备案抽查制度，分类管理。《建设工程消防设计审查验收管理暂行规定》第 34 条第 2 款规定："其他建设工程经依法抽查不合格的，应当停止使用。"由此可知，我国法律针对不同建筑物分别采用消防验收和备案抽查的管理模式。

那么房屋未经消防验收或者经消防验收不合格，房屋租赁合同的效力如何认定呢？对此，我们认为应根据不同情况分别对待：（1）租赁物属于《消防法》第 13 条规定必须经过消防机构验收的房屋，未经验收或者验收不合格的，应当认定租赁合同无效。此类建筑物指的是特殊建设工程。根据《建设工程消防设计审查验收管理暂行规定》第 14 条[①]规定的内容可知，该类建筑物涉及广大人民群众的人身安全、社会公共安全，影响社会公共利益，在未

---

① 《建设工程消防设计审查验收管理暂行规定》第 14 条规定："具有下列情形之一的建设工程是特殊建设工程：（一）总建筑面积大于二万平方米的体育场馆、会堂，公共展览馆、博物馆的展示厅；（二）总建筑面积大于一万五千平方米的民用机场航站楼、客运车站候车室、客运码头候船厅；（三）总建筑面积大于一万平方米的宾馆、饭店、商场、市场；（四）总建筑面积大于二千五百平方米的影剧院，公共图书馆的阅览室，营业性室内健身、休闲场馆，医院的门诊楼，大学的教学楼、图书馆、食堂，劳动密集型企业的生产加工车间，寺庙、教堂；（五）总建筑面积大于一千平方米的托儿所、幼儿园的儿童用房，儿童游乐厅等室内儿童活动场所，养老院、福利院，医院、疗养院的病房楼，中小学校的教学楼、图书馆、食堂，学校的集体宿舍，劳动密集型企业的员工集体宿舍；（六）总建筑面积大于五百平方米的歌舞厅、录像厅、放映厅、卡拉 OK 厅、夜总会、游艺厅、桑拿浴室、网吧、酒吧，具有娱乐功能的餐馆、茶馆、咖啡厅；（七）国家工程建设消防技术标准规定的一类高层住宅建筑；（八）城市轨道交通、隧道工程，大型发电、变配电工程；（九）生产、储存、装卸易燃易爆危险物品的工厂、仓库和专用车站、码头，易燃易爆气体和液体的充装站、供应站、调压站；（十）国家机关办公楼、电力调度楼、电信楼、邮政楼、防灾指挥调度楼、广播电视楼、档案楼；（十一）设有本条第一项至第六项所列情形的建设工程；（十二）本条第十项、第十一项规定以外的单体建筑面积大于四万平方米或者建筑高度超过五十米的公共建筑。"

通过消防验收的情况下，该类房屋租赁合同无效。

（2）租赁合同涉及的房屋不属于法律规定必须经消防机构验收的，人民法院不应当以该房屋未经消防验收合格而认定合同无效。依据《消防法》《建设工程消防设计审查验收管理暂行规定》的规定，该类建筑物实行备案抽查制度，分类管理，经抽查不合格的，应当停止使用。对该类建筑物进行消防备案抽查的目的在于保障房屋建设中的消防安全，该规制并不必然否定和限制私权领域的房屋使用和收益。

根据租赁用途，可以将房屋租赁分为居住性房屋租赁和经营性房屋租赁。居住性房屋租赁主要包含两类：一类是农村自建房出租，尤其是城中村的房屋出租。另一类是较为常见的城镇住宅商品房出租。对于农村自建房的设计、施工、验收目前我国缺少具体、严格的标准，未有明确的法律规定农村自建房因缺乏消防设计或未经竣工验收构成违法，因此对于这类房屋租赁也谈不上因缺乏消防验收而导致合同无效。城镇住宅通常在商品房交付前已完成消防验收，因此不存在因消防问题影响商品房租赁合同效力的基础。而对于经营性用房通常有一次、二次消防验收之分。一次消防验收一般在竣工验收阶段，在竣工验收备案前完成；二次消防验收一般在承租人进场并根据个性化的经营需求进行装修后，在开业前完成。对于必须经过消防机构验收的经营性房屋，根据《消防法》第 13 条第 3 款“未经消防验收或者消防验收不合格的，禁止投入使用”的规定可知，该类房屋投入使用前必须消防验收合格，否则该类房屋的租赁合同因违反法律、行政法规的强制性规定，应被认定为无效。如果经营性房屋不属于法律规定必须经消防机构验收的房屋的，人民法院不应当以该房屋未经消防验收合格而认定合同无效。

【规范指引】

《消防法》第 13 条、第 14 条、第 15 条；《民法典》第 153 条第 1 款；《民法典合同编解释》第 16 条；《建设工程消防设计审查验收管理暂行规定》第 14 条、第 27 条、第 34 条。

【案例】某重工公司诉某生活用品公司房屋租赁合同纠纷案[①]

2012 年 5 月 5 日，某重工公司（出租方、甲方）与某生活用品公司（承租方、乙方）签订《厂房租赁合同》，约定甲方将部分厂房（不含固定专用设

---

① 参见湖南省高级人民法院（2017）湘民终 594 号民事判决书、最高人民法院（2018）最高法民申 871 号民事裁定书。

备）和附房一层租赁给乙方，租赁期限为两年，自 2012 年 5 月 6 日起至 2014 年 5 月 5 日止，其间某重工公司电焊工作人员施工时，焊渣飞溅至某生活用品公司二车间南墙东侧出口正对面的无尘纸堆垛处，引燃无尘纸堆垛及周边可燃物引发火灾，某重工公司遂诉至法院请求判令某生活用品公司赔偿火灾造成的损失。某生活用品公司申请再审称，案涉二车间未通过建设工程消防验收，原审法院对此没有进一步审理查实。根据法律规定，未经消防验收的房屋不能投入使用，原审法院没有采纳某生活用品公司的租赁合同效力抗辩，是错误的。生效判决认为，租赁物未经消防验收不必然导致租赁合同无效。

【分析】

根据《民法典》第 724 条的规定可知，租赁房屋违反法律、行政法规关于房屋使用条件的强制性规定，导致租赁房屋无法使用的，承租人可以请求解除合同。该规则确立了认定城镇房屋租赁合同效力的基本原则，限定了无效合同的范围。《消防法》规定的消防验收，属于对房屋使用条件的规定。因此，本案即使存在某生活用品公司所称案涉二车间未经消防验收的情形，亦不必然导致租赁合同无效。从本案实际情况看，在案涉《厂房租赁合同》签订后，某重工公司依约向某生活用品公司交付了合同标的物，某生活用品公司也实际使用了某重工公司的厂房等设施，双方均在依约履行。该《厂房租赁合同》系双方当事人的真实意思表示，内容并不违反法律、行政法规的强制性规定，不存在原《合同法》第 52 条[①]规定的合同无效情形。某生活用品公司关于原判决未采纳其对案涉租赁合同效力抗辩的再审申请事由不能成立。

【规范指引】

《民法典》第 724 条。

问题 11：房屋预租合同的效力认定

房屋租赁合同是出租人将房屋交付承租人使用、收益，承租人支付租金的合同。一般情形而言，作为租赁物的房屋应是已经建成的房屋。但在实践中，不乏存在着当事人就尚未建成的房屋预先签订租赁合同的情形，对于该类房屋预租合同的效力可以参照《房屋租赁合同解释》第 2 条的规定进行认

① 对应《民法典》第 146 条、第 153 条、第 154 条。

定，租赁房屋具备建设工程规划许可证的，表明该租赁房屋的建设施工是合法的，房屋能否建成并交付属于预租合同履行问题，与合同效力无关。其关键在于房屋是否取得具备合法建设手续。房屋未建成但具备合法建设手续的，房屋预租合同效力不受影响。如果租赁物属于未取得建设工程规划许可证或者未按照建设工程规划许可证的规定建设的房屋，则房屋预租合同无效。但房屋在一审法庭辩论终结前取得建设工程规划许可证或者经主管部门批准建设的，人民法院应当认定合同有效。

【规范指引】

《民法典》第143条;《房屋租赁合同解释》第2条。

【案例】某投资公司诉某置业公司房屋租赁合同纠纷案①

2011年6月22日，中某公司作为出租方，某投资公司作为承租方签订《房屋租赁合同》，约定中某公司将某在建工程出租给某投资公司。后因涉案工程由于开发主体的变更出现了整体延期，某投资公司向中某公司发送了《解约通知书》，宣布解除《房屋租赁合同》，要求支付迟延交房违约金、解约赔偿金。诉讼中，双方当事人对《房屋租赁合同》效力产生争议。法院经审理认为，案涉地块建设项目没有在一审庭审辩论结束前取得了建设工程规划许可证，故《房屋租赁合同》应当认定无效。

【分析】

根据《房屋租赁合同》的约定，中某公司的主要合同义务是按时交付符合合同约定要求的租赁物，某投资公司的主要合同义务是支付履约保证金及租金，双方的主要权利义务符合房屋租赁合同的特点。但《房屋租赁合同》签订时，作为租赁物的房屋尚未建成，因此属于对未来建成房屋的预租。关于房屋预租，在现行法律、行政法规没有规定的情形下，可参照适用有关房屋租赁的规定。《房屋租赁合同解释》第2条规定："出租人就未取得建设工程规划许可证或者未按照建设工程规划许可证的规定建设的房屋，与承租人订立的租赁合同无效。但在一审法庭辩论终结前取得建设工程规划许可证或者经主管部门批准建设的，人民法院应当认定有效。"同时，根据《城乡规划法》第40条第1款"在城市、镇规划区内进行建筑物、构筑物、道路、管线和其他工程建设的，建设单位或者个人应当向城市、县人民政府城乡规划主

---

① 参见内蒙古高级人民法院（2015）内民三初字第3号民事判决书、最高人民法院（2017）最高法民终171号民事判决书。

管部门或者省、自治区、直辖市人民政府确定的镇人民政府申请办理建设工程规划许可证”的规定以及第 64 条“未取得建设工程规划许可证或者未按照建设工程规划许可证的规定进行建设的，由县级以上地方人民政府城乡规划主管部门责令停止建设”的规定，取得建设工程规划许可证是进行合法建设的前提，也是判断是否为合法建筑的标准。本案中没有证据证明在一审庭审辩论结束之前，案涉地块建设项目已经取得了建设工程规划许可证，即《房屋租赁合同》约定的租赁物既未建成，也没有取得合法的建设手续，这种情形下《房屋租赁合同》应当认定无效。

【规范指引】

《房屋租赁合同解释》第 2 条。

问题 12：历史遗留建筑物的租赁合同效力认定

历史遗留建筑物未取得建设工程规划许可证或未补办规划验收手续，租赁合同无效，但一审法庭辩论终结前，经主管部门出具建设工程符合规划核实意见的，租赁合同有效。

因法律不完善、监管不到位、建设主体违规等原因致使历史遗留建筑物的用地、规划、建设审批手续不全而无法办理不动产登记。为了加快解决不动产登记历史遗留问题，2021 年 1 月 4 日，自然资源部出台《关于加快解决不动产登记若干历史遗留问题的通知》解决因历史遗留问题导致的不动产“登记难”问题，此后全国各地政府出台相应实施细则处理不动产登记历史遗留问题。例如，海南省自然资源和规划厅、海南省财政厅、海南省住房和城乡建设厅、国家税务总局海南省税务局于 2021 年 8 月 16 日印发《关于不动产登记历史遗留问题处理意见的通知》，该通知对用地手续不完善、未通过建设工程规划核实、未通过竣工验收备案、欠缴土地出让价款和相关税费等问题提出相应处理意见和解决方法。2022 年 9 月 23 日，自然资源局印发新修订的《自然资源违法行为立案查处工作规程（试行）》，在 4.3.3 部分提出：承办人员应当在证据认定和事实认定的基础上，严格依照法律法规的规定，综合考虑历史遗留建筑物处置等有关文件要求，提出处理建议。因此在全面推进不动产确权登记的背景下，历史遗留建筑物登记问题大部分得到相应处理，当事人在诉讼中争议的房屋为“历史遗留建筑物”，多数为违法建筑，如果当事人能够举证历史遗留建筑物补办了规划验收手续，取得了合法产权证明或者规划主管部门出具核实意见或认定意见，认定意见、核实意见可证明不动产登记建设工程符合规划意见的，租赁合同有效。

【规范指引】

《民法典》第216条;《房屋租赁合同解释》第2条、第3条。

【案例】某股份社诉邓某某房屋租赁合同纠纷案[①]

2015年11月18日，某股份社（出租方，甲方）与邓某某（出租方，乙方）签订《物业租赁合同书》，约定某股份社将风谷房及其附属物出租给邓某某使用。诉讼中，某股份社主张涉案租赁物“风谷房”为合法建筑，建于20世纪70年代（1970年），当时还处于人民公社时期，由于建造“风谷房”的年代久远，当时国家没有相关的法律法规要求建造该类型的房屋需要办理报建审批手续，且“风谷房”为集体组织处理“公粮”必须建造的建筑物，具有政策性和公益性，“风谷房”按照当时的政策，为合法建筑；另外，原《房屋租赁合同解释》于2009年6月22日公布，自2009年9月1日起施行，而涉案租赁物“风谷房”建于1970年，建造时该司法解释尚未实施，根据“法不溯及既往”的原则，不能依据该解释第2条认定涉案《物业租赁合同书》为无效合同。诉讼中，某股份社、邓某某均确认涉案租赁物未办理规划报建手续。邓某某不同意搬离涉案租赁物。经邓某某、某股份社申请法院分别向其出具律师调查令，该两份律师调查令回执均未显示涉案建筑物取得了规划报建手续。法院经审理认为，当事人未举证证明租赁房屋取得了建设工程规划许可证或补办了规划验收手续，《物业租赁合同书》为无效合同。

【分析】

《房屋租赁合同解释》第2条规定：“出租人就未取得建设工程规划许可证或者未按照建设工程规划许可证的规定建设的房屋，与承租人订立的租赁合同无效。但在一审法庭辩论终结前取得建设工程规划许可证或者经主管部门批准建设的，人民法院应当认定有效。”本案中，某股份社、邓某某均未能提交涉案租赁物办理规划报建及竣工验收手续的资料，且双方均确认涉案租赁物未办理规划报建手续，故某股份社与邓某某于2015年11月18日签订的《物业租赁合同书》为无效合同。某股份社上诉主张该租赁物建设于20世纪

---

① 参见广东省佛山市南海区人民法院（2022）粤0605民初3465号民事判决书、广东省佛山市中级人民法院（2022）粤06民终10560号民事判决书。

70 年代，按照当时政策无须报建，但其并未举证该租赁物在之后补办了相关报建手续，法院对其该上诉意见不予采纳。

【规范指引】

《民法典》第 58 条；《房屋租赁合同解释》第 2 条。

问题 13：带证照租赁合同的效力

"带证照租赁"，是指出租人在租赁房屋同时约定向承租人出租、转让、出借以租赁房屋为地址办理的许可证、执照、资格证或其他许可、合格、证明证件，常见的如营业执照、烟草专卖零售许可证、食品经营许可证等。通过此方式，承租人不仅可以使用租赁房屋，还可使用出租人提供的证照开展相关生产经营活动，在房屋租赁市场中较为常见。

带证照租赁名义上为租赁合同，实质上包含了房屋租赁和证照的转让（出借、租赁）两部分内容，司法实务中认定合同效力时应注意区分。对于房屋租赁部分，按合同效力认定一般规则单独认定，不受证照的转让（出借、租赁）部分效力影响。对于证照的转让（出借、租赁）部分的效力问题。需要首先明确的是，这里所指的证照系指由国家机关或其他具有公权力属性的组织颁发的各类证照，并不包含个人、企业、普通社会团体为其经营、管理活动而向他人颁发的证书证明类文件，转让该类证照一般不涉及合同效力问题。对于由国家机关颁发的各类证照，颁发目的一般在于加强市场监督和管理，规范市场主体的行为，确保公正公平有序的市场秩序。从行政管理层面而言，国家对相关证照的转让、出借、租赁一般持限制态度，相关的法律法规中多有体现，如《市场主体登记管理条例》第 37 条第 1 款规定："任何单位和个人不得伪造、涂改、出租、出借、转让营业执照。"但证照的转让、出借、租赁是否一律无效，我们认为仍应结合《民法典》第 153 条，《民法典合同编解释》第 16 条、第 17 条以及证照管理相关法律法规的规定来分析：

（1）违反法律、行政法规的强制性规定，且不符合《民法典》第 153 条但书之情形的，应当认定转让、出借、租赁行为无效。对于如何把握《民法典》第 153 条中的"强制性规定"，我们认为应当充分考量规定所保护的法益类型、违法行为的法律后果以及交易安全保护等因素。如营业执照是由工商行政管理机关发给工商企业、个体经营者的准许从事某项生产经营活动的凭证，是国家掌握经济活动情况、促进市场主体合法经营、维护市场经济秩序的重要手段，其保护的法益不仅是国家机关的管理秩序，更涉及国家利益、集体利益，如允许任意转让、出借、租赁，可能造成经济秩序混乱，不利于保护交易活动安全，最终损害国家、集体利益，应当予以禁止。

（2）违反法律、行政法规的强制性规定，但符合《民法典合同编解释》第16条中规定的“合同的实际履行对社会公共秩序造成的影响显著轻微”等情形的，可以认定合同有效。如某些经营备案类的证书，从法律法规的规定到实务操作，办理要求一般低于许可类、准入类证照，国家在这些领域实施备案制度的主要目的也在于了解、掌握某一时期、某一区域内某种经营活动的行业、规模等信息，转让、出借、租赁该类备案证书对社会公众秩序造成的影响一般也较小，亦可以通过行政手段予以约束，因此可以认定该行为不影响合同效力。

（3）不违反法律、行政法规的强制性规定，但如果认定合同有效则可能损害国家、集体利益以及社会公共利益，应认定该行为属于《民法典》规定的“违反公序良俗”的情形，进而认定合同无效。如《烟草专卖许可证管理办法》第41条规定：“任何企业或者个人不得涂改、伪造、变造烟草专卖许可证。不得买卖、出租、出借或者以其他形式非法转让烟草专卖许可证。”虽然该办法属于部门规章，但烟草专卖属于国家严格管控的特许经营活动，烟草事业利税关乎国计民生，如擅自变更使用主体，使不具备经营资格、资质的主体不经监管直接进入市场，可能会扰乱市场管理秩序，损害国家、集体利益以及社会公共利益。类似情形还有安全生产许可、食品经营许可证、排污许可证等。

处理该类问题过程中需注意两种情况：一是部分合同约定为证照转让、出租、出借等，但双方在实际履行过程中的真实意思表示系转让人协助受让人另行办理相关证照，在此情形下，则不宜认定该部分合同内容无效。二是部分当事人为规避合同无效的风险，以“合作合同”“联营合同”等名义签订合同，实质上为带证照租赁，司法实务中应当加以甄别并正确处理。

【规范指引】

《民法典》第153条、第156条；《民法典合同编解释》第16条、第17条；《市场主体登记管理条例》第37条；《烟草专卖许可证管理办法》第41条；《食品经营许可和备案管理办法》第28条。

【案例】何某华与樊某杰、姜某圆合同纠纷案[①]

何某华与樊某杰签订《承包经营协议书》一份，双方约定：何某华承包经营现由樊某杰经营的生鲜店；何某华享有经营管理权和承包收益权；樊某杰将经营超市所需的证照提供给何某华保管使用。上述证照何某华经营期间由何某华保管，证照的年检工作及相关费用由何某华负责，樊某杰提供必要的协助……合同履行过程中，双方因货款支付、租金缴纳、证照移交等事宜发生争议。何某华诉至法院，请求确认合同解除，判令樊某杰支付拖欠的货款、水电费、违约金及赔偿损失等。樊某杰反诉请求确认合同无效、返还货款、支付违约金、返还保证金等。法院经审理认为，何某华与樊某杰于2020年6月7日签订的《承包经营协议书》中关于“甲方将经营超市所需的证照（包括营业执照，烟草证、食品许可证）提供给乙方保管使用”约定无效。

【分析】

《承包经营协议书》虽然具有承包经营合同性质，但其具体的经营事项包括由何某华将涉案商铺出租给樊某杰使用，并将涉案商铺的有关营业执照等证照提供给樊某杰经营该商铺时使用等内容。故此，在判断双方之间的合同及承包经营行为的效力时，须分析双方的主要合同条款及相关的具体行为是否违反了法律、法规的禁止性强制规定。《企业法人登记管理条例》（已废止）第25条第3款规定，“《企业法人营业执照》、《企业法人营业执照》副本，不得伪造、涂改、出租、出借、转让或者出卖”，本案中，何某华将经营超市所需的证照一并提供给樊某杰保管使用，违反了上述行政法规的强制性规定，该约定应认定为无效。因此涉案《承包经营协议书》关于何某华将经营超市所需的证照（包括营业执照，烟草证、食品许可证）提供给樊某杰的约定无效，除此之外的约定未违反法律、行政法规的强制性规定，均属有效。

【规范指引】

《民法典》第153条、第156条。

---

① 参见广东省中山市第一人民法院（2020）粤2071民初30807号民事判决书、广东省中山市中级人民法院（2021）粤20民终10450号民事判决书。

问题 14：租赁国有划拨土地上的房屋，未经批准或未依法将租金中所含土地收益上缴国家时的合同效力

国有土地使用权划拨，即以划拨方式取得国有土地使用权，是指经县级以上人民政府批准后，在土地使用者依法缴纳了土地补偿费、安置补偿费及其他费用后，国家将土地交付给土地使用者使用，或者国家将土地使用权无偿交付给土地使用者使用的行为。

对于未经批准租赁国有划拨土地上的房屋或者未依法将租金中所含土地收益上缴国家时的合同效力，判断依据主要为《城镇国有土地使用权出让和转让暂行条例》第 45 条及《城市房地产管理法》第 56 条的规定。在《民法典合同编解释》颁布前，对该问题的认定主要基于对上述两条法律规定系管理性强制性规定还是效力性强制性规定的判断。一种观点认为，根据《城镇国有土地使用权出让和转让暂行条例》第 44 条及第 45 条的规定，我国对划拨土地使用权的转让、出租有着严格的限制，故对于未经批准或未依法将租金中所含土地收益上缴国家的，租赁合同无效。另一种观点则认为，设置行政部门批准前置条件及要求土地收益上缴国家的目的系加强对土地用途的监管，同时避免国有土地收益流失，目的在于管理而非禁止，故上述规定属于管理性强制性规定，而非强制性规定。从生效裁判看，司法主流观点一般亦认为上述规定不属于强制性规定，如最高人民法院（2000）民终字第 115 号民事判决认为："《城市房地产管理法》第 55 条规定房屋所有人以营利为目的，将在以划拨方式取得使用权的国有土地上建成的房屋出租的，应当将租金中所含土地收益上缴国家。由于房屋租赁合同成立、生效后，出租人才可能收取租金并将其中土地收益部分上缴国家，缴纳土地收益并不是合同成立并生效的前提条件。"最高人民法院（2017）民申 4695 号民事裁定认为："根据《城镇国有土地使用权出让和转让暂行条例》第 44 条、第 45 条的规定，在符合特定条件时，划拨土地使用权可以出租，但须办理相关手续并补交土地使用权出让金或者以出租所获效益抵交土地使用权出让金。上述行政法规的规定并非……强制性规范。"

随着《民法典合同编解释》的颁布，该问题有了更加具体可循的解决路径。《民法典合同编解释》第 16 条规定："合同违反法律、行政法规的强制性规定，有下列情形之一，由行为人承担行政责任或者刑事责任能够实现强制

性规定的立法目的的，人民法院可以依据民法典第一百五十三条第一款关于‘该强制性规定不导致该民事法律行为无效的除外’的规定认定该合同不因违反强制性规定无效……（二）强制性规定旨在维护政府的税收、土地出让金等国家利益或者其他民事主体的合法利益而非合同当事人的民事权益，认定合同有效不会影响该规范目的的实现……”结合该条分析，在国有划拨土地上房屋的租赁中，对于须将租金中所含土地收益上缴国家的规定，其规范目的主要在于保障土地出让金等国家利益不受损害，在《城市房地产管理法》《城镇国有土地使用权出让和转让暂行条例》等法律法规已就违法责任（主要为行政责任）作出明确规定的情况下，认定租赁合同有效并不会影响国家机关通过行政手段实现规范目的，承认合同有效反而更有利于国家利益的实现；但对于须批准的规定，主要规范目的在于规范划拨用地交易秩序、监管土地用途等，在该情形中合同是否有效，仍应结合具体情况进行分析，例如将国家划拨的用于教育的公益性用地上的建筑出租，则有可能因损害社会公共利益而导致合同无效，若行为不会导致国家、社会公共利益受损，则不应轻易认定合同无效。

【规范指引】

《城市房地产管理法》第56条；《城镇国有土地使用权出让和转让暂行条例》第44条、第45条。

【案例】某科技公司诉某运输公司房屋租赁合同纠纷案①

2011年4月8日，某科技公司与某运输公司签订《租赁经营合同》约定，某运输公司将其持有的14 354.27平方米国有土地使用权、地上自建房屋5486.24平方米以及由某科技公司在该地块上出资建设的某物流信息中心一期工程房屋9699.22平方米（已建成1719.22平方米，尚有G栋7980平方米待建）一并租赁给某科技公司。案涉项目土地使用权登记于某运输公司名下，面积为14 354.27平方米，《国有土地使用证》记载的使用权类型为划拨，用途为交通运输。合同履行过程中，某运输公司以某科技公司未履行合同约定的支付A栋、C2栋前期经营利润100万元为由，通知解除《租赁经营合同》。某科技公司不同意解除，并向某运输公司支付了前述费用。后某运输公司继续发函要求某科技公司确认双方解除《租赁经营合同》，交回租赁场地。某科

---

① 参见湖北省武汉市中级人民法院（2013）鄂武汉中民商初字第00162号民事判决书、湖北省高级人民法院（2014）鄂民一终字第00095号民事裁定书。

技公司遂诉至法院，要求确认解除行为无效，双方继续履行合同。某运输公司则反诉要求确认合同无效、某科技公司返还场地等。诉讼过程中，某运输公司主张租赁的房屋（包括有证、无证及待建）、场地所在的土地均为国有划拨土地，土地使用用途为交通运输。未办理土地性质变更手续，该土地的租赁违反了《城镇国有土地使用权出让和转让暂行条例》第 44 条、第 45 条关于国有划拨土地租赁的强制性规定，应为无效。土地租赁全部无效，导致地上房屋（包括有证、无证及待建）和场地租赁全部无效等。法院经审理认为，在划拨土地上建设房屋并出租的行为并不必然导致合同无效，涉案《租赁经营合同》有效。

【分析】

根据《城市房地产管理法》第 56 条"以营利为目的，房屋所有权人将以划拨方式取得使用权的国有土地上建成的房屋出租的，应当将租金中所含土地收益上缴国家。具体办法由国务院规定"、《城镇国有土地使用权出让和转让暂行条例》第 44 条"划拨土地使用权，除本条例第 45 条规定的情况外，不得转让、出租、抵押"、第 45 条"符合下列条件的，经市、县人民政府土地管理部门和房产管理部门批准，其划拨土地使用权和地上建筑物、其他附着物所有权可以转让、出租、抵押"的规定，对于在划拨土地上建设房屋并出租的行为，法律并未绝对禁止，仅是从通过行政管理保护国家土地收益的角度，规定将租金中所含土地收益上缴国家；《城镇国有土地使用权出让和转让暂行条例》关于国有划拨土地使用权不得转让、出租、抵押的规定并不属于可以导致民事法律行为无效的强制性规定，国有划拨土地使用权及地上建筑物在经市、县人民政府土地管理部门和房产管理部门批准后，亦可以租赁。即本案中，对于某运输公司将其持有的 14 354.27 平方米国有土地使用权租赁给某科技公司的合同，并不当然全部无效。

【规范指引】

《城市房地产管理法》第 56 条。

问题 15：租赁房屋存在权属争议不影响租赁合同的效力

传统司法实务观点认为，当租赁房屋权属有争议时，意味着出租人有可能不是房屋的真正所有权人，如果出租人最后被确认为房屋的所有权人，则房屋租赁合同有效，如果出租人最后被确认不是房屋的所有权人，则因其无权处分该房屋，导致房屋租赁合同无效。因此，在房屋确权之前，该租赁合同应是效力待定合同。该观点依据来自原《合同法》第51条“无处分权的人处分他人财产，经权利人追认或者无处分权的人订立合同后取得处分权的，该合同有效”的规定。但随着《民法典》未沿用《合同法》第51条以及对原《物权法》第15条“当事人之间订立有关设立、变更、转让和消灭不动产物权的合同，除法律另有规定或者合同另有约定外，自合同成立时生效；未办理物权登记的，不影响合同效力”的沿用，特别是《民法典合同编解释》第19条进一步明确规定，以转让或者设定财产权利为目的订立的合同，当事人或者真正权利人仅以让与人在订立合同时对标的物没有所有权或者处分权为由主张合同无效的，人民法院不予支持。根据上述法律规定确定的合同订立与处分权相分离的原则，订立合同（债权行为）本身的效力不受处分人是否对标的物有处分权影响。即使处分人或设立权利方对标的物无处分权，在不存在其他导致合同无效情形时，订立的合同有效，而非无效或效力待定。

【规范指引】

《民法典》第215条；《民法典合同编解释》第19条。

【案例】某投资公司诉某管理公司房屋租赁合同纠纷案[①]

某管理公司不服新疆维吾尔自治区乌鲁木齐市中级人民法院（2022）新01民终945号民事判决，向新疆维吾尔自治区高级人民法院申请再审称，案涉《租赁合同》约定的租赁总面积为18 092.39平方米，但在签订该合同时，案外人某投资公司只办理了部分楼层及房屋的产权预告登记，未取得全部房屋所有权，其将未取得所有权的房屋对外出租属于无权处分，该部分房屋对应的租赁合同无效，原审法院判令某管理公司向某投资公司支付全部租金显属错误。新疆维吾尔自治区高级人民法院审查后认为，某管理公司的再审申请不属于《民事诉讼法》第207条[②]规定的情形，故裁定驳回某管理公司的再审申请。

【分析】

《民法典》第597条第1款规定：“因出卖人未取得处分权致使标的物所有权不能转移的，买受人可以解除合同并请求出卖人承担违约责任。”依据上

---

① 参见新疆维吾尔自治区乌鲁木齐市中级人民法院（2022）新01民终945号民事判决书、新疆维吾尔自治区高级人民法院（2023）新民申30号民事裁定书。

② 对应《民事诉讼法》（2023年修正）第211条。

述法律规定，《民法典》明确了无权处分下签订的合同不因处分人未取得处分权而无效，即应在物权区分原则的指导下区分合同的效力和合同的履行，无权处分只影响合同履行，不影响合同效力。同理，出租人将自己无所有权或处分权的房屋进行出租的，该情形并不影响合同效力。本案中，某管理公司以无权处分为由主张案涉《租赁合同》无效，无法律依据，不予支持。

【规范指引】

《民法典》第 597 条。

问题 16：就尚未取得房屋所有权证的房屋订立的租赁合同有效

对于已取得建设工程规划许可证或者按建设工程规划许可证的规定建设的房屋，购房人在尚未取得房屋所有权证前与他人订立的租赁合同不因未取得产权证而无效。

从法理基础及法律依据角度来看。首先，根据《民法典》第 703 条“租赁合同是出租人将租赁物交付承租人使用、收益，承租人支付租金的合同”之规定可以看出，租赁合同强调的是转移租赁物的使用和收益，并不要求出租人必须是租赁物所有权人或已取得产权证。其次，《房屋租赁合同解释》以及《商品房屋租赁管理办法》规定了不得出租的房屋情形，并不包含未取得产权证的房屋，其他法律、行政法规亦未禁止租赁未取得产权证的房屋。原《城市房屋租赁管理办法》虽规定未依法取得房屋所有权证的房屋不能出租，但该办法系建设部颁布的部门规章，不属于法律和行政法规，且现已失效。再次，出租不要求出租人有完整的处分权。出租人作为合同的一方，并不以所有权人为限；租赁关系体现的是占有的转移——一方让渡其占有获得租金利益，另一方则通过支付租金取得占有以及使用收益。最后，出租人无权处分尚不影响合同效力，举重以明轻来看，购房者虽尚未办证，但已对权属产生合理期待，其出租房屋的行为更不应被认定为无效。

从现实角度考量。房屋建成后即具备使用功能，但房屋特别是“预售 + 按揭”模式下的商品房的办证进度往往受多重因素影响，办证时间不可控，权利人从开始占有、使用房屋到办理产权证可能经历较长时间。在此期间内，如不允许已对房屋实现占有、使用的权利人进行出租，则不利于物尽其用、充分发挥资源价值，与鼓励交易的市场经济基本原则相违背。

【规范指引】

《民法典》第 703 条;《房屋租赁合同解释》第 2 条、第 3 条。

【案例】某茶餐厅与某房地产公司等案外人执行异议之诉案[①]

某房地产公司不服甘肃省高级人民法院（2021）甘民终 203 号民事判决，向最高人民法院申请再审。某房地产公司申请再审称:（1）某房地产公司自始享有案涉房屋的物权，某茶餐厅享有的债权不能排除人民法院的 8 强制执行。刘某兵虽与某房地产公司签订了《商品房买卖合同》及补充协议，刘某兵支付部分购房款，剩余购房款向银行办理按揭贷款，但双方一直未办理房屋产权过户登记，且《商品房买卖合同》已被人民法院生效判决判令解除。因此，某房地产公司作为案涉房屋原始所有权人自始享有房屋的物权，该物权从未发生变动。原判决错误适用《最高人民法院关于人民法院办理执行异议和复议案件若干问题的规定》第 31 条第 1 款的规定，且任意扩大解释“买卖不破租赁”原则的本意。本案应当适用该司法解释第 27 条的规定，认定某茶餐厅与刘某兵之间的债权不能对抗某房地产公司享有的物权。（2）王某洁租赁案涉房屋时未尽合理注意义务，应当承担因其自身过错造成的不利后果。王某洁与刘某兵签订《房屋租赁合同》时，明知刘某兵未取得案涉房屋的产权证书、未付清购房款，其应当预见到该房屋可能存在权属争议，仍与刘某兵签订租房合同，并一次性付清 15 年租金，具有法律上的可责难性。在《商品房买卖合同》已被人民法院生效判决判令解除，对案涉房屋的预告登记亦已失效的情况下，由某房地产公司承担因王某洁未尽合理注意义务而造成的法律后果，显失公平。（3）某茶餐厅不具有占有某房地产公司房产的合法依据。（2018）甘 05 民初 20 号生效判决已经判令解除《商品房买卖合同》，（2019）甘 05 民终 713 号判决亦认定某房地产公司与某茶餐厅之间不存在不定期租赁合同关系。某房地产公司作为案涉房屋所有权人，与某茶餐厅无任何债权债务关系，原判决判令某茶餐厅继续占有案涉房屋，由刘某兵将收取的租赁费返还某房地产公司，缺乏事实和法律依据。最高人民法院审查后认为，对于已取得建设工程规划许可证或者按建设工程规划许可证的规定建设的房屋，购房人在尚未取得房屋所有权证前与他人订立的租赁合同不因未取得产权证而无效。

---

① 参见甘肃省高级人民法院（2021）甘民终 203 号民事判决书、最高人民法院（2022）最高法民申 302 号民事裁定书。

某房地产公司关于原判决认定的基本事实缺乏证据证明、适用法律确有错误的申请再审理由不能成立。某房地产公司的再审申请不符合《民事诉讼法》第207条第2项、第6项规定的情形，故裁定驳回某房地产公司的再审申请。

【分析】

关于某茶餐厅与刘某兵签订《房屋租赁合同》的合法性问题。在另案生效判决已对相关事实作出认定的情况下，原判决综合考虑当前我国房地产领域实行"预售+按揭"模式，购房人往往要间隔相当长的时间内才能通过办理房屋过户登记手续成为法律意义上的所有权人的现实情况，如果在此期间不允许买受人对房屋进行租赁，既不利于社会资源的利用，也与鼓励交易的市场经济基本原则相违背，最终认定《房屋租赁合同》属于刘某兵、王某洁的真实意思表示，不违反法律法规的强制性规定，系合法有效的合同，并无不当。

【规范指引】

《房屋租赁合同解释》第2条。

第三章　合同的履行与变更

第一节　争点归纳概述与要素审查

在合同履行过程中，因租赁物使用功能、客观基础、环境等发生变化引发的纠纷屡见不鲜，法官在案件审理过程中，应根据双方的诉辩主张及基础规范，及时、准确归纳争点。通过争点（通常包括法律与事实两方面）整理，可有效限缩案件审理范围，避免当事人无的放矢及遗漏争点，促进当事人诉辩过程层次递进，减少重复性陈述，加快庭审效率。

关于争点梳理，可按照以下步骤展开：（1）根据当事人争议的直接影响法律规范各项要件成立或满足的事实争点，组织当事人确认；（2）庭审阶段引导当事人围绕争点展开辩论，通过辩论明晰事实、法律要件、法律观点；（3）循序整理、注意变化、灵活推进，结合案件具体情况不断演变，把诉辩重心引向深入。如违约之诉一开始争点为合同是否成立，其后演变为意思表示是否真实，最后可能转化为承诺与要约是否达成一致。

一、关于租赁合同变更的争点梳理

在租赁合同关系中，关于租赁合同内容的变更，当事人提出的权利主张主要涉及租金标准、租期、租赁主体变更，通过法律检索，与之关联的法律依据为《民法典》第543条，“当事人协商一致，可以变更合同”，以及《民法典》第544条，“当事人对合同变更的内容约定不明确的，推定为未变更。”基于当事人请求权进行审查，案件第一层次争点如下：其一，双方之间的租赁合同是否成立并生效；其二，当事人是否就合同条款内容进行变更。

接下来，可通过法庭引导、辩论，在确认当事人对合同成立并生效之争点无异议情况下，案件审查争点可缩小为双方之间是否就合同条款内容进行变更问题。需要审查的第二层次争点如下：其一，合同条款关于变更的约定；其二，双方对合同条款变更的意思表示是否一致；其三，变更内容是否合法。

再接下来，需要进行第三层次争点分析，判断意思表示是否达成一致，需要看意思表示是否符合《民法典》关于要约承诺规则的规定：其一，意思表示是否符合要约承诺要素；其二，承诺与要约内容是否相一致；其三，承诺是否发生效力。关于变更合同内容的意思，在审判实践中，除当事人另有约定外，应通过明示方式进行，不能轻易进行默示推定。如房屋租赁合同关于房屋租金应当按月支付，在实际履行过程中，承租人经常拖欠租金，实际每三月支付一次租金的情况。除有其他证据证明出租人明确同意变更租赁合同约定的租金支付方式，不能将出租人对于承租人逾期支付租金行为的容忍认定为其以实际行为变更了合同关于租金支付时间的约定。

此外，租赁合同关系中，承租人提出已就转租问题与出租人达成合意，合同内容进行变更问题，法院同样需要对争点进行梳理，涉及的第一层次争点如下：其一，租赁合同是否成立并生效；其二，承租人与第三人有无就房屋租赁合同中承租人权利义务的概括转移达成合意；其三，承租人变更是否得到出租人同意。与之关联的法律依据为《民法典》第716条规定："承租人经出租人同意，可以将租赁物转租给第三人。承租人转租的，承租人与出租人之间的租赁合同继续有效；第三人造成租赁物损失的，承租人应当赔偿损失。承租人未经出租人同意转租的，出租人可以解除合同。"如转租未经过出租人同意，接下来，需要审查的第二层次争点如下：其一，出租人是否清楚转租的事实；其二，出租人有无权利解除租赁合同。再接下来，需要审查的第三层次争点如下：其一，转租得到出租人同意，出租人与原承租人之间权利义务关系；其二，转租未得到出租人同意，次承租人与承租人之间权利义务关系。审理该案过程中，需要注意的问题如下：（1）承租人变更与转租的区别。承租人变更的后果是第三人与出租人直接建立房屋租赁合同关系，原承租人从租赁合同中脱离出来，但三方当事人另有约定的除外。转租关系中，次承租人虽然也取得对于租赁房屋的占有使用，但不直接与出租人建立合同关系，原承租人与出租人之间的租赁合同继续有效。（2）承租人与第三人之间的租赁权转让须得到出租人的明示同意，否则不能产生租赁权转让的法律效果。无论租赁房屋是否移转给第三人使用，出现第三人对房屋的不当使用造成损害或者拖欠房屋租金等情形的，出租人均应向承租人主张租赁合同的合同权利。（3）租赁权转让不生效不影响租赁权转让合同的效力。因出租人不同意转让导致租赁权转让合同不生效的，应依照租赁权转让合同的相关约定认定承租人和第三人的合同责任。（4）租赁权依法转让后，就租赁权转让之前租赁合同履行期间发生的属于承租人的违约责任，出租人应当向新的承租人提出主张；属于出租人的违约责任，应当由新的承租人向出租人提出主张；但是，出租人和原承租人、新承租人三方另有约定的除外。

从以上分析可以看出，通过法官对争点的整理，可以缩小案件审理范围，引导当事人诉辩争锋，促进诉辩过程层次推进，加快庭审效率，使裁判不偏离当事人诉讼目的。

二、关于情势变更的争点梳理

情势变更，是指合同有效成立后，因不可归责于双方当事人的原因发生了不可预见的重大变化，致使合同的基础动摇或丧失，若继续履行合同会显失公平，因此允许变更或解除合同的制度。裁判适用的直接法律依据为《民法典》第533条的规定。关于租赁合同涉及情势变更案件审理，主要涉及的争点如下：其一，租赁合同是否成立并生效；其二，合同成立后，合同的基础条件是否发生了当事人在订立合同时无法预见的、不属于商业风险的重大变化；其三，继续履行合同对于当事人一方明显不公平；其四，当事人之间已经履行了再协商义务，但协商不成。

此外，还需注意以下事项：

（1）房屋租赁合同履行过程中市场租金的涨跌是否属于情势变更之“情势”，需要考察导致租金涨跌的原因。如果是市场因素导致的租金涨跌，一般应认定为商业风险，不能仅根据涨跌幅度认定是否构成情势变更。

（2）继续履行合同对当事人一方是否明显不公平，不能简单以合同签订时的价格与合同履行时的市场价格进行纵向比较，只有在出租方继续履行合同所得的对价将难以维持房屋适租状态及支付必要成本等极特殊情况，才可能构成情势变更要件之“明显不公平”。

（3）区分客观情势变化的影响期间，客观情势的重大变化可能导致一段租期内双方利益显著失衡，也可能导致全部剩余租期内双方利益显著失衡。例如，因疫情或者疫情防控措施的影响，租赁合同在一定期限内的履行受到影响的，只需要在实际受到影响期间内变更当事人的合同权利义务。如果客观情势变化对于租赁合同的履行造成永久性影响的，则权利义务的变更可能延续至合同终止之时。

（4）法院应当结合案件的实际情况，根据公平原则变更或者解除合同。房屋租赁合同为继续合同，尤其是租赁期限较长的合同，除非确实导致合同目的不能实现，否则应尽可能维持合同的效力，不轻易判决解除。

三、关于租赁合同默示的争点梳理

《民法典》第 140 条第 1 款规定："行为人可以明示或者默示作出意思表示。"《民法典》第 734 条第 1 款规定："租赁期限届满，承租人继续使用租赁物，出租人没有提出异议的，原租赁合同继续有效，但是租赁期限为不定期。"租赁期届满后，承租人继续使用租赁物，出租人没有提出异议，出租人以默示的方式作出了同意继续租赁的意思表示，新的租赁合同成立。此类案件审理，涉及的主要争点如下：其一，双方在先签订租赁合同是否成立并生效；其二，租赁合同约定的期限届满，出租人、承租人未续签租赁合同；其三，承租人继续使用租赁房屋，出租人是否以口头或书面形式提出异议。

此外，还需注意以下事项：

（1）只要出租人就承租人继续使用房屋未提出异议，即可成立租赁合同的默示更新。出租人就承租人拖欠租金进行催讨、不当使用房屋要求整改等违约责任追究不影响双方成立不定期租赁关系。

（2）租赁合同默示更新后，原租赁合同继续有效，但原租赁合同中关于租赁期限的约定除外。

（3）出租人或者承租人在原租赁合同期限届满、双方形成不定期租赁合同关系后，出租人或者承租人均拥有预告解除权，不得再以对方当事人在原租赁合同期内的违约行为主张约定或者法律规定的合同解除权。

第二节　一般争点整理与认定

争点 1：适当交接租赁房屋义务的认定

是否尽到适当交接义务，首先应遵循合同约定，如合同明确约定租赁到期后双方应当面交接，则承租人具有未依约交接的过错；如未约定，承租人亦负有适当交接的义务。对出租人而言，在已明知承租人搬离且钥匙已交付中介，负有及时收回房屋防止损失扩大的义务。如出租人仅以房屋未清理为由长期拒绝收房存在明显不当，法院可结合举证情况，判决由承租人承担出租人额外支付的清洁费用等，空置期损失应结合合同约定、合同终止后的双方的履行行为、过错程度等予以综合考量作出认定。

争点 2：房屋租赁中押金的性质

押金一般用于担保合同的履行，具有担保和违约金的双重功能，但除存在特别约定外不宜直接认定其为定金。定金罚则主要依据的是《民法典》第586条，如当事人在房屋租赁合同中采用了定金字样，且约定了定金罚则的适用情形，可以认定为定金；如未出现定金字样，但是条款中约定了定金罚则的适用情形，从而能够判断该押金具有定金性质的，也可以考虑认定为定金。参考《担保法司法解释》第118条“当事人交付留置金、担保金、保证金、订约金、押金或者订金等，但没有约定定金性质的，当事人主张定金权利的，人民法院不予支持”的规定，对当事人未使用“定金”一词的，需要对该押金性质作出明确的认定；相反，若当事人已在合同中使用“定金”一词，在适用定金罚则时，对其性质的认定也应严格予以审查。[①] 也就是说，不能仅从

① 最高人民法院民法典贯彻实施工作领导小组主编：《中华人民共和国民法典合同编理解与适用（二）》，人民法院出版社2020年版，第791页。

合同字面约定来认定是否适用定金罚则，还是要以合同的内容来认定。

另外，如果合同约定在合同终止时以押金抵消拖欠的租金等费用的，该款项具有预付款的属性，依约可用以冲抵欠付租金等。

争点 3：承租人未经出租人同意将租赁物部分转租，出租人如何行使解除权

《民法典》第 716 条就承租人擅自转租的行为，为出租人设置了法定解除权，规定在此种情况下出租人有权解除合同，主要为保护出租人的信赖利益、保障物权性质的权利。承租人未经同意部分转租的，出租人此时享有的合同解除权系法定权利，出租人有权选择仅解除涉及转租部分的合同，还是解除整个租赁合同，出租人选择解除整个租赁合同的，原则上认为出租人有权解除。

【规范指引】

《民法典》第 509 条、第 716 条。

争点 4：租赁物存在权利瑕疵时承租人享有的抗辩权利

权利瑕疵担保责任，是指出租人应当担保不因第三人对租赁物主张权利致使承租人无法依约对租赁物使用、收益。如承租人签订合同时不知道出租人与第三人的权属纠纷的，则该纠纷与承租人无关，非因承租人过错原因而影响承租人使用、收益的，承租人均可向出租人主张合同权利，出租人不得以第三人侵权为由主张免除己方责任。承租人可向出租人主张减少、免除租金或者解除合同。此外，租赁物因权利瑕疵而解除后，承租人还可向出租人主张相应损失赔偿。

争点 5：租赁的房屋被征收后，停产停业补偿款的分配

停产停业损失具体指因房屋被征收、无法使用而造成停产停业产生的直

接效益损失。对于承租人而言，其不能继续使用租赁物，终止了生产经营活动，对于出租人而言，租赁物被征收后其无法继续通过出租房屋获得收益，不应轻易否定出租人可以分割停产停业补偿款的权利。对于停产停业补偿款的分配，应综合考虑出租人的租金损失、承租人剩余租期比例、承租人所属行业、经营状况等因素，依据公平原则予以确定。

争点 6：出租人同意转租的认定标准

对于同意转租的认定，主要涉及如下几个方面的问题。

第一，同意，属于意思表示的范畴，出租人同意的方式，既可以是明示，也可以是默示，在特定情况下还可以是沉默。明示的同意，是行为人通过书面、口头等积极作为的方式，使对方直接了解到同意转租的意见。默示则是行为人没有通过书面、口头等积极行为方式表现，而是通过行为的方式作出意思表示。沉默与默示不同，沉默是一种既无语言表示也无行为表示的纯粹的缄默，是一种完全的不作为。另外，出租人的同意，既可以发生于出租人与承租人订立租赁合同之时，也可以在租赁合同关系形成之后、承租人将租赁物转租之前进行追认。租赁合同中对承租人转租已经作出了明确的约定，应当认定为出租人同意转租。①

第二，关于六个月异议期的性质。根据《民法典》第 718 条的规定，一旦六个月的异议期经过，出租人未提出异议的，就会被视为同意转租，从而丧失依据该条规定取得的合同解除权。另外，该期限并不存在中止、中断以及延长的情形，因此，应当被认定为除斥期间。

第三，同意的法律效果，是出租人不得再基于承租人擅自转租而解除租赁合同，也不得在租期内基于次承租人无权占有租赁物请求次承租人返还租赁物。

---

① 人民法院案例库 2023-16-2-111-005 号陈某诉昭通市某局房屋租赁合同纠纷案的裁判要旨第 1 条为双方合同约定的内容意思表示明确时，在履行过程中单方变更原约定范围时，在对方事前未明示认可、事后也未明确追认的情况下，不能直接以默示方式推定已经取得对方的同意，应严格执行“合同变更内容约定不明确，推定为未变更”的法定条件。

争点 7：租赁合同中先履行抗辩权的行使条件

先履行抗辩权，是指在双务合同中，约定有先后履行顺序的，负有先履行债务的一方当事人未依照合同约定履行债务，后履行债务的一方当事人为保护自己的预期利益或为保证自己履行合同的条件而拒绝对方当事人请求履行的权利。

先履行抗辩权的成立须具备下列条件：（1）当事人因同一双务合同互负债务。先履行抗辩权只存在于双务合同中，单务合同不发生先履行抗辩权问题。在双务合同中，当事人互负对待给付义务，当事人一方履行义务，是为了换取对方的履行。所以，在先履行一方不履行自己的债务时，后履行一方为保护自己的履行利益，就可以拒绝对方的履行要求。（2）当事人双方的合同义务有先后履行顺序。在双务合同中，当事人双方可以同时履行义务，也可以异时履行义务。在同时履行合同义务的情况下，如果一方没有履行义务而要求对方履行，对方可以援用同时履行抗辩权。在异时履行合同中，当事人履行合同义务是有顺序的。这种顺序可以由双方约定，也可以由法律规定或者按习惯确定。（3）双方所负债务已届清偿期、先履行一方到期未履行债务或未适当履行债务。对于异时履行合同，首先，负有先履行义务的一方在其债务已届履行期时应当先履行义务。如果先履行一方的债务已届履行期而不履行债务或履行债务不符合合同约定，则属于违约。其次，对于后履行义务的一方，在先履行义务的一方构成违约并请求其履行的情况下，后履行义务的一方的债务必须也已届履行期，此时，后履行一方可以行使先履行抗辩权，拒绝其履行请求或在其不适当履行的范围内拒绝其相应的履行请求。如果先履行义务的一方在后履行义务的一方债务未届履行期时提出履行请求，则后履行义务的一方可以履行期限未到，对方无履行请求权为由提出抗辩，而不是行使先履行抗辩权。

先履行抗辩权的行使，在本质上是对违约的抗辩，产生后履行一方可暂时中止履行自己债务的效力，对抗先履行一方的履行请求，且对自己的逾期履行不承担违约责任，并不导致对方当事人债务的消灭。但对于先履行一方履行不当时，后履行一方可拒绝履行的部分应当与此相当，不得超出必要的限度。

承租人占有、使用、收益租赁物是租赁的本质所在。承租人租赁目的的实现，有赖于出租人依约交付租赁物，并随时保持租赁物适合于承租人使用与收益的状态。租赁关系的特征表明出租人交付租赁物是主给付义务，与承租人支付租金的义务形成对价关系。因而承租人享有同时履行抗辩权与先履行抗辩权。但应当注意，出租人交付了适合承租人使用与收益的租赁物，若出租人仅未能履行合同约定的从义务时，承租人不享有履行抗辩权拒付租金。

争点 8：承租人擅自转租获得的租金差价是否不属于不当得利

实践中，承租人进行转租时，经常会与次承租人约定高于原租赁合同的租金价格。在征得出租人同意的转租合同中，承租人收取租金符合约定，具有合法性，该差价部分由承租人保留显然并无争议。但在承租人擅自转租的合同中，出租人可以解除合同，承租人已经收取的租金差价如何处理，存在一定争议。

有观点认为，由于承租人取得该差价没有合法理由，该租金差价构成不当得利。至于返还的对象，有意见认为应当返还出租人，也有意见认为应当返还次承租人。

也有观点认为，承租人与出租人之间的转租合同有效，承租人收取租金有合同依据，并非不当得利。如《北京市高级人民法院关于审理房屋租赁合同纠纷案件若干疑难问题的解答》第 21 条明确提出："承租人未经出租人同意转租租赁房屋，出租人解除房屋租赁合同时，要求承租人返还向次承租人收取的超出出租人应收租金部分收益的，不予支持。"

还有观点认为，应区分收取租金差价的时间。首先，在出租人在解除租赁合同前，出租人不得对承租人收取次承租人的租金主张不当得利返还，承租人可以保有其收取次承租人的租金。理由是，出租人与承租人存在租赁关系，承租人支付对价而获得使用收益，出租人对租赁物已无使用、收益的权能，虽然转租合同无效，但承租人擅自转租并未使出租人受到损害，因此，擅自转租原则上只能在原租赁合同上寻求解决路径。出租人可解除合同或者请求债务不履行的损害赔偿，无须借助于不当得利请求权。次承租人基于合同向承租人支付租金，其也无权请求返还不当得利。其次，在出租人解除租赁合同后。此时，承租人已确定地负有返还租赁物的义务，其无权再对租赁房屋行使占有、使用、收益的权利；同时，次承租人亦有负有腾退的法定义务，因此，承租人向次承租人继续收取的租金构成不当得利，次承租人可以向承租人主张返还。转租合同与租赁合同约定租金的差价应按这一原则处理。

我们倾向于第二种观点。承租人擅自转租情况下，承租人虽不具有将租赁物进行转租的权利，但参照适用无权处分的处理规则，转租合同并不因为承租人的擅自转租而无效。根据合同相对性原理，因承租人的擅自转租导致出租人解除合同的，承租人仍应当依照转租合同向次承租人承担交付租赁物的义务，否则应当承担违约责任。因擅自转租的合同效力不受影响，承租人作为转租合同中的出租人，其向次承租人收取租金具有合同依据，并不构成不当得利，不应返还给次承租人，也不应返还给出租人。[①] 但是，因承租人擅自转租的行为属于非法处分租赁物，出租人可以请求其赔偿相应的损失。至于最后一种观点，其讨论的实质是出租人因承租人擅自转租而解除租赁合同后的法律后果，并非与租金差价本身的属性相关联。[②]

争点 9：租赁合同中可对租赁期间税费的承担分配进行内部约定

房屋租赁一般需缴纳的税种主要包含增值税、房产税、城市维护建设税及教育费附加、个人所得税、印花税、城镇土地使用税等。此外，还可能涉及其他费用和地方性税收。房屋出租纳税是房东必须遵守的法律规定之一，但有的租赁合同中会约定相应的税费由租户承担，该约定是否符合税务相关法律的强制性规定，是否合法有效，实践中存在争议。

《民法典》第 153 条第 1 款规定，违反法律、行政法规的强制性规定的民事法律行为无效，但是该强制性规定不导致该民事法律行为无效的除外。法律规范分为强制性规范与任意性规范。任意性规范的目的是引导、规范民事主体的行为，并不具备强制性效力，民事法律行为与任意性规范不一致的，并不影响其效力。与任意性规范相对的是强制性规范，后者体现的是法律基于对国家利益、社会公共利益等的考量，对私人意思自治领域所施加的一种

---

① 参见湖北省宜昌市伍家岗区人民法院（2018）鄂 0503 民初 1494 号民事判决书、湖北省宜昌市中级人民法院（2018）鄂 05 民终 3122 号民事判决书，该案裁判要旨如下：承租人擅自转租，出租人解除合同的，承租人收取的租金差价不属于不当得利；出租人受有损失的，可请求其予以赔偿。

② 最高人民法院民事审判第一庭编著：《最高人民法院关于审理城镇房屋租赁合同纠纷案件司法解释的理解与适用》，人民法院出版社 2009 年版，第 220 页。

限制。民事主体在实施民事法律行为时，必须服从这种对行为自由的限制，否则所实施的民事法律行为会因对国家利益、社会公共利益等的侵害而被判定无效。但是，民事法律行为因违反强制性规定无效有一种例外，即当该强制性规定本身并不导致民事法律行为无效时，民事法律行为并不无效。这里实际上涉及对强制性规定的理解及适用问题。对此，《民法典合同编解释》第16条进行了具体明确的规定。我们认为，根据该解释第1款第2项的规定，税务相关法律法规中关于纳税主体的规定，旨在维护政府的税收等国家利益，而非合同当事人的民事权益，合同中对于税费最终承担主体的约定即使与强制规定中的纳税义务人不一致，并不必然导致租赁合同无效。

争点10：在合同没有约定的情况下，出租人不承担办理二次消防审验手续的义务

租赁房屋交付给承租人后，因房屋未进行二次消防审验而被相关行政部门责令停产停业，出租人应否承担承租人由此产生的停产停业的损失，取决于出租人是否有办理二次消防审验手续的义务。

一次消防审验的义务人通常为出租人。一次消防审验，是指建筑物主体在建设之前所需的消防设计审查或备案以及建设工程竣工所需的消防验收或者备案。向承租人提供合法的房屋是出租人的合同主义务，出租房屋投入使用须符合《消防法》的设计规定及验收规定。根据《消防法》的规定，对于按照国家工程建设消防技术标准进行消防设计的建设工程，实行建设工程消防设计审查验收制度。对于国务院住房和城乡建设主管部门规定的特殊建设工程，建设单位应当将消防设计文件报送住房和城乡建设主管部门审查；对于其他建设工程，建设单位申请领取施工许可证或者申请批准开工报告时应当提供满足施工需要的消防设计图纸及技术资料。对于消防验收，住房和城乡建设部规定应当申请消防验收的建设工程，建设单位应当向当地住房和城乡建设主管部门申请竣工消防验收；其他建设工程，建设单位在验收后应当报当地住房和城乡建设主管部门备案，当地住房和城乡建设主管部门应当进行抽查。依法应当进行消防验收的建设工程，未经消防验收或者消防验收不合格的，禁止投入使用；其他建设工程经依法抽查不合格的，应当停止使用。因而，出租人在提供租赁房屋时，应保证其所出租的房屋的消防设计、验收

的手续与出租时房屋的性质相符合，此为出租人依法应该承担的义务。

二次消防审验，是指对建筑物进行装修、扩建、改造等功能性利用之前进行的消防设计审查及验收。承租人取得租赁物后根据其需要对建筑物进行装修、扩建、改造等，此时的建设单位为承租人，根据《消防法》的规定，二次消防审验手续的办理义务人为建设单位。在租赁双方没有约定的情况下，出租人不承担对应的消防审验手续义务。由于不同的房屋性质的消防审验要求可能不同，《建设工程消防设计审查验收管理暂行规定》第14条列举的12类特殊建设工程，其消防审验有特别的要求，承租人如在承租房屋后，改变了原有房屋的使用用途，导致原本不属于该12类特殊建设工程的房屋发生了转变，由此导致消防审验手续的变化，在双方当事人没有约定的情况下，由于房屋租金是按照出租时房屋的性质来确定，根据权利义务一致的原则，所增加的消防审验义务不应由出租人承担。

此外，根据《消防法》第15条的规定，公众聚集场所在投入使用、营业前，建设单位或者使用单位应当向场所所在地的县级以上地方人民政府消防救援机构申请消防安全检查，作出场所符合消防技术标准和管理规定的承诺，提交规定的材料，并对其承诺和材料的真实性负责。公众聚集场所未经消防救援机构许可的，不得投入使用、营业。该提交材料和承诺的义务属于消防审验的一部分，在租赁双方没有约定的情况下，其义务的划分与前述一致。

需要注意的是，以上所述消防审验义务与消防安全责任义务并不是同一概念。《安全生产法》第49条第2款规定："生产经营项目、场所发包或者出租给其他单位的，生产经营单位应当与承包单位、承租单位签订专门的安全生产管理协议，或者在承包合同、租赁合同中约定各自的安全生产管理职责；生产经营单位对承包单位、承租单位的安全生产工作统一协调、管理，定期进行安全检查，发现安全问题的，应当及时督促整改。"《机关、团体、企业、事业单位消防安全管理规定》第8条规定："实行承包、租赁或者委托经营、管理时，产权单位应当提供符合消防安全要求的建筑物，当事人在订立的合同中依照有关规定明确各方的消防安全责任……承包、承租或者受委托经营、管理的单位应当遵守本规定，在其使用、管理范围内履行消防安全职责。"根据上述规定，对于消防安全责任，出租人可以与承租人进行约定，但并不因此免除其检查监督的责任。[①]

争点 11：租赁合同分期支付租金的诉讼时效问题

对于同一合同项下分期履行的债务，由于债务产生原因的同一性与债务履行期限的独立性同时并存，是否应视为同一债务存在争议，这一争议映射于诉讼时效制度，导致学理上和司法实务中对于应分别计算还是统一计算诉讼时效起算点莫衷一是。2008 年 9 月 1 日起施行的《最高人民法院关于审理民事案件适用诉讼时效制度若干问题的规定》给出了直接的回应，并通过“同一债务”这一概念，将分期履行的债务区分为两种情形：分期履行合同之债与同一债务分期履行。

分期履行合同之债，是指当事人在同一合同中约定同一类债务，债务是在合同履行过程中不断产生，分期履行合同之债在合同履行过程中具有双务性，因而各期债务清偿期届满后，均为独立债务。如租赁、工资、水电煤气费、利息等。同一债务分期履行，是指债务在合同订立时已经产生，并非在合同履行过程中产生，其债务具有同一性和整体性，如约定分期还款的借款合同。《民法典》第 189 条规定，当事人约定同一债务分期履行的，诉讼时效期间自最后一期履行期限届满之日起算。本条规定的是同一债务约定分期履行。而租赁合同分期履行合同之债中，并非同一债务的分期履行，为此，其诉讼时效不适用本条规定。两者最根本的区别在于分期履行合同之债虽是同一合同下约定同一类债务，但各债务均为独立债务，各债务的诉讼时效分别从其清偿期限届满起算；后者实质为同一笔债务。

我们倾向认为，租赁合同分期支付租金属于分期履行合同之债，一般约定租金的支付按照租期分别计算，如出租人起诉要求支付全部租金，则应当审查租期内的各期债务清偿期是否届满超过诉讼时效。而借款合同分期偿还属于同一债务分期履行之债，即借款合同签订时约定了借款总金额以及分期偿还的时间和金额，借款人未如期偿还，出借人要求归还全部借款或分期借款的，诉讼时效从最后一期债务履行期限届满之日起算。

---

① 参见陕西省安康市汉滨区人民法院（2020）陕 0902 民初 3425 号民事判决书、陕西省安康市中级人民法院（2021）陕 09 民终 1149 号民事判决书。

第三节 法律适用中的疑难问题

问题 1：承租人减付租金能否产生合同变更效力的考量因素

租赁关系中，租金内容变更属于合同主要条款变更，须有当事人变更合同的一致意思表示。可以从以下几方面考量：

第一，双方有无书面或口头协议就租金变更达成一致。根据举证规则，承租人主张双方就租金变更达成一致，依法负有举证义务。如不存在书面或口头协议证明双方就租金变更达成一致，仅以出租人未提出异议为由，一般不宜认定出租人、承租人就租金内容变更部分达成协议，发生合同变更的法律后果，承租人仍应按照原合同约定的租金标准支付欠付的租金。根据《民法典》第 140 条的规定，沉默只有在有法律规定、当事人约定或者符合当事人之间的交易习惯时，才可以视为意思表示。因此仅以出租人未表示反对的沉默事实，不能得出双方达成变更合同一致意思表示的结论。

第二，承租人有无减付租金合法事由，以及按照减付金额持续支付租金。在合同履行过程中，如外部环境变化影响租赁物使用，承租人要求减付租金并按照其变更的合同内容持续履行了给付义务，出租人接受并未提出异议，可以参照《民法典》第 490 条第 1 款规定的"在签名、盖章或者按指印之前，当事人一方已经履行主要义务，对方接受时，该合同成立"，认定双方就该期间租金变更达成一致，出租人追讨此期间差额部分租金，不予支持。

【规范指引】

《民法典》第 135 条、第 136 条第 2 款、第 140 条、第 543 条、第 544 条。

【案例】彭某与周某房屋租赁合同纠纷案[①]

周某将案涉商铺出租给彭某，约定租期 8 年，每年租金 28 万元，两年一周期予以支付，每三年年租金上浮 10%。签订合同当日，彭某交付押金 14 万

① 参见陕西省略阳县人民法院（2022）陕 0727 民初 267 号民事判决书、陕西省汉中市中级人民法院（2022）陕 07 民终 1601 号民事判决书。

元。合同履行期间，对于第四期租金，周某于2019年1月2日收到彭某的房租36万元，收条上注明该款抵刘某某借款40.05万元。2021年1月11日，徐某某向彭某出具一份证明，载明："门面房从2018年11月1日至2020年11月30日租期为两年，每年租金为18万元。"彭某认为，2018年年底，彭某到周某家中协商房租金额，当时周某夫妻二人均在场，周某的丈夫徐某某因借刘某某30万元无力偿还，经三人协商，约定彭某代徐某某还清上述30万元借款及利息共计40.05万元，第四期两年房租每年按照18万元执行。因而起诉请求周某返还合同押金14万元。一审法院认为徐某某出具的是一份证明，并非对原租赁合同的变更，驳回了彭某的诉请。二审法院认为收条上没有周某关于第四期房租租金变更的意思表示，判决维持原判。

【分析】

法院生效判决认为，当事人协商一致，可以变更合同；当事人对合同变更的内容约定不明确的，推定为未变更。诉争收条上没有周某关于第四期房租租金变更的意思表示，不能证明周某与彭某就第四期租金变更事宜协商一致，徐某某虽出具涉案门面房第四期租金变更为每年18万元的证明，但其并非本案合同双方当事人，其出具的证明不具有变更涉案合同租金条款的法律效力。

承租人、出租人可通过书面形式、口头形式或者其他形式对租赁期间的租金标准进行变更。承租人将变更租金给付内容的要约发送给出租方，出租人没有作出任何意思表示，双方之间不存在可以通过默认的方式作出承诺的交易习惯或合同约定，应认定出租人、承租人未就租金内容变更部分达成协议，不发生合同变更的法律后果，承租人仍应按照原合同约定标准交纳欠付的租金。

【规范指引】

《民法典》第135条、第543条、第544条。

问题2：实际租赁面积与合同约定面积不符时，租金标准的确定

租赁的本质在于承租人以支付租金为对价，换取对租赁物的使用权和收益权。租赁关系中，租金计算方式多样化，包括整套计租、按面积计租，而租赁面积是租赁合同中的核心要素，它既是承租人使用空间的大小，也是租

金计算的基本依据。在司法实践中，因分割出租、测绘错误、历史遗留等问题，租赁面积与约定面积不一致引发纠纷屡见不鲜，承租人能否根据《民法典》第 582 条的规定，要求减付租金或返还多付的租金，着重从以下因素进行考量：一是租赁面积是否为租金计算的直接标准；二是承租人或出租人对实际租赁面积与合同约定面积不一致的情况是否存在过错；三是承租人是否存在对面积的错误认知，导致签订合同时与自己的意思相悖，并造成较大的损失；四是承租人是否在合理期限内提出异议，面积误差是否影响对租赁物整体使用。实践中，关于租金应付调整问题，主要有以下两种裁判准则。

（1）不支持承租人调整租金诉请。如果租赁合同对租赁面积约定较为概括或仅是介绍租赁物基本情况，并非精确的面积约定，约定租金按月或按年计算，可推定当事人的真实意思为租赁物整体出租，或租赁合同约定租金为固定数额，租赁标的为双方均认可的特定房屋，承租人已到现场确认过，其在交付租赁标的后未在合理期限内提出异议，应视为双方了解、认可房屋的面积，面积差异不影响合同履行，承租人再行以合同约定面积与实际不符为由主张减付租金，不予支持。

（2）支持承租人调整租金诉请，按照实际面积计付租金。若租赁合同明确约定按单价乘以面积（含公摊）的方式确定租金，并明确载明租赁面积，所约定的租金单价与市场价格相比并无明显差异，在租赁物实际面积显著少于或多于合同约定面积时，按照合同约定的租赁面积计算租金会对当事人不公平，当事人主张按租赁物实际面积计算租金的，可酌情予以支持。但是按实际面积计租会造成利益失衡的除外。如在租赁物整体出租的情况下，租赁合同约定的计租面积未注明是否包含公摊面积，若计入公摊面积后租赁物实际面积会远远大于约定面积，出租人未能提供充分证据证明其曾针对租赁物面积差异问题进行解释说明，且出租人对合同约定无法作出合理而令人信服的解释，承租人不具备测量租赁物实际面积的专业工具或能力，承租人基于对出租人的合理信任而签订以面积作为计租基础的租赁合同并实际履行一定时间，若按包含公摊面积的总面积计租，可能会造成双方当事人利益显著失衡，故若承租人主张按约定面积计算租金的，法院应酌情予以支持。

【规范指引】

《民法典》第 466 条、第 582 条。

【案例1】曾某与黄某房屋租赁合同纠纷案[①]

案外人董某将厂房出租给曾某开办工厂，合同约定厂房面积为6300平方米，路分摊2250平方米。其后曾某转租给黄某，约定厂房面积加空地约10 000平方米，并将厂房交付黄某使用。因黄某未能足额缴纳租金，曾某起诉请求黄某支付尚欠的租金。黄某辩称租赁物面积与合同约定不符，且曾某拒不提供租赁物权属登记证、隐瞒租赁物的大小，其租金应按照实际面积计算。在诉讼中，双方确认在合同签订前，黄某曾到场进行了勘验。法院经审理后未采纳黄某的抗辩意见。

【分析】

法院认为，曾某与黄某约定厂房面积加空地约10 000平方米。从面积表述采用"约"字可见，双方关于租赁面积的约定并非精确的面积约定，且未与合同租金标准条款直接对应，双方也并未约定以实际测量的涉案租赁物面积作为计算租金的依据，因此双方约定的租金并非按照租赁面积计算。结合双方在签订合同前曾进行现场勘验，且没有证据反映黄某在接收租赁物之后于合理的期限内就租赁物的面积向曾某提出异议，曾某主张双方协商一致确定合同约定的租金标准系黄某承租涉案租赁物的对价更为可信。

【规范指引】

《民法典》第466条。

【案例2】陈某与某针织公司房屋租赁合同纠纷案[②]

2021年1月18日，某针织公司将工业园厂房第七层整层的厂房租赁出租给陈某使用，约定租赁面积（含公摊）为6380平方米，租金按20元/平方米/月计算，未对相关配套、公摊区域作出约定。2022年4月28日，陈某向某针织公司发送律师函对计租面积提出异议，某针织公司不予认可，陈某遂起诉要求按照实际面积计付租金，判令某针织公司返还多付的租金。诉讼中，关于涉讼合同租赁面积（含公摊）的公摊部分区域，某针织公司明确为除了涉讼租赁物即厂房第七层外，还包括配套使用的其他共同区域，包括园区出入通道、停车场、装卸货物专用区域、消防泵房、消防站、水电设施配套、生产设施配套和附属物配套等。测绘机构经委托出具《检测报告》，结果为租

---

① 参见广东省佛山市南海区人民法院（2023）粤0605民初7792号民事判决书、广东省佛山市中级人民法院（2023）粤06民终9335号民事判决书。

② 参见广东省佛山市南海区人民法院（2022）粤0605民初19629号民事判决书、广东省佛山市中级人民法院（2023）粤06民终8769号民事判决书。

赁物总建筑面积为5030.12平方米，主体套内面积为4702.58平方米，4个楼梯间合计面积为319.42平方米，阳台建筑面积为8.12平方米，单列楼顶摆放设备间面积是47.25平方米，另外第七层西北角属于3号楼住户使用房间面积是20.79平方米。一审法院认为陈某的减付租金依据不成立，二审法院认定应按照陈某的实际租赁面积计算租金。

【分析】

法院生效判决认为，经测量所得的陈某使用的总建筑面积5030.12平方米与合同约定的厂房租赁面积（含公摊）6380平方米相差1349.88平方米，若将该差异面积全部视为公摊面积，则公摊面积占比达到了26.29%，明显过分高于房地产租赁市场或交易市场关于公摊面积的合理比例。对于承租人而言，按照日常生活经验法则，对于面积达到了数千平方米的较大租赁场所，在没有相应的产权证明可证实其实际面积的情况下，承租人不可能具备可测量实际面积的专业工具或能力，在此情况下要求承租人须自行确定实际租赁面积后再签订租赁合同，对承租人要求过于苛刻。本案中承租人基于对出租人的信任而签订以面积作为计租基础的租赁合同并实际履行一定时间，并不足以认定是承租人对面积差异主张权利的放弃。在涉诉合同约定以租赁面积乘以每平方米单价计算租金，陈某实际使用的租赁面积与合同约定的租赁面积存在较大差异且某针织公司对此无法作出合理而令人信服的解释的情况下，本案应按照陈某的实际租赁面积计算租金。

【规范指引】

《民法典》第466条。

问题3：承租人不得以开具发票之附随义务对抗给付租金的主合同义务

租赁合同约定“先票后款”，出租人能否在未开具发票时起诉要求支付租金？实践中，有两种观点：一种观点认为，应严格遵从当事人的意思自治，在出租人未按约定开具发票时，承租人有权拒绝付款；另一种观点认为，无论当事人是否约定“先票后款”，开具发票仅为附随义务，不能作为对抗主合同义务的抗辩事由。目前，第二种观点系司法裁判的主流观点。

《民法典》第703条规定，租赁合同是出租人将租赁物交付承租人使用、收益，承租人支付租金的合同。由此可知，在租赁合同中，出租人将租赁物交付承租人使用、收益，承租人支付租金，互负对待给付义务。《民法典》第526条规定，关于当事人互负债务，有先后履行顺序，应当先履行债务一方未履行的，后履行一方有权拒绝其履行请求。先履行抗辩权成立的前提，是同一双务合同中存在互为对待给付的两项债务。出租人的义务为提供租赁物，承租人的义务为支付租金，开具发票仅为附随义务，与支付租金不具有对价性，承租人不得以出租人未开具发票为由拒绝付款。

在租赁合同关系中，开具发票仅为附属义务应不存在争议。但当租赁合同明确约定“先票后款”时，实质上涉及一个更深层次的问题，即当事人能否通过约定将开具发票的附随义务提升为与给付义务地位相当的主合同义务？该观点理论界存在较大争议。主流观点认为双务合同中的主合同义务系由双务合同的性质决定，除非该附随义务的履行对合同目的实现造成影响，否则“主合同义务”与“附随义务”的性质不随着当事人的约定而发生变化。

合同约定“先票后款”，承租人依该约定暂不支付租金，本身并不违反约定，故不存在承担违约责任的基础。人民法院在“意思自治”与“主从义务”中选择了后者，认定未履行附属义务不能成为阻却主合同义务履行的事由，属于法律价值的选择，因此不宜认定承租人构成违约，出租人请求支付逾期交租违约金的，不予支持。

【规范指引】

《民法典》第526条、第703条。

【案例】深圳某鹏公司与深圳某睿企业公司租赁合同纠纷案①

2015年12月17日，深圳某睿企业公司与深圳某鹏公司签订《资产租赁协议》，将涉案房产出租给深圳某鹏公司使用，深圳某鹏公司应于每季度第1个月的月底前向深圳某睿企业公司交付该季度的租金600万元，深圳某睿企业公司收取租金时，应向深圳某鹏公司开具税务发票。协议签订后，深圳某鹏公司依约向深圳某睿企业公司支付租金，但深圳某睿企业公司未依约开具2018年第三季度的租金发票9万元、2018年第四季度的租金发票600万元和2019年第一季度的租金发票600万元。深圳某鹏公司向法院起诉请求：在深圳某睿企业公司向深圳某鹏公司开具金额为1209万元的租金增值税专用发票

---

① 参见广东省深圳市中级人民法院（2020）粤03民终11863号民事判决书。

前，深圳某鹏公司有权在下一期的应付租金中暂缓支付其中的575 714.29元。法院经审理认为，出租人未开具租金税务发票并不影响合同目的的实现，承租人不能将出租人未开具发票作为其不支付租金的抗辩事由。

【分析】

《民法典》第526条规定："当事人互负债务，有先后履行顺序，应当先履行债务一方未履行的，后履行一方有权拒绝其履行请求。先履行一方履行债务不符合约定的，后履行一方有权拒绝其相应的履行请求。"《民法典》第703条规定："租赁合同是出租人将租赁物交付承租人使用、收益，承租人支付租金的合同。"开具发票并非租赁合同的主合同义务，当事人即使在合同中约定"先票后款"，承租人不能以出租人未开具发票的附随义务作为其不履行给付租金的主合同义务的抗辩事由。出租人未开具发票给承租人造成损失的，其可另行主张权利。

【规范指引】

《民法典》第526条。

问题4："入场费"的性质认定

在房产租赁实践中，不少合同会约定，承租人除了支付租金以外，还要一次性缴纳一定数额的所谓"入场费"（有的称为"进场费""综合管理费""运营费"等）。某种程度上而言，这种现象是一种早已存在的行业惯例。对于"入场费"的性质确定，相关约定的效力及相应法律后果如何，理论和实务界存在一定争议。

有观点认为，这些费用虽是行业惯例，但都是出租人巧立名目收取的，与实际服务没有直接的关系，商务部、国家发展和改革委员会、公安部等五部门曾于2006年联合颁布了《零售商供应商公平交易管理办法》，对此明确予以禁止，因而相关费用的收取没有法律依据，约定应属无效，出租人应全额退还。

有观点认为，在租赁关系中出租人收取租金是其最主要的权利。房屋租赁合同在租金之外，另行设定了承租人支付"入场费"的义务，属于出租人利用其优势地位在租金之外收取的其他费用，结合房屋租赁合同的性质、目的和交易习惯，该费用仍然属于租金的性质。该合同行为不违反强制性或是禁止性规定。有意见进一步认为，“入场费”是当事人意思表示一致的市场行为，司法应当予以保护，但若租赁合同提前解除，应将相关费用平摊到约定租期内，判令出租人退回未履行部分租期所对应的部分。

也有观点认为，入场费是在租赁物商业价值较高时，承租人为争取缔约机会而额外支付的费用，同时也是一次性提前支付的部分租金，以换取合同能够按照约定租赁期限履行完毕的保障。相关约定不违反法律、行政法规的强制性规定，合法有效。如合同已如预期履行完毕，承租人无权请求返还。在合同无效、提前终止的情况下，承租人已经支出但未能通过合同履行摊销完毕的入场费属于损失，应当根据合同提前解除的原因认定承担主体及如何承担。①

我们倾向认同最后一种处理意见。首先，“入场费”的约定是当事人意思自治的结果，在“法无明文禁止即可为”的原则下，对这种意思自治的结果应当给予充分的尊重。其次，“入场费”在本质上是整个租赁对价的一部分，若合同无效或提前解除的，即只部分履行，依“等价有偿”的民法原理及公平原则，作为履行对价的“入场费”在承租人已经支出但未能通过合同履行摊销完毕的情况下，属于其损失，应当根据合同无效、提前解除的原因认定承担主体及如何承担。

【规范指引】

《民法典》第 6 条、第 509 条、第 566 条。

【案例】林某、田某与北京某公司租赁合同纠纷案②

林某、田某系夫妻关系，林某原系北京某公司的股东之一。2010 年 8 月，林某、田某与北京某公司签订一系列协议，约定北京某公司向林某、田某出租商铺，保证金为 14 万元，一次性收取 5 年期租赁场地入场费 56 万元，并约定按每月经营收入的比例收取租金等。合同履行期间，双方达成同意书，约定林某完全不参与北京某公司的任何运营和财务事务及不承担任何运营亏损。北京某公司同意林某、田某承租的 7 个档口摊位的经营权均属有效，未

---

① 《广东省高级人民法院关于审理城镇房屋租赁合同纠纷案件的指引（审议稿）》第 8 条规定：租赁期间届满或者房屋租赁合同因承租人违约提前终止，承租人请求退还入场费的，不予支持。合同因出租人违约或者因不可抗力提前终止，承租人请求按照剩余租赁期间占全部租赁期间的比例退还入场费的，应予支持。合同因双方违约提前终止或者被确认无效，承租人请求退还入场费的，按照剩余租赁期间占全部租赁期间的比例并根据当事人各自的违约或者过错程度处理。

② 参见北京市石景山区人民法院（2012）石民初字第 4121 号民事判决书、北京市第一中级人民法院（2013）一中民终字第 1403 号民事判决书。

经林某、田某同意，不可私自经营、转让给第三者或招商转卖摊位。后北京某公司将市场的经营权转让给某商业公司。林某、田某主张入场费系租金性质，违反了国家相关规定，应予以退还。一审法院酌定北京某公司退还入场费 35 万元，二审法院予以维持。

【分析】

法院认为，因案涉租赁合同中双方未明确约定入场费的构成及用途，但收取入场费作为现实中特定行业经营模式，对此，目前并无法律及行政法规的效力性禁止性规定。承租人为与出租人建立租赁合同关系支付入场费，在租赁关系建立后，承租人已经取得其支付费用的相应对价。若承租人为与出租人建立租赁关系而支付入场费后，因出租人行为致使承租人不能实现其租赁目的的，应视为承租人因出租人违约而受到的实际损失，依据公平原则及诚信原则，出租人应退还与承租人损失相当的入场费。

收取入场费是现实中特定行业的经营模式，目前无法律及行政法规的效力性禁止性规定，承租人为与出租人建立租赁合同关系而支付入场费，后因出租人违约致使合同提前解除，承租人不能完全实现其签订租赁合同所要达到的目的的，根据公平原则及诚信原则，出租人应退还剩余租赁期限内与承租人损失相当的入场费。

【规划指引】

《民法典》第 509 条。

问题 5：顶手费的判定

顶手费有时表述为“转让费”“门面转让费”等，系承租人向前手承租人支付的一项对价，该费用在性质上具有复合性，一般包含两部分：（1）承租人从前手承租人处取得承租或转租资格的对价；（2）承租人购买前手承租人遗留的装修及其他物品的对价。实践中，在租赁合同无法履行的情况下，承租人请求对方赔偿或返还顶手费的，人民法院应首先对顶手费中针对资格权部分的对价与针对装修物部分的对价作出区分，并根据不同费用的不同性质作出不同的处理。难以对顶手费的不同对价作出准确区分的，应结合租金标准、租期长短、装修物的价值等酌情作出认定。对顶手费中属于装修物部分的价值的，承租人实质上已通过支付顶手费的方式“购买”了该部分装修物，成了装修物的权利人，故可直接参照《房屋租赁合同解释》第7条至第9条进行处理；对顶手费中属于承租资格权部分的价值，在对合同效力作出认定后，结合原告的诉请请求作出处理。具体如下：

（1）承租人向前手承租人支付顶手费后直接与出租人缔结了有效的租赁合同，若租赁合同届满、合同因承租人原因提前终止的，承租人请求前手承租人返还顶手费或出租人赔偿顶手费损失，不予支持。若合同因出租人原因而终止的，且前手承租人在承租人与出租人重新缔结租赁合同之时已退出，承租人请求前手承租人返还顶手费，不予支持。承租人要求出租人赔偿顶手费损失的，则应对顶手费的不同性质作区分处理：①属于装修物价值部分的，按照《房屋租赁合同解释》第8条、第9条进行处理；②属于承租资格权部分的价值，若出租人不知悉顶手费存在，对承租人要求出租人赔偿损失的，不予支持；若出租人知悉，承租人请求按剩余租赁期限占全部租赁期限的比例赔偿顶手费损失（仅限于承租资格权部分的价值）的，予以支持。

（2）承租人向前手承租人支付顶手费后直接与出租人缔结了租赁合同，合同被认定为无效而导致合同无法履行的，基于顶手费的不同性质作区分处理：①属于装修物价值部分的，出租人应按照《房屋租赁合同解释》第7条赔偿承租人的装修损失。②属于承租资格权部分的价值，若出租人不知悉顶手费存在，对承租人要求出租人赔偿损失的，不予支持，承租人要求前手承租人按剩余租赁期限占全部租赁期限的比例返还顶手费的（仅限于承租资格权部分的价值），予以支持；若出租人知悉顶手费的，承租人请求出租人、前手承租人按剩余租赁期限占全部租赁期限的比例连带赔偿顶手费损失（仅限于承租资格权部分的价值），予以支持。

（3）承租人向前手承租人支付顶手费后，未与出租人直接缔结租赁合同的，承租人与前手为转租关系。转租合同届满或因承租人原因而导致有效的转租合同关系提前终止的，承租人要求前手承租人返还顶手费的，不予支持；因出租人或前手承租人的原因导致有效的转租合同关系提前终止的，承租人请求前手承租人按剩余租赁期限占全部租赁期限的比例退还顶手费的，予以支持。转租合同因无效而终止履行的，承租人请求前手承租人按剩余租赁期限占全部租赁期限的比例退还顶手费的，予以支持。[①]

【规范指引】

《民法典》第 6 条、第 509 条、第 566 条。

【案例】包某与童某房屋租赁合同纠纷案[②]

童某于 2012 年租赁肖某位于江西省修水县城南的一个铺面，双方约定租期自 2012 年 1 月 1 日至 2012 年 12 月 30 日止，约定月租金为 1400 元，并约定童某在承租期内不能擅自转让，如需转让，必须在一个月前通知肖某并将空铺退给肖某。2012 年 5 月 6 日，包某得知童某承租的店面要转让并达成口头租赁协议，双方约定：童某将上述铺面转让给包某，包某支付童某租铺押金 2000 元，店面转让费 24 000 元，合计 26 000 元，约定租期同童某与房东肖某签订合同期限一致。2012 年 6 月 1 日，房东肖某发现童某将店面私自转让给包某后，即要求包某停止营业并归还店面，并于 2012 年 8 月 1 日将店面的水电关停，且将店面转租给了其他人。包某向法院起诉，要求童某返还转让费 24 000 元及押金 2000 元并赔偿包某装修损失 37 924 元。法院经审理认为，租赁合同是转移财产使用、收益权利的合同，是以承租人一方取得承租物的使用、收益权为目的，仅转移标的物的使用、收益权，不转移物的所有权，因而承租人是否经出租人同意转租，不影响转租合同的效力。童某未经原出租人肖某同意擅自转租，属于违反其与肖某的约定，不影响童某与包某口头约定的租赁协议的效力。由于转让合同未经房东同意，现房东以切断水电的实际行为阻止包某使用铺面，并将此铺面出租给其他人，造成包某与童某间的合同无法继续履行。被告童某收取的 24 000 元转让费因合同无法履行而导致其取得该款没有依据，应当予以返还。考虑到包某与童某的租期为 2012 年 5 月 6 日至 2012 年 12 月 30 日，且包某已实际经营了约 4 个月，依合同实际履行时间比例，酌定由其承担 50%的责任为宜，童某应返还包某店面转让费 24 000 元的 50%即 12 000 元。关于包某要求童某赔偿装修损失，签订

① 《广东省高级人民法院关于审理房屋租赁合同纠纷案件的指引（审议稿）》第 5 条规定：房屋租赁合同无效，概括转让该合同权利义务的合同、受让人与出租人重新签订的房屋租赁合同均无效。受让人请求原承租人返还顶手费等转让费的，受让人与出租人重新约定的租赁期间履行届满或者非因生效法律文书确认合同无效而终止履行的，不予支持；受让人与出租人重新约定的租赁期间未届满或者因生效法律文书确认合同无效而终止履行的，按照下列情形分别处理：（一）顶手费等转让费的标的为库存物品价款、装饰装修残值的，不予支持；（二）顶手费等转让费的标的仅为缔约机会的，按照剩余租赁期间占全部租赁期间的比例并根据当事人各自缔约过失的程度处理。

② 参见江西省九江市修水县人民法院（2012）修民初字第 1275 号民事判决书。

合同时虽双方均知道包某没有转租权利，均存在过错，但童某主观过错相对更大，应承担 60% 的过错责任。

【分析】

商铺门面转让费，即顶手费，在本案中为次承租人为获得剩余的租赁期限而向承租人支付的对价。该费用一般包含房屋装饰装修费用、承租人长期经营该房屋形成的商业价值、承租人先行占有房屋的垄断利润及优先承租权等多种不同性质的费用集合体。本案合同因出租人解除而无法继续履行，提前终止，根据权利与义务一致的原则，承担转让费的前提是享有了该费用所带来的一定的价值，而承租店面主要就是为了经营，这就要求次承租人在转租的店面内进行了经营活动，故次承租人在转租店面内经营时间的长短是确定转让费在承租人及次承租人间的负担比例的主要因素。

【规范指引】

《民法典》第 509 条、第 566 条。

问题 6：承租人未按约定支付租金，出租人实施的强行锁门、断水断电行为不属于自助行为

支付租金是承租人在租赁合同项下的主要合同义务，同时也是出租人在租赁合同项下的主要权利。司法实践中，出租人因承租人未按时支付租金而强行锁门、断水断电的情形时有发生，导致双方当事人产生该期间租金应否支付、承租人损失如何负担等新的争议问题，出租人在诉讼过程中常以其实施的是自助行为为由提出抗辩。对此，应当区分不同情形加以分析。

在合同中未作明确约定的情况下，上述行为不属于自助行为。理由如下：自助行为，是指权利人为保护自己的权利，在情势紧迫而又不能及时请求国家机关予以救助的情形下，对他人的财产或人身施加扣押、约束或其他措施，而为法律或社会公德所认可的行为。[①] 自助行为的性质属于私力救济的范畴，对于弥补公力救济的不足有着积极的作用。根据《民法典》第 1177 条的规定，构成自助行为须具备以下条件：一是须有不法侵害状态存在；二是须为保护自己的合法权利；三是须情况紧迫而来不及请求有关国家机关的援助；

---

① 王利明、杨立新编著：《侵权行为法》，法律出版社 1996 年版，第 85 页。

四是不得超过必要限度；五是须为法律或公序良俗许可。[①]通常情况下，承租人未支付租金通常损害的是出租人的收益权，不具有现实的紧迫性，强行锁门、断水断电将直接导致承租人无法实现合同目的，造成的损失可能远远大于出租人的租金损失，超出了自助行为的合理限度，同时也侵害了承租人的合同权益。对于承租人欠付租金的行为，出租人可以通过追究违约责任的方式催促其及时履行义务。达到约定或法定解除合同的条件时，可以通过行使合同解除权进行权利救济。

合同中约定承租人欠付租金时，出租人可以强行锁门、断水断电的，该约定原则上对双方具有约束力。但是，约定的行为方式或出租人采取的具体措施明显超出必要限度，即给承租人造成的损失明显大于其欠付的租金数额、比例及过错程度的，应当予以否定。例如，出租人在采取上述措施后对租赁物闲置不予理睬，未及时行使合同解除权，无权向承租人主张超过合理期限的租金。造成承租人损失的，还应承担相应的赔偿责任。

【规范指引】

《民法典》第722条、第1177条。

【案例】魏某与某服饰公司房屋租赁合同纠纷案[②]

某服饰公司与魏某签订联营合同，约定魏某以涉案店铺使用权作为联营投入，某服饰公司向魏某支付联营利润。后因与某服饰公司就租金与租期问题未能达成一致意见，魏某将店内的物品运至其他地方，强行收回了店铺的使用权，并于当日将该店铺出租给了他人。某服饰公司起诉请求判令魏某返还强行搬走的物品，赔偿店铺租金、服装贬值、装修等损失。魏某提起反诉，请求判令某服饰公司向魏某支付清场搬迁费、仓储费、工商管理费、公证邮递费、房屋装修损失费、联营利润等损失。一审法院判决魏某将搬走的所有物品交还某服饰公司，赔偿店铺租金、服装贬值、装修等损失；某服饰公司支付魏某工商管理费。二审法院判决撤销了魏某赔偿店铺租金、服装贬值、装修等损失的判项。再审判决撤销一审、二审判决，对魏某赔偿损失数额予以调整。

---

① 最高人民法院民法典贯彻实施工作领导小组主编：《中华人民共和国民法典侵权责任编理解与适用》，人民法院出版社2020年版，第127页、第128页。

② 参见浙江省杭州市上城区人民法院（2004）杭上民三初字第238号民事判决书、浙江省杭州市中级人民法院（2007）杭民终字第455号民事判决书、浙江省杭州市中级人民法院（2011）浙杭民再字第11号民事判决书。

【分析】

法院生效判决认为，在某服饰公司违约后，魏某与其进行了多次协商，后因租金与租期问题未能达成一致意见。魏某单方强行收回房屋使用权的行为既不符合法律规定，也不符合双方约定，显系不当，因该不当救济行为给某服饰公司造成的相关损失，魏某应予赔偿。对于某服饰公司主张的店铺租金损失，因魏某强行收回房屋使用权，导致其在相同地段租赁营业房需付更多租金，其租金损失客观存在，并经过租金损失鉴定，该损失虽系由魏某强行收回房屋使用权所产生，但某服饰公司的先行违约对此亦负有过错，酌情由魏某承担60%的赔偿责任。对于魏某的反诉请求，在双方产生纠纷后，魏某的权利救济行为不当，故对其要求支付发票遗失登报费、清场搬迁费、仓储费等损失均不予支持。

【规范指引】

《民法典》第1177条。

问题7：合同中关于承租人有权使用院内停车场等附属设施的约定为合同的附随义务

合同义务包括给付义务和附随义务，给付义务又分为主给付义务和从给付义务。主给付义务，是指合同关系所固有、必备，并用以决定合同类型的基本义务。例如，租赁合同中出租人提供租赁物、承租人支付租金的义务。从给付义务，是不具有独立的意义，仅具有补助主给付义务功能的义务。其存在的目的不在于决定合同的类型，而是确保债权人的利益能够获得最大的满足。[①] 例如，买卖合同中的出卖人应当按照约定或交易习惯向买受人交付提取标的物单证以外的有关单证和资料。

附随义务，是指在法律无明文规定、当事人之间无明确约定的情况下，为确保合同目的的实现并维护对方当事人的利益，遵循诚信原则，依据合同的性质、目的和交易习惯所承担的作为或不作为的义务。附随义务是为了辅助实现债权人的给付利益而设置的，并非源于当事人的约定，而是诚信原则在合同履行中的具体体现，由法律对当事人的相关履行行为细节进行规范，

---

① 崔建远主编：《合同法》，法律出版社2010年版，第85页、第86页。

本质上是附加的行为义务。[①] 附随义务并不是合同约定中必然存在的义务，相反，是在合同约定之外具有或然性的义务；诚信原则是附随义务产生的基本法律理念和是否产生的判断标准；其产生目的为使合同当事人的利益得到最大限度的实现。附随义务不仅可以产生于合同关系存续期间，而且可以在缔约过程中和合同关系结束后的阶段存在，如《民法典》第 558 条规定的通知、协助、保密、旧物回收等义务，《民法典》第 669 条规定的说明义务等，涵盖合同订立、履行、善后的全过程，包括先合同义务、合同履行中的附随义务、后合同义务。

附随义务有两种类型，一是可以独立诉请履行的附随义务，二是不能独立诉请履行的附随义务。不能独立诉请履行的附随义务又可具体分为两种情况：辅助实现债权人给付利益的附随义务和避免侵害债权人人身或财产利益的附随义务。

区分主给付义务与附随义务的要点是，考察该义务在合同目的实现上，是属于不可或缺的义务，还是随合同关系发展在特定情形下产生的不影响合同目的实现的义务。（1）从义务的确定性上分析，主给付义务自始确定，并决定着合同关系的类型；附随义务则随着合同关系的发展，因维护合同当事人的利益需要而产生要求相对方作为或不作为的请求权，故附随义务在任何合同关系中均可发生，不受特定合同关系类型的限制。（2）从履行抗辩权上分析，一方未履行主给付义务，相对方有权拒绝履行自己的附随义务。但是，如果一方既有主给付义务，又有附随义务，在其履行主给付义务而未履行附随义务，且该附随义务与合同目的的实现没有直接关联的情况下，相对方没有同时履行抗辩权。不过，如果这两者之间有着密切联系，则相对方享有同时履行抗辩权。（3）从解除权上分析，凡一方不履行主给付义务的，相对方有权解除合同；而附随义务不履行，另一方原则上不得解除合同，对所受损害可根据不完全给付的规定，请求损害赔偿。

而附随义务与从给付义务有着交叉相容的关系。可以独立诉请履行的附随义务就是从给付义务。此外，还存在着不能独立诉请履行的附随义务，它不同于从给付义务。如在空调机买卖合同中，交付空调机和支付价款是主给付义务，上门安装是从给付义务，告知使用方法是附随义务。在这里，附随

---

① 最高人民法院民法典贯彻实施工作领导小组主编：《中华人民共和国民法典合同编理解与适用（一）》，人民法院出版社 2020 年版，第 342 页、第 343 页。

义务发挥着辅助债权人利益获得较完美实现的功能，同时该告知义务的履行，亦可以使购买人免遭因不甚了解使用方法而发生人身或财产利益损害的危险。[①]

当事人在合同中约定承租人有权使用停车场，是双方基于合同性质、租赁物用途和交易习惯，以促进实现承租人合同利益的最大化为目的，在出租人给付义务之外设定的协助义务，该义务的设立与否不影响合同的性质和类型，应定性为附随义务。通常情况下，出租人未按约定提供停车场供承租人使用，应当承担继续履行、采取补救措施或者赔偿损失等违约责任。但是，当出租人的行为导致承租人无法正常经营，承租人有权根据实际情况通知解除合同，并要求出租人承担违约责任。

【规范指引】

《民法典》第 509 条；第 526 条、第 563 条、第 724 条；《民法典合同编解释》第 26 条。

【案例】孙某与某文化宫房屋租赁合同纠纷案[②]

某文化宫将自有房屋三层、四层及五层部分出租给孙某，合同约定某文化宫同意孙某按规定时间在工会院内有序停车，但不负有看管义务等。后双方因租赁事宜发生纠纷，某文化宫起诉孙某，法院判决确认双方房屋租赁合同解除，孙某给付某文化宫租赁费及违约金等。之后，孙某另案提起诉讼，以某文化宫未提供停车场为由，请求其赔偿房屋装修费用、营业损失费等。山东省平度市人民法院作出（2019）鲁 0283 民初 4973 号民事判决，判令某文化宫赔偿孙某经济损失等。山东省青岛市中级人民法院作出（2021）鲁 02 民终 4397 号民事判决，撤销了一审关于某文化宫赔偿孙某经济损失的判项。山东省高级人民法院作出（2022）鲁民再 34 号民事判决，撤销了二审判决，将一审判决确定的经济损失数额予以改判。

【分析】

法院生效裁判认为，合同并未明确约定用于停车的文化宫院落属于租赁合同项下的租赁物范围，合同中“甲方同意乙方按规定时间在工会院内有序停车”的通常理解显然不是指文化宫的院内供孙某个人停车使用。文化宫依

---

① 费安玲：《论合同法中的附随义务》，载《当代司法》1999 年第 9 期。

② 参见山东省平度市人民法院（2020）鲁 0283 民初 5693 号民事判决书、山东省青岛市中级人民法院（2021）鲁 02 民终 4397 号民事判决书、山东省高级人民法院（2022）鲁民再 34 号民事判决书。

约允许孙某在其院内有序停车，是为前来就餐住宿的消费者提供一种停车便利，属依据涉案合同性质、租赁物用途和交易习惯为孙某使用租赁房屋从事餐饮住宿等经营活动而提供的一种协助义务，该义务显然不是房屋租赁合同所必备的合同义务，理解为一种附随义务更为妥切。最高人民法院（2021）最高法民终443号民事判决认为，诚信原则是法定的霸王条款，当事人不履行合同衍生的附随义务，违反诚信原则，应当认定存在过错。一方当事人未履行附随义务给对方当事人造成损失的，应当承担赔偿责任。该案中孙某承租文化宫房屋的目的是经营餐饮、住宿业务，经营者为前来就餐住宿的消费者提供必要的停车场地，是保证经营活动正常进行的重要条件。由于租赁合同本身是以当事人相互的信赖关系为基础的继续性合同，如文化宫作为出租人不履行合同约定，势必造成前来就餐住宿的消费者不再选择孙某的经营场所进行消费，从而造成作为履约基础的信赖关系被破坏，将会给孙某的正常租赁经营活动产生一定的影响，某文化宫没有提供充分的相反证据证明其依约履行了为孙某提供有序停车的义务，构成违约，应承担相应的赔偿责任。

问题 8：承租人妥善保存、管理租赁物的认定因素

承租人对租赁物享有使用、收益的权利，同时也应尽到善良管理人的注意义务，妥善保存、管理租赁物，确保租期届满返还租赁物时，租赁物符合按照约定或者根据租赁物的性质使用后的状态。因保管不善造成租赁物毁损、灭失的，承租人应当承担损害赔偿责任。房屋租赁合同纠纷中，承租人应否对房屋的毁损、灭失承担赔偿责任，应当审查其是否尽到妥善管理义务。对此，承租人负有举证证明责任。

判断承租人是否履行妥善管理义务，可以从以下四个方面进行审查：一是是否按照合同约定的方法保管租赁物。双方当事人关于管理方法的约定不违反法律、行政法规的强制性规定，不违背公序良俗的，承租人应当依约履行。二是法律、法规对租赁物的管理有特别规定的，承租人应当切实承担起应尽的义务。例如，双方当事人按照《消防法》《商品房屋租赁管理办法》等规范性文件，约定承租人负有消防安全主体责任，承租人按规定使用燃气设备、家用电器，不得占用消防通道。三是承租人应保持租赁物的原有特性，根据使用情况进行必要的维护。除合同另有约定或经出租人同意外，承租人

不得擅自改变租赁物的原状。租赁物有收益能力的，应当尽力保持其收益能力免受不合理减损。四是及时履行通知义务。在租赁物出现修缮的必要，存在毁损、灭失风险，或者第三人对租赁物主张权利时，应当及时通知出租人，以便出租人能够及时采取措施。承租人明知存在电线老化、天然气泄漏等风险但未及时提醒报修的，对因此造成的房屋损失，应当承担赔偿责任。

此外，与承租人共同居住的人或经承租人允许使用、收益的第三人因故意或过失，造成租赁物损害的，亦属于承租人未妥善履行管理义务，承租人仍应按合同约定支付租金并应对租赁物的损失承担相应的赔偿责任。

【规范指引】

《民法典》第 711 条、第 714 条、第 715 条。

【案例】吴某与梁某云、梁某炜、某物业公司房屋租赁合同纠纷案[①]

梁某云承租吴某的房屋，在合同履行期间内房屋发生火灾。根据消防部门的火灾事故认定书记载，该次起火的原因排除人为纵火、雷击引起火灾、电气线路火灾，不排除遗留火种引起火灾。现场询问笔录记载，火情发生时屋内仅梁某云的同住人梁某炜一人。火灾发生后，案涉房屋一直被消防部门封锁。吴某起诉请求解除租赁合同，梁某云、梁某炜向其支付房屋毁损修复费、家具损毁赔偿款、房屋室外公共面积刮白与修复所需的费用、拖欠的租金及物业费并赔偿房屋毁损贬值费。广东省佛山市三水区人民法院经审查后作出（2023）粤 0607 民初 390 号民事判决，认为梁某云未举证证明自己或梁某炜已对租赁物尽到妥善管理义务，且本案无证据证明吴某及某物业公司对火灾的发生或损失的扩大存在过错，判令梁某云向吴某支付房屋修复费用，设施、家具等物品损毁赔偿款，租金、物业费，评估、鉴定费用等。广东省佛山市中级人民法院（2023）粤 06 民终 8052 号民事判决对一审判决予以维持。

【分析】

二审法院认为，首先，根据消防救援相关部门的认定，案涉房屋起火原因排除人为纵火、雷击、电气线路引起火灾的可能，不排除遗留火种引起火灾的可能，事发时承租人的同住人员在房屋内，承租人未举证证明自己或梁某炜已对租赁物尽到妥善管理义务，且无证据证明出租人对火灾的发生或损

---

① 参见广东省佛山市三水区人民法院（2023）粤 0607 民初 390 号民事判决书、广东省佛山市中级人民法院（2023）粤 06 民终 8052 号民事判决书。

失的扩大存在过错。其次，租赁物尚处于封控状态，承租人还有部分私人物品放置在租赁物内，双方之间未履行案涉房屋的交接手续，且被封控系因火灾的发生，故，即使承租人事实上无法对案涉房屋占有、使用，亦应归责于其自身。出租人有权要求承租人支付至合同解除之日止的租金。最后，租赁物尚处于封控状态，出租人作为无过错的出租方亦无法进入案涉房屋，即其无法自行收回案涉房屋再另行出租，由此产生的租金、物业管理费损失应由过错方负担。承租人未举证证明自己及同住人员已对租赁物尽到妥善管理义务，出租人对火灾的发生或扩大亦不存在过错，其要求承租人全额支付合同解除前的租金，并全额赔偿相关损失的，应予支持。

问题9：出租人未提出异议是否构成同意对租赁物进行改善、增设他物的认定

承租人经出租人同意，可以对租赁物进行改善或增设他物，出租人可通过明示或者默示的方式作出同意的意思表示。但是，出租人一直未对承租人的改善或增设他物行为作出过同意与否的意思表示，应如何认定？

《民法典》第140条规定："行为人可以明示或者默示作出意思表示。沉默只有在有法律规定、当事人约定或者符合当事人之间的交易习惯时，才可以视为意思表示。"意思表示必须以可为他人辨识、理解的方式展现出来。包括明示、默示与沉默三种形式。明示是以口头形式或书面形式积极作出的意思表示，行为人通过语言或者文字的表达直接显现其内心意思的内容。语言或者文字是人类沟通的基本工具，除了语言和文字以外，其他行为也可以表达意思。默示即通过口头形式或书面形式以外的其他可以为他人辨识或理解的行为积极地作出的意思表示。明示与默示都是积极的表达方式，而沉默则没有任何表达。相对于明示而言，默示的表达更容易具有模糊性，容易产生误解和歧义。沉默既无语言或者文字的表达，也没有其他积极的行为表达，一般不属于意思表示方式。在以下三种情况下沉默可推定为意思表示。第一，存在法律规定的情况下，这里的法律仅为全国人大及其常委会制定的规范性文件。某种法定事实发生后，需要当事人一方作出回应而该方当事人却没有回应，为了防止不确定事件持续存在、维护交易安定性，由法律对此作出相应的规定。如《民法典》第145条、第171条、第551条、第638条、

第 1124 条的相应规定。第二，当事人存在约定。根据意思自治原则，当事人可以就特定情况下的沉默所代表的意思事先作出约定。根据约定，如果一方当事人向对方作出了某种意思表示，而对方在规定时间内没有作出任何回应性表示，可以视为对方作出了同意或拒绝的意思表示。第三，符合当事人之间的交易习惯。当事人之间在既往交易中存在惯常做法，为双方的交易习惯。从文义上理解，此种交易习惯不包括《民法典合同编解释》第 2 条第 1 款第二项规定的“在交易行为当地或者某一领域、某一行业通常采用并为交易对方订立合同时所知道或者应当知道的做法”。当事人主张自己或对方的沉默按照双方交易习惯应被视为意思表示时，应举证证明沉默在当事人之间的交易中反复、多次适用，且对方当事人对此予以认可。

因此，出租人的沉默，通常情况下不视为出租人同意对出租物进行改善或者增设他物的意思表示，在当事人存在相应约定或者符合当事人之间的交易习惯时，才可以视为同意的意思表示。

【规范指引】

《民法典》第 140 条、第 715 条;《民法典合同编解释》第 2 条。

【案例】王某与张某房屋租赁合同纠纷案[①]

王某自 2017 年起承租张某门市楼及后院用于经营烧烤，租赁合同约定未经张某同意王某不得更改房屋的主体结构，室内门窗、地板砖及其他物体，如有损害一切责任由王某承担。合同到期后，王某未将在一楼门头装饰的“烧烤时代”的牌子、墙面上装订的竹片拆除，未拆除后院搭建房屋的地板砖。张某起诉王某拆除其在出租楼房及院落内的装修装饰物，将出租房屋恢复原状并赔偿损失 10 000 元。王某辩称，租赁期间未对房屋造成损坏，合同到期后交还的房屋与租赁开始时的房屋状态相同，并无违约行为，张某主张的损失不存在。山东省庆云县人民法院经审查后作出（2022）鲁 1423 民初 1436 号民事判决，认为张某主张要求王某拆除房屋墙面的竹片及后院铺设的地板砖的请求部分无事实及法律依据，故不予支持。山东省德州市中级人民法院作出（2023）鲁 14 民终 5 号民事判决对该案改判，对张某的请求予以支持。

① 参见山东省庆云县人民法院（2022）鲁 1423 民初 1436 号民事判决书、山东省德州市中级人民法院（2023）鲁 14 民终 5 号民事判决书。

【分析】

二审法院认为，承租人经出租人同意，可以对租赁物进行改善或增设他物。承租人未经出租人同意，对租赁物进行改善或者增设他物的，出租人可以请求承租人恢复原状或者赔偿损失。张某与王某双方未就涉案房屋及后院的改善及增设物品进行书面约定，对于是否达成口头约定双方陈述不一，亦均未举证，法院推定就此问题双方未进行约定。对于房屋的改善和增设，王某在房屋内粘贴了竹片作为装饰，在院落中铺设了地板砖。竹片装饰及后院的地板砖，根据涉案租赁物的性质，并不属于必须进行改善或增设才能实现合同目的情形，在张某没有以明示方式同意王某改善、增设物品的前提下，王某自行改善、增设物品不能推定已经张某同意，张某有权要求王某予以拆除，遂作出如上判决。

【规范指引】

《民法典》第 140 条、第 715 条。

问题 10：合同未作约定情况下租赁物使用方法的确定

承租人通过租赁关系占有租赁物的通常目的就是使用并从使用租赁物中获得收益。使用租赁物是承租人在租赁合同中的一项基本权利，但由于承租人只是获得租赁物的使用权和收益权，并没有获得所有权，其最终还是要将租赁物返还出租人。这样承租人就需保证租赁物自始至终符合其本身的品质和效用。《民法典》第 709 条在一定程度上限制承租人对租赁物的过度和任意使用，从而减少出租人转让租赁物使用权可能对物造成的损害。考虑到出租人可以通过与承租人进行事前协商，对物的用途和使用方法加以约束，以体现所有权的处分功能和支配功能。即使因租赁合同关系的产生使所有权人暂时转让其对所有物的部分权利，但其仍可以在租赁合同中对他人利用物的方式和程度加以限制，以保持所有物的功能效用，并体现对当事人意思自治的尊重。

承租人按照约定或者租赁物性质使用租赁物的前提条件，是双方当事人能够约定租赁物的使用方法或者根据租赁物的性质可以确定其使用方法。如果难以确定租赁物的使用方法，则难以要求承租人承担此项义务。因而，应当设置判断承租人是否随意使用租赁物的标准，即双方当事人应明确约定使用方法或者根据租赁物的性质能够确定合理、科学的使用方法。如果难以确定租赁物的使用方法，就无法要求承租人履行相应的义务。对租赁物的使用方法没有约定或者约定不明确，按照合同有关条款、合同性质、合同目的或者交易习惯仍不能确定的，应当根据租赁物的性质使用，否则构成滥用。

承租人如果违反了按约定或者租赁物的性质使用租赁物的义务就要承担相应的违约责任：一是损害赔偿责任。如果租赁物因承租人的违约行为或者不当行为受到损害，承租人当然就要赔偿出租人相应的损失。二是支付违约金。如果合同中约定只要承租人未按约定或者租赁物的性质使用租赁物就须向出租人支付违约金，则承租人存在违约时，即使未造成租赁物的损害，仍要向出租人支付违约金。三是解除合同。租赁合同中还可以约定，承租人未按照约定或者租赁物的性质使用租赁物，出租人可以解除合同。当然，出租人解除合同必须符合法律的规定，或者双方约定的解除条件成就，或者合同解除的法定条件成就。如果承租人未按照约定的方法使用租赁物，既未对租赁物造成损害，也不影响出租人合同目的的实现，则出租人解除合同的请求，不应得到支持。

【规范指引】

《民法典》第 709 条、第 710 条、第 715 条。

【案例】某村民委员会诉朱某码头租赁合同纠纷案[①]

某村民委员会系某工程码头的海域使用权人，案外人与其签订承包合同后经其同意转包该使用权给朱某，朱某承包期间，违规经营堆砂场，并违法占用渔港码头海域进行围填海工程建设，导致码头毁损严重，某村民委员会多次受到农业局的处罚。2018 年 4 月 6 日，某村民委员会向朱某送达解除承包合同通知函，朱某虽自 2018 年年底起未再经营，但至今仍未搬离。某村民委员会请求解除承包合同关系，要求朱某立即腾出渔港码头并恢复原状，朱某向某村民委员会支付相应的承包费等。法院经审理后判决认定合同解除，朱某搬离物品、拆除搭建物。

【分析】

法院认为，按约定使用租赁物是承租人的法定义务，《民法典》第 709 条规定，承租人应当按照约定的方法使用租赁物。对租赁物的使用方法没有约定或者约定不明确，依照《民法典》第 510 条的规定仍不能确定的，应当按

---

① 参见厦门海事法院（2018）闽 72 民初 613 号民事判决书。

照租赁物的性质使用。因当事人在合同中未约定租赁物的使用方法，也未能就租赁物的使用达成补充协议，按照合同有关条款或者交易习惯亦无法确定。因此，应当按照租赁物的性质使用。

据渔港码头工程的海域使用权证明记载，该用海类型包括一级类渔业用海和二级类渔业基础设施用海。国家海洋局颁发的《海域使用分类体系》第5条规定，渔业用海指为开发利用渔业资源、开展海洋渔业生产所使用的海域。渔业基础设施用海指用于渔船停靠、进行装卸作业和避风，以及用以繁殖重要苗种的海域，包括渔业码头、引桥、堤坝、渔港港池（含开敞式码头前沿船舶靠泊和回旋水域）、渔港航道、附属的仓储地、重要苗种繁殖场所及陆上海水养殖场延伸入海的取排水口等所使用的海域。渔业基础设施用海包括填成土地后用于建设顺岸渔业码头、渔港仓储设施等的海域，采用非透水方式构筑的不形成围填海事实或有效岸线的渔业码头、堤坝等所使用的海域，有防浪设施圈围的渔港港池、开敞式渔业码头的港池（船舶靠泊和回旋水域）等所使用的海域等。案涉码头虽未取得渔港经营许可，但从海域使用权证所载的用海类型及名称来看，其性质为渔业码头，系为渔业生产服务，应用于渔业用途，但朱某却将其用于经营砂场，属于未按照租赁物的性质使用租赁物。朱某未按照租赁物渔港码头的性质使用系案涉码头垮塌的原因，某村民委员会以对方违规超负荷经营为由，要求解除合同，符合法律规定。

【规范指引】

《民法典》第709条。

问题11：承租人以租赁房屋尚未竣工验收抗辩减免租金的认定

出租人应当按照约定将租赁物交付承租人。所谓交付是将租赁物的占有转移至承租人。因为承租人要取得租赁物的使用权必须对该租赁物实现占有，占有是能够使用的前提。因此，承租人有权要求出租人按照约定向其交付租赁物。

所谓按照约定交付租赁物，包括按照约定的租赁物的名称、数量、交付方式、时间和地点向承租人交付租赁物。出租人交付的租赁物必须符合约定的使用目的，除非当事人另有约定或者法律另有规定。租赁房屋尚未竣工验收能否作为免除承租人支付租赁费的法定事由，要看出租人交付的房屋是否符合合同约定的使用目的，如果租赁的房屋虽然尚未竣工验收，但不影响承租人租赁房屋使用目的的实现，则承租人就不能将此作为免除自身支付租赁费的法定事由。值得注意的是，出租人未按照约定的时间交付租赁物，构成迟延履行或者构成不能履行，除存在免责事由外，应承担违约责任。承租人虽然按时交付了租赁物，但所交付的租赁物不符合约定的使用、收益的目的，造成承租人的租赁目的不能实现，构成不完全履行或者构成不能履行，除非存在免责事由，否则应当承担违约责任或者瑕疵担保责任。

【规范指引】

《民法典》第 708 条。

【案例】某红木公司诉某投资公司租赁合同纠纷案①

2019 年 11 月 21 日，某红木公司作为甲方（出租人）与某投资公司作为乙方（承租人）签订《租赁合同》，约定：甲方将厂区整体进行出租，该厂区现为在建中，因甲方资金短缺，导致工程烂尾，为盘活园区企业在建资产，乙方需对该厂区进行承租。由于甲方无力支付续建费用，综合楼和厂房交付使用所需部分费用由甲方在乙方预付的厂房租金中支付。自项目建成通过验收、甲方向乙方正式移交之日起计算，但自本合同签订后乙方确定施工开始之日起 60 日内必须移交等。某红木公司诉请要求某投资公司支付租金，法院经审理认定某投资公司明知案涉租赁厂房属于未完成工程，不能将未完成竣工验收及消防验收作为免除其支付租赁费的法定事由。

【分析】

一审法院认为，某投资公司提出某红木公司厂房未完成竣工验收及消防验收工作，未满足合同约定的租赁费起算条件以及某投资公司已经预支租赁费，再次支付诉请租赁费将严重损害其合法利益的答辩意见，其同时又陈述租赁物虽没有达到验收标准，但是已经交付使用，而且在本案诉讼时仍在使用，法院不能采纳其答辩意见。二审法院认为，某投资公司在签订合同时明知案涉租赁厂房属于未完工程，且合同签订后与案外人签订消防工程施工合同，不能将该事由作为免除某投资公司支付租赁费的法定事由，故某投资公司的该上诉理由亦不能成立，不予支持。

---

① 参见甘肃省平凉市中级人民法院（2022）甘 08 民初 9 号民事判决书、甘肃省高级人民法院（2023）甘民终 94 号民事判决书。

【规范指引】

《民法典》第708条。

问题12：承租人未经出租人同意转租，次承租人以对此不知情为由主张解除合同的，一般不予支持

对于这一问题，首先需要分析的是租赁合同与转租合同的关系及相互影响问题。

原2009年《房屋租赁合同解释》第15条[①]规定，经过出租人同意的转租，如果转租期限超过承租人剩余租期的，超过部分无效。根据该规则，与此相类似，即未征得出租人同意的转租合同也应当认定无效。认定合同无效的理由主要是认为转租合同具有一定的依附性，如果转租合同约定租赁期限超过承租人的剩余租赁期限，而租赁合同约定的履行期限又届满，就丧失了对于该房屋进行处分的合法权源，当然该行为应当归于无效。对于未经出租人同意的转租，损害了出租人的利益，破坏了出租人与承租人的现有的信任关系，原则上应当认定为无效。但随着理论探索与司法实践的经验积累，对这一问题也有了不同的理解。如《陕西省高级人民法院关于城镇房屋租赁合同效力若干问题的解答》在第3条所提出的："转租合同一般应认定有效。"[②]

《民法典》第716条第2款规定："承租人未经出租人同意转租的，出租人可以解除合同。"但对于这一情形下转租合同的法律效力，并没有作出明确的规定。因此，对于未取得出租人同意的转租合同的法律效力的认定，仍然应当依据《民法典》确立的合同效力认定标准，以及"类推适用"等民法规则予以认定。与这一问题相类似的是"无权处分"。《民法典》删除原《合同法》第51条规定，并在第597条规定了买卖合同不因出卖人没有处分权而导

① 《房屋租赁合同解释》于2020年修正时已将该条删除。

② 参见《陕西省高级人民法院关于城镇房屋租赁合同效力若干问题的解答》的规定：转租合同一般应认定有效。出租人与承租人明确约定不允许转租，承租人擅自转租的，出租人可以自知道或者应当知道承租人转租之日起六个月内提出异议，并可以依法解除合同。如出租人未在六个月内提出异议的，再以承租人未经其同意为由请求解除合同的，应不予支持。此种情况下，出租人与承租人解除合同不影响转租合同的效力。实践中出租人对于转租行为的态度可能发生变化，故在出租人未参加诉讼的转租合同纠纷中，如双方当事人均未主动将出租人是否同意作为合同效力认定依据，或者一方当事人仅提出未经出租人同意，但未就出租人的异议进行充分举证的，不应轻易否定转租合同的效力。

致无效。同时,《民法典》第 717 条没有将超过承租人剩余租期的转租合同规定为无效，而是用了“对出租人不具有法律约束力”的表述，与原《房屋租赁合同司法解释》作出了不同的规定。可见,《民法典》秉持了合同效力与合同履行问题相区分的理念。

就法律关系而言，转租涉及出租人与承租人的租赁合同关系以及承租人和次承租人之间的转租合同关系两个法律关系。转租合同的标的为租赁物，承租人于租赁物之上为次承租人再度设定新的租赁权，基础的租赁权仍然属于原来的承租人，即次承租人的新租赁权是以承租人的租赁权为前提而设立的。原租赁合同与转租合同系两个独立的合同法律关系，并不存在主从关系。转租合同仅是承租人和次承租人达成的租赁合意，出租人并不是转租合同的当事人，转租合同并不会当然地对出租人发生效力。只有在出租人同意转租的情况下，出租人才负有转租合同履行的配合义务，并且出租人义务产生于出租人与承租人的租赁合同，而非转租合同。如果承租人未征得出租人同意将租赁物转租，或者转租的期限超过租赁合同的租赁期限，转租合同仍然有效。因此，转租没有征得出租人同意，或者虽然征得出租人同意但超过租赁合同约定的租赁期限，影响的是转租合同的履行，而非转租合同的效力。

有观点认为，虽然原租赁合同与转租合同属于两个独立的法律关系，但由于承租人未经出租人同意转租导致原租赁合同履行具有不确定性，二者具有牵连关系，实质性地对转租合同的履行造成影响，应赋予次承租人解除转租合同的权利以使其从这种不稳定状态中脱离。也有观点认为，只有在次承租人不知道或不应当知道承租人未取得出租人的同意，即误信承租人的转租为征得同意转租的，承租人才应对次承租人负违约责任。我们倾向认为，若以此种方式终止合同，与合意解除、约定解除、法定解除的要求均不相符合。基于误信承租人转租系经出租人同意的事实，可能构成的是重大误解或欺诈，次承租人可以行使的应属撤销权而非解除权；同时，因出租人解除合同的可能性而导致转租合同履行的不稳定性，其实质是承租人存在有可能无法履行合同的现实危险，在此情形下，赋予次承租人相应的履行抗辩权似更合法理。当然，无论是行使撤销权还是履行抗辩权，均以次承租人善意为必要应该是没有争议的。

因此，我们倾向认为，在转租过程中无论是经过出租人同意的合法转租或是未经出租人同意的擅自转租，都存在两个有效的租赁合同：原租赁合同和转租合同。这两个合同虽然因为租赁物为同一个标的物从而在事实上具有内在的联系，但是就法律构造而言，基于合同的相对性，这两个合同是完全独立的，其效力互不影响。出租人未同意不能成为转租合同的效力障碍。据此，享有请求解除合同或者认定转租合同无效的主体为出租人而非次承租人。如果出租人行使解除权收回房屋，那么在租赁权之上所衍生出来的次承租人的新租赁权就失去了衍生基础，转租合同因其赖以存在的基础不复存在而不得不终止，在客观上成了不能履行的合同。对于次承租人而言，若其并不知晓转租事实，则可以承租人违约为由要求承担相应的违约责任。[①]

【规范指引】

《民法典》第 147 条、第 148 条、第 149 条、第 152 条、第 465 条、第 597 条、第 716 条、第 717 条。

【案例】蒋某与袁某租赁合同纠纷案[②]

袁某承租某宾馆沐浴部，合同约定承租人擅自转租或变相转租给他人经营的，出租方有权解除本合同。后袁某转租给蒋某经营，并约定将某宾馆沐浴部内的动产权属和装修转让给蒋某。蒋某进场经营后，向某宾馆发出征询函，其主要内容如下："本人从袁某处转租宾馆沐浴部，现得知你公司在出租给袁某时约定不得擅自转租，现本人与袁某的转租协议违反了该约定，故向你公司出具征询函，征求你公司对袁某与本人的转租协议的意见，请你公司在接函后 5 日内书面回复，逾期，本人则认为你公司不同意转租。"某宾馆未予答复。蒋某遂起诉至法院，请求解除蒋某、袁某签订的转租协议，袁某返还转让费、支付违约金及赔偿可期待利益损失。某宾馆的注册地址与转租浴室在同一地址，法院通知某宾馆参加诉讼后，其法务人员曾电话与法院联系称公司不愿出庭应诉。一审、二审法院均驳回了蒋某的诉请。

【分析】

法院生效判决认为，本案的争议焦点是蒋某是否具有转租协议的解除权。根据原 2009 年《房屋租赁合同解释》第 16 条[③]的规定，出租人知道或者应当

---

① 参见《江苏省高级人民法院关于审理城镇房屋租赁合同纠纷案件若干问题的意见》第 15 条的规定：出租人以承租人未经其同意转租为由，要求确认承租人与次承租人之间的房屋租赁合同无效的，人民法院不予支持。出租人以承租人未经其同意转租为由，要求解除与承租人之间的房屋租赁合同的，人民法院应予支持。因租赁合同解除造成次承租人损失，次承租人要求承租人赔偿的，人民法院应予支持，但次承租人知道或者应当知道承租人未经出租人同意转租的除外。

② 参见江苏省盐城市亭湖区人民法院（2013）亭民初字第 4826 号民事判决书、江苏省盐城市中级人民法院（2014）盐民终字第 1409 号民事判决书。

③ 《房屋租赁合同解释》于 2020 年修正时已将该条删除。

知道承租人转租，但在六个月内未提出异议，其以承租人未经同意为由请求解除合同或者认定转租合同无效的，人民法院不予支持。该条文明确了解除权的行使主体系出租人。本案中，某宾馆与袁某在签订的租赁合同中约定了若承租人擅自转租则出租人有权解除合同，该合同条款对某宾馆与袁某具有约束力，某宾馆对该合同具有解除权。蒋某与袁某在达成转租合意后签订了转租协议，该协议不存在合同解除的法定或约定条件，某宾馆在收到征询函后亦未明确提出异议，故蒋某要求解除转租协议无事实和法律依据，不予支持。由于蒋某要求解除案涉转租协议无依据，且又未能提供证据证明袁某存在违约事实，故其要求袁某返还转让费并支付违约金和可期待利益损失的理由亦不能成立。

【规范指引】

《民法典》第 716 条、第 717 条。

问题 13：出租人未在异议期间内对转租行为提出异议，不影响其主张解除合同之外的违约金、定金、赔偿损失等违约责任

第一，《民法典》第 718 条明确了出租人知道或者应当知道承租人转租，未提异议的推定规则，赋予出租人六个月的异议期，该期间经过，出租人未就承租人转租行为提出异议，就会被推定为同意转租，从而丧失根据《民法典》第 716 条第 2 款所获得的合同解除权。

第二，《民法典》第 140 条规定，沉默只有在有法律规定、当事人约定或者符合当事人之间的交易习惯时，才可以视为意思表示。出租人未依法对转租事实提出异议，法律规定此情况下推定出租人具有同意转租的意思表示，并未规定推定出租人具有放弃对承租人违约行为主张权利的意思表示。

第三，出租人未依法对转租事实提出异议仅影响法律赋予其的解除合同的权利，合同解除是权利义务终止的方式之一，合同权利义务终止与违约责任属不同规制范畴，二者不必然存在因果关系，合同解除的事由并非仅限于根本违约行为，不必然涉及违约责任，承担违约责任亦不以合同解除为前提，在出租人未明确放弃对承租人违约行为主张权利的情况下，其对于承租人的转租行为是否有权主张其他违约责任，应以双方之间的合同中关于违约金、损失赔偿额的计算方法以及定金的约定为基础进行具体认定。

【规范指引】

《民法典》第140条、第577条、第716条、第718条。

【案例】孙某诉高某房屋租赁合同纠纷案[①]

孙某（甲方）与高某（乙方）签订房屋租赁合同，约定房屋不能擅自转租、转让他人使用，高某承租后一直用于经营饭店，并将部分房屋转租给案外人马某，租赁期限为2012年8月22日至2015年8月21日。马某租赁房屋后一直与刘某合伙开办美甲店进行经营，美甲店登记业主为刘某。刘某在申请开办美甲店过程中，租赁房屋所在的乌鲁木齐市沙依巴克区孔雀社区在向孙某核实相关租赁信息后出具证明一份，内容如下："兹有我社区辖区房屋西北路8号孙某门面房租赁给刘某作为商铺，该同志房屋原门牌号是西北路8号3号楼1单元×××室（门面），现门牌号变更为揽秀西街×号，现需申请办理相关工商营业执照，特此证明。"该美甲店与高某经营的饭店均系独立的房屋，有各自门面。孙某于2015年3月提起诉讼，以高某未经其同意转租房屋为由要求解除与高某签订的房屋租赁合同并要求高某返还租赁房屋，承担违约责任。

【分析】

法院认为，孙某与高某2014年3月17日签订的房屋租赁合同系双方在2010年租赁房屋后重新签订，在该合同签订前，高某已将租赁房屋中的部分房屋转租给马某，马某亦陈述其已使用转租房屋近4年，在这期间，孙某多次到租赁房屋现场与高某签订合同及收取租金，对租赁房屋现场使用情况应该知晓，且高某使用租赁房屋用于开办饭店，而马某将转租房屋用于经营美甲，经营项目存在明显差异，两间门面亦为独立门面，同时，2011年刘某在办理美甲店经营手续时，租赁房屋所在的社区曾向孙某核实租赁事宜后对转租的房屋出具了证明，综合以上情况，法院认定孙某对高某将部分房屋转租给马某使用的事实在2011年至2012年转租行为发生时即应当知晓，其至本案2015年3月提起诉讼时，未对高某的转租行为提出过异议，已超过六个月，依据2009年《房屋租赁合同解释》第16条第1款[②]"出租人知道或者应当知道承租人转租，但在六个月内未提出异议，其以承租人未经同意为由请求解除合同或者认定转租合同无效的，人民法院不予支持"之规定，本案中

① 参见新疆维吾尔自治区乌鲁木齐市沙依巴克区人民法院（2015）沙民三初字第485号民事判决书、新疆维吾尔自治区乌鲁木齐市中级人民法院（2015）乌中民四终字第1046号民事判决书。

② 《房屋租赁合同解释》与2020年修正时已将该条删除。

孙某以高某未经其同意转租房屋为由要求解除与高某签订的房屋租赁合同的诉讼请求不能成立。关于高某是否存在违约问题，因高某在租赁房屋过程中存在转租情形，且租赁合同亦明确约定不允许转租，故高某存在转租的违约行为，其应承担违约责任，依据孙某、高某租赁合同中关于“乙方（高某）违约，甲方（孙某）可从押金中扣除”的约定，同时结合高某实际违约情况，酌情将双方约定的10 000元押金数额认定为高某应承担的违约金数额。

【规范指引】

《民法典》第718条。

问题14：出租人同意转租的意思表示是针对某次转租行为还是概括同意的认定

第一，因出租人与承租人之间的租赁合同属于继续性合同，承租人在该合同期间内的转租行为对于承租人来说具有不可预见性与不确定性，出租人需持续保持针对转租行为的权能以维护自身权益，出租人对转租行为某一次的同意，如未明确系对承租人在合同期间内的所有转租行为的概括同意，则出租人针对转租行为的权能不应因某次同意转租而终结，承租人亦不因出租人对某一次转租行为的同意而免除嗣后转租需征得承租人同意的义务，承租人对于该次转租期间届满后的转租行为，应重新取得出租人的同意。

第二，实践中，出租人同意转租的意思表示是针对某次转租行为还是概括同意的判断，需结合意思表示作出的内容、背景、方式具体认定：（1）合同中明确约定承租人在租期内有权转租租赁物的，如就此未有其他限制性约定，应视为出租人系对承租人转租行为的概括同意，承租人转租无须另行取得出租人同意；（2）合同中仅约定承租人转租需经出租人同意的，不能据此认定出租人对转租行为作出了概括同意的意思表示，承租人以出租人对某次转租行为同意为由主张其嗣后转租无须取得出租人同意的，不予支持；（3）合同中未就转租事项进行约定，承租人在某次转租前取得出租人同意或出租人在转租后追认的，在出租人未明示承租人此后有权转租的，仅视为出租人系对承租人该次转租行为的同意；（4）出租人知道或者应当知道承租人转租，就转租未在法定期间内未提出异议，不能视为出租人对承租人在合同期间内的所有转租行为概括同意。

【规范指引】

《民法典》第241条、第716条。

【案例】深圳某物业公司诉深圳某投资公司房屋租赁合同纠纷案[①]

涉案房产原产权人某实业公司与某物业公司签订租赁合同约定某物业公司承租的大厦楼层不得转租，2007年，某投资公司通过拍卖方式取得涉案房产的产权。某物业公司承租涉案房产之后，存在一系列转租行为，2006年4月1日，某物业公司分别与三家公司签订租赁合同，租期自2006年4月1日至2011年3月31日。另案中，原产权人某实业公司认可某物业公司转租之行为。但某投资公司取得涉案房产产权之后，某物业公司未经某投资公司同意继续将部分涉案房产转租。某投资公司分别于2014年1月20日、1月27日，以某物业公司非法转租为由，向其发出《解除房屋租赁合同通知书》《关于要求返还某大厦第11层房屋的通知书》，某物业公司因此起诉请确认某投资公司出具的上述两份通知书无效。法院经审理后未予支持。

【分析】

法院认为，关于涉案房产原产权人某实业公司同意某物业公司转租的效力能否及于新产权人某投资公司的问题。涉案《租赁合同》第3条明确约定，某物业公司承租涉案房产只能供本单位相关内部企业使用，不得转租，不得擅自改变房屋的使用功能。即合同已明确约定涉案房产只限于某物业公司自用，在此情形下，依据《合同法》第224条第1款[②]之规定，某物业公司转租必须经出租人同意方能突破合同限制性约定而不构成违约。涉案房产原产权人某实业公司只在（2008）深中法民五终字第2710号案中认可某物业公司将涉案房产转租给深圳市某房地产股份有限公司等三家公司的行为，并未明确认可某物业公司可将涉案房产转租给任何不确定的第三方、解除对某物业公司不得转租的限制。某实业公司同意转租给深圳市某房地产股份有限公司等三家公司的行为不足以证明某物业公司已与某实业公司就变更涉案《租赁合同》第3条约定达成一致。另外，某实业公司在本案所陈述的某实业公司一直同意某物业公司转租，亦只是对已发生的转租关系的认可，不能必然得出某物业公司与某实业公司已协商一致变更涉案《租赁合同》第3条约定的结论，更不能以此免除某物业公司嗣后转租应征得出租人同意的义务。某实

---

① 参见广东省深圳市罗湖区人民法院（2014）深罗法民三初字第357号民事判决书、广东省深圳市中级人民法院（2014）深中法房终字第1518号民事判决书。

② 对应《民法典》第716条。

业公司同意某物业公司将涉案房产转租给深圳市某房地产股份有限公司等三家公司的行为效力只限于该次转租行为，效力不能及于整个涉案《租赁合同》的履行。在某物业公司与深圳市某房地产股份有限公司等三家公司的转租期限届满后，某物业公司若将涉案房产再行转租，应重新获得出租人同意，否则将构成违约。

【规范指引】

《民法典》第716条。

问题15：次承租人主张代为支付租金和违约金时，代付意思表示及代付数额的确定

在转租合同对出租人具有法律约束力、承租人因拖欠租金构成违约的情况下，次承租人就出租人与承租人之间租赁合同之债的履行具有合法利益，次承租人为了防止合同解除造成损失，可代承租人向出租人支付拖欠的租金及违约金，确保出租人收取租金的合同目的实现的同时，抗辩出租人的合同解除权以使转租合同继续履行，此时，代付意思表示及代付租金数额认定应注意以下问题：

（1）次承租人的代付意思表示应当具有明确性。次承租人应当直接、明确、具体地向出租人作出愿代承租人支付租金及违约金的意思表示，不应对此含糊不清、有所保留或者附加其他条件，否则无法达到阻却出租人行使合同解除权的效果。

（2）代付意思表示的实践性。为了保障出租人的合法权利以及提高诉讼效率，次承租人的代付行为应即时履行，可直接向出租人支付或者依法提存相关款项等，仅提交愿意代付租金及违约金的书面意见，但并未实际进行代付、主张的代付仍止于意思表示层面的，不足以对抗出租人的合同解除权。

（3）次承租人代付的租金数额应当具有确定性。一般情况下，次承租人代付的租金数额系依据出租人与承租人之间的合同确定，但实践中存在着出租人与承租人之间的租金系以实际收益的一定比例等方式计付的情况，代付租金数额无法依据已有的合同明确，需出租人、承租人通过对账等方式进一步确定。承租人欠付的租金难以查明或出租人与承租人无法就欠付租金数额达成一致时，次承租人代偿请求权的前提条件已不具备。

【规范指引】

《民法典》第 524 条、第 719 条。

【案例】张某、蒋某诉连云港某房地产公司、东海县某经营管理公司房屋租赁合同纠纷案①

原告张某、蒋某就其购买的三间商铺，与被告某经营管理公司签订商铺委托租赁管理合同，被告某房地产开发公司为某经营管理公司履行上述合同提供保证担保。合同约定前 5 年为第一阶段（固定租金回报），后 7 年为第二阶段（非固定租金回报）。第二阶段（非固定租金回报）某经营管理公司给予张某、蒋某商铺租金收益（税前）为届时实际租金的 90%。其后数年，某经营管理公司将上述商铺转租给第三人唐某经营餐饮。商铺所在的城市广场尚在运营，但未向张某、蒋某支付涉案房产 2019 年及以后的租金。某经营管理公司因商场经营亏损，至今仍然拖欠包括张某、蒋某在内的众多购房者的租金。该商场很多位置空置或无人经营。张某、蒋某起诉请求解除与某经营管理公司签订的委托租赁管理合同，某经营管理公司返还涉案商铺并支付 2019 年、2020 年的租金及相应利息。法院经审理认定解除合同。

【分析】

法院认为，张某、蒋某与某经营管理公司、某房地产开发公司签订的协议均系有效协议，双方均应按约履行，房屋委托某经营管理公司运营后，某经营管理公司应当按约、及时给付合同约定的租金。但自 2014 年以来，某经营管理公司自身未支付任何租金，除去合同约定的 2014~2017 年前三年无须支付租金的情况，某经营管理公司也未缴纳 2017 年、2018 年的租金，而是在张某、蒋某起诉后，由次承租人以行使代位清偿权的形式支付了该两年的租金，对于 2019 年之后的租金再未支付，已经严重迟延履行合同义务，符合双方合同约定的解除条件；虽然第三人唐某再次请求代为支付款项，但 2019 年之后的租金数额通过合同本身无法确定，需要核算某经营管理公司的经营收入，而某经营管理公司在前案中已经陈述自身经营状况不佳，收入不足以支付相关款项。某经营管理公司二审再次陈述其经营状况不佳，同样无力支付租金，因 2019 年之后的租金合同未约定确定的数额，如按照其与张某、蒋某的合同计算，张某、蒋某将无法获得租金或仅获取极低租金，且各方仍旧无

① 参见江苏省东海县人民法院（2021）苏 0722 民初 2322 号民事判决书、江苏省连云港市中级人民法院（2022）苏 07 民终 3374 号民事判决书。

法就代偿数额达成一致意见，本案丧失代付的前提条件，此种情形下如允许唐某代付以阻却张某、蒋某行使合同解除权显然会使张某、蒋某的利益受损，一审法院判令解除合同并无不当。

【规范指引】

《民法典》第719条。

问题16：经出租人同意的转租合同，转租期限超过承租人剩余租赁期限的法律后果

未经出租人同意的转租，侵犯了出租人的合法权益，第三人对出租人未有效取得权利，不发生超期转租的问题。超期转租系在经出租人同意的转租中，转租合同约定的租赁期限超出原租赁合同约定的期限，而出租人对于承租人转租行为的同意，是基于原租赁合同的约定，其同意转租的期间仅限于原租赁合同约定的期间范围，超期转租情形下，对于转租合同的效力的认定应注意以下问题：

（1）经出租人同意的转租，转租期限超过承租人剩余租赁期限的事实不影响转租合同效力，应根据现行法律规定认定转租合同的效力，转租合同有效但因超期不能履行时，由承租人向第三人承担违约责任。

第一，虽然2009年9月1日施行的原《房屋租赁合同解释》第15条[①]规定："承租人经出租人同意将租赁房屋转租给第三人时，转租期限超过承租人剩余租赁期限的，人民法院应当认定超过部分的约定无效。但出租人与承租人另有约定的除外。"但2021年1月1日起施行的《民法典》第717条对转租期限超过承租人剩余租赁期限的部分的效力规定为"超过部分的约定对出租人不具有法律约束力"，又根据2021年1月1日施行的《民法典时间效力解释》第8条，"民法典施行前成立的合同，适用当时的法律、司法解释的规定合同无效而适用民法典的规定合同有效的，适用民法典的相关规定"，故在经出租人同意的转租中，转租期限超过承租人剩余期限的，转租合同系可以有效成立，但第三人对出租人是否能有效取得权利，则根据出租人承诺的有无确定。

---

① 《房屋租赁合同解释》于2020年修正时已将该条删除。

第二，承租人与第三人之间的超期约定在未违反法律、行政法规的强制性规定，不对公共利益造成影响等情况下，不应属于当然无效。直接认定转租合同超期部分无效，不利于保护承租人与第三人的合同意思自治权利，从利益保护角度方面看，承认超期转租合同效力不一定损害出租人利益，反而认定超期转租合同无效不利于善意第三人权利保护。应当认可超期转租部分的合同效力，在超期部分不能履行时，由承租人向第三人承担违约责任。

（2）转租期限超过承租人剩余租赁期限的，超过部分的约定并非绝对地对出租人不具有法律约束力，在一定情形下对出租人具有约束力。

《民法典》第 717 条规定："承租人经出租人同意将租赁物转租给第三人，转租期限超过承租人剩余租赁期限的，超过部分的约定对出租人不具有法律约束力，但是出租人与承租人另有约定的除外。""出租人与承租人另有约定的除外"情形如何认定，是实践中需要注意的问题。"另有约定"可以是出租人与承租人事前的约定，也可以为事后的协商一致或者出租人的追认，主要指向对租赁期限的变更。

第一，对于事前约定，出租人与承租人可事先在租赁合同中约定租赁期间届满后，承租人有权单方决定是否延长租赁期限，当承租人选择延长时，虽转租时存在超期转租，但原合同的租赁期限现已变更，转租合同可对出租人产生约束力。

第二，对于出租人与承租人事后协商一致延长租期的认定，应当由承租人承担举证责任，承租人不能证明的，如有其他证据能够证明租赁期限延长应当是确定的，或者租赁期限可以通过合同有关条款、合同性质、合同目的或者交易习惯确定的，可认定双方已就租赁期限的变更达成一致。

第三，变更后的租赁期限系以原合同为基础，出租人在原合同履行过程中明确概括同意承租人转租，其在变更租赁期限时未明确提出不同意承租人在新的租赁期限内转租的，在租赁期限变更后，依照原租赁合同中出租人同意转租的意思表示可以推定其同意新的租赁期限内承租人转租，转租合同对出租人产生约束力。

【规范指引】

《民法典》第 717 条；《民法典时间效力解释》第 8 条。

【案例 1】深圳市某投资公司[①]诉黄某房屋租赁合同纠纷案

2017 年 4 月 28 日，原告（反诉被告）某投资公司与案外人某集团公司（涉案商铺的所有权人）签订房屋租赁合同，租期自 2017 年 3 月 15 日起至 2020 年 3 月 14 日止。2018 年 3 月 31 日，某投资公司将商铺转租给黄某并签订合同，租期自 2018 年 4 月 1 日起至 2021 年 3 月 31 日止，并约定黄某拖欠某投资公司租金超过一个月则某投资公司有权单方提前终止合同。黄某自 2020 年 2 月 1 日起拖欠某投资公司租金及其他费用，某投资公司向黄某发出解除通知书，要求黄某归还商铺及结清欠款。某投资公司起诉请求确认其与黄某之间合同解除，无须退还租赁保证金，黄某向某投资公司返还涉案商铺、支付涉案商铺拖欠的款项。黄某反诉请求撤销租赁合同等。黄某在二审中上诉主张涉案合同中超出某投资公司承租期限的部分应属无效，其无须向某投资公司支付该部分租金。

【分析】

二审法院认为，某集团公司将涉案房产出租给某投资公司，某投资公司再将房产转租给黄某。某集团公司与某投资公司签订的《房屋租赁合同》约定租赁期限为 2017 年 3 月 15 日至 2020 年 3 月 14 日，某投资公司与黄某签订的《租赁协议》约定租赁期限为 2018 年 4 月 1 日至 2021 年 3 月 31 日，故某投资公司存在超出其承租期限进行转租的情形。依《房屋租赁合同解释》第 15 条规定，承租人经出租人同意将租赁房屋转租给第三人时，转租期限超过承租人剩余租赁期限的，人民法院应当认定超过部分的约定无效。而依《民法典》第 717 条规定，承租人经出租人同意将租赁房屋转租给第三人时，转租期限超过承租人剩余租赁期限的，超过部分的约定对出租人不具法律效力，但是出租人与承租人另有约定的除外。《民法典时间效力解释》第 8 条规定，《民法典》施行前成立的合同，适用当时的法律、司法解释的规定合同无效而适用《民法典》的规定合同有效的，适用《民法典》的相关规定。故关于某投资公司转租期限超过其承租期限部分的合同效力，应适用前述《民法典》第 717 条的规定，即该部分合同约定仅对出租人某集团公司不具有法律效力，但对某投资公司和黄某均具法律约束力。黄某上诉称涉案合同中超出某投资公司承租期限的部分应属无效，据此主张其无须向某投资公司支付该

---

① 参见广东省深圳市罗湖区人民法院（2020）粤 0303 民初 26416 号民事判决书、广东省深圳市中级人民法院（2021）粤 03 民终 26302 号民事判决书。

部分租金，于法无据。关于违约方认定问题。如前所述，涉案合同合法有效，故黄某应依约支付租金及相关费用。截至2020年7月，黄某已拖欠租金数月，构成根本违约。某投资公司据此解除合同，具备合同和法律依据，应予支持。涉案合同系因黄某违约导致解除，故黄某应承担相应的违约责任，一审法院对涉案租金、水电费、装修费及租赁保证金的分析和处理均正确。本案并无证据表明某投资公司存在故意隐瞒其转租期限超过承租期限的问题，故黄某上诉主张某投资公司构成欺诈，缺乏事实和法律依据，不予采纳。黄某据此主张某投资公司应双倍返还押金、赔偿装修费，于法无据，不予支持。

【规范指引】

《民法典》第717条；《民法典时间效力解释》第8条。

【案例2】江门市纯某某装饰建材发展有限公司诉某某足浴城、苏某盛租赁合同纠纷案[①]

案外人吴某兴从某产业公司处承租了房屋经营，租赁期限自2001年5月10日起至2015年6月30日止。双方按合同约定履行至合同期满，其后未续签租赁合同，但仍继续按照原合同约定履行租赁事宜。其间，吴某兴将其从某产业公司处租赁的房屋交由江门市纯某某装饰建材发展有限公司（以下简称纯某某公司）转租给苏某盛经营，苏某盛作为某某足浴城经营者与纯某某公司多次签订《商铺租赁合同》，约定租赁期限至2020年7月9日止。合同签订后，某某足浴城仅向纯某某公司支付租金至2017年8月，并于2018年12月25日才将租赁商铺腾退给纯某某公司。据此，纯某某公司向法院提起诉讼要求某某足浴城、苏某盛支付2017年9月1日至2018年12月25日拖欠的租金1 080 868.52元。另外，广东省江门市蓬江区人民法院于2018年12月7日作出（2018）粤0703民初1084号民事判决，认定吴某兴与某产业公司租赁关系于2017年8月3日解除，自合同期满后至租赁合同关系解除期间双方存在不定期租赁关系。

广东省江门市蓬江区人民法院于2020年7月15日作出（2020）粤0703民初336号民事判决：一、蓬江区某某足浴城（经营者苏某盛）应于本判决书发生法律效力之日起十日内向纯某某公司支付占有使用费386 042元；二、驳回纯某某公司的其他诉讼请求。纯某某公司、某某足浴城均不服一审判决，向广东省江门市中级人民法院提起上诉。广东省江门市中级人民法院于2021年

① 参见广东省高级人民法院（2021）粤民申4430号民事裁判书。

2月3日作出（2020）粤07民终4278号民事判决：一、撤销广东省江门市蓬江区人民法院（2020）粤0703民初336号民事判决第二项；二、变更广东省江门市蓬江区人民法院（2020）粤0703民初336号民事判决第一项为某某足浴城（经营者苏某盛）应于本判决发生法律效力之日起十日内向纯某某公司支付租金900 868.52元；三、驳回纯某某公司的其他诉讼请求。宣判后，某某足浴城提起再审申请。广东省高级人民法院于2021年7月6日作出（2021）粤民申4430号民事裁定：驳回某某足浴城的再审申请。

【分析】

法院生效裁判认为：一审法院在作出本案一审判决时根据原《房屋租赁合同解释》第15条的规定及在先生效判决认定纯某某公司与某某足浴城签订的商铺租赁合同期限超出2017年8月3日的部分无效并无不当。但是《民法典》第717条的规定中并无关于转租期限超过承租人剩余租赁期限的，超过部分约定无效的相关内容。由此可见，转租期限超过承租人剩余租赁期限的事实并不影响合同效力。根据《民法典时间效力解释》第8条"民法典施行前成立的合同，适用当时的法律、司法解释的规定合同无效而适用民法典的规定合同有效的，适用民法典的相关规定"的规定，涉案《商铺租赁合同》应认定为有效，对双方当事人均具有约束力。由于某某足浴城实际占有使用租赁房屋至2018年12月25日，而租金仅支付至2017年8月，故仍应支付2017年9月至2018年12月25日的租金，而支付标准则应按照合同约定的标准计算。经核算，某某足浴城尚需支付纯某某公司租金900 868.52元。

问题17：不足以影响合同目的实现的违约行为对合同关系存续的影响

法律规定合同解除的事由，一定程度上是对当事人任意解除合同进行限制，以鼓励交易、避免浪费，合理保护双方当事人的合法权益。限制的方法有不同的立法例，《民法典》采取的是以合同目的不能实现为基础，在迟延履行时采取宽限期的模式。因此，依据《民法典》适用法定解除的核心条件是不能实现合同目的，如果合同目的能够实现，则一般不产生法定解除权。"不能实现合同目的"的判断标准是违约结果的客观严重性，即是否使当事人订立合同所追求的履行利益不能实现。这一判断标准能够很好地诠释为何在瑕疵履行、部分履行等场合也可能引发合同解除的后果。

一般情况下，履行期限对合同目的的实现不会造成实质性影响，但有时履行期限对合同目的的实现也至关重要，债务人如不在约定的期日或者期限作出履行，债权人的合同目的将难以实现。例如，订购中秋月饼，如在节后交付，则必然导致合同目的落空。如果迟延履行致使合同目的不能实现，守约方不必再发出催告，可立即解除合同。除迟延履行致使合同目的不能实现的情形外，当事人一方如有其他违约行为致使不能实现合同目的的，也导致法定解除权的产生。这是一项概括性的合同解除权产生事由。此类情形主要包括：（1）不能履行合同主要债务。不能履行主要债务导致债权人的履行利益不能实现，当然，不能履行主要债务的原因多种多样，如果是因不可抗力引起的，则直接适用《民法典》第563条第1款第1项的规定。（2）拒绝履行。具体又包括以下情形：当事人在履行期限届满前以明示或者默示方式拒绝履行合同非主要债务（如拒绝履行主要债务则直接适用《民法典》第563条第1款第2项的规定）的；当事人在履行期限届满后拒绝履行主要债务的；当事人在履行期限届满后不履行其他合同义务致使合同目的不能实现的。（3）履行与约定严重不符，无法通过修理、更换、降价等方法进行补救，致使不能实现合同目的。（4）履行主要债务之外的其他合同义务不适当，致使不能实现合同目的。当事人虽然履行了主给付义务，但是没有履行从给付义务或者附随义务等其他合同义务，致使合同目的不能实现的，当事人可以解除合同。

【规范指引】

《民法典》第563条。

【案例】常州某商场公司与溧阳某置业公司房屋租赁合同纠纷案[①]

溧阳某置业公司将房产出租给苏州某公司，其后，常州某商场公司、溧阳某置业公司及苏州某公司三方签订了转让协议，常州某商场公司自当日起取得房屋租赁合同中原苏州某公司的地位，对溧阳某置业公司享有权利，并承担义务。常州某商场公司以溧阳某置业公司在履约过程中存在未按合同约定签署证件交付证明、未提供大厦竣工图、停运空调等违约行为为由，起诉请求确认其与溧阳某置业公司之间的《租赁合同》解除；溧阳某置业公司赔

---

① 参见江苏省常州市中级人民法院（2011）常民初字第47号民事判决书、江苏省高级人民法院（2013）苏民终字第0286号民事判决书。

偿6000万元等。溧阳某置业公司提起反诉，请求确认常州某商场公司解除《租赁合同》的行为无效；确认双方之间签订的《租赁合同》终止；常州某商场公司向溧阳某置业公司赔偿损失。

【分析】

二审认为，虽然双方在提供文件时未签署交接证明，但是溧阳某置业公司提供的证据以及原审法院调取的证据，已足以证明常州某商场公司持有《租赁合同》约定的除停车场许可证、抵押权人同意函之外的文件。停车场许可证客观上无法办理，且停车场已具备合法使用的前提条件，可对外使用；关于抵押权人同意函的问题，溧阳某置业公司已提供证据，证明抵押权已于2011年6月28日注销。因此，即便溧阳某置业公司未向常州某商场公司提供停车场许可证及抵押权人同意函，亦并不影响常州某商场公司对租赁房产的使用与收益。

此外，根据《租赁合同》约定，溧阳某置业公司迟延提供证件的总天数超过90天，常州某商场公司有权选择解除合同，也有权选择合同继续履行。事实上，常州某商场公司在溧阳某置业公司提交文件时存在瑕疵的情况下，仍接受了租赁房产进行装修，并向溧阳某置业公司交纳了履约保证金，商场亦正式开业。可见，溧阳某置业公司在提交文件时存在的瑕疵，并未影响《租赁合同》的履行，亦未造成常州某商场公司的损失，从而导致其合同目的无法实现。因此，常州某商场公司并不享有《租赁合同》约定的解除权，亦不享有法定的合同解除权。

根据《租赁合同》的约定，溧阳某置业公司向常州某商场公司提供大厦竣工图，系作为常州某商场公司对租赁房产进行设计施工的依据。事实上，常州某商场公司已对租赁房产进行装修并开业经营，溧阳某置业公司该违约行为并没有导致常州某商场公司的合同目的不能实现，故常州某商场公司以此为由向溧阳某置业公司提出解除合同，于法无据。

根据《租赁合同》的约定，溧阳某置业公司应保证空调正常使用状态及运行时间，并保证商场环境温度控制在合同约定的范围内。虽然溧阳某置业公司在2011年8月27日至9月2日停运空调，但并未影响常州某商场公司的商场经营，且双方就溧阳某置业公司该违约行为进行了处理，并未导致常州某商场公司合同目的不能实现，故常州某商场公司以此为由向溧阳某置业公司提出解除合同，于法无据。

综上所述，溧阳某置业公司在履约过程中存在未按合同约定签署证件交付证明、未提供大厦竣工图、停运空调等违约行为，但常州某商场公司仍然继续履行了合同，且溧阳某置业公司的违约行为不足以影响常州某商场公司合同目的的实现，故溧阳某置业公司的违约行为不构成《租赁合同》解除的条件。

【规范指引】

《民法典》第 563 条。

问题 18：发生订立合同时无法预见的重大变化的救济

租赁合同履行过程中，发生合同订立时不能预见、不能避免并不能克服的客观情况，在司法实践中，主要涉及不可抗力、情势变更原则的法律适用问题。关于两者表现，合同解除要件及责任后果，主要区分如下：

（1）客观表现不同。不可抗力主要表现为自然力，如自然灾害、社会异常事件。情势变更主要表现为意外事件、社会经济形势的急剧变化、物价飞涨、货币严重贬值、金融危机和国家政策的转变等事由。

（2）适用范围不同。不可抗力是法定免责事由，在合同责任和侵权责任中均可适用。情势变更是合同履行原则，本质是使当事人享有请求变更或解除合同的请求权。

（3）直接造成的后果不同。不可抗力后果为使合同不能履行，包括全部不能和部分不能、永久不能和一时不能。情势变更后果为合同仍然能够履行，只是合同的履行过于艰难或履行代价过于高昂，并因此对一方当事人显失公平。

（4）免责程度不同。不可抗力履行不能的一方当事人依法取得证据，履行法律义务，则可免于承担违约责任，直接通知对方解除合同。情势变更必须请求法院作出裁判。若法官驳回请求，则仍应履行合同义务。即使同意变更或解除合同，并不当然免除赔偿或补偿责任。

（5）当事人权利性质不同。不可抗力当事人享有的延期履行、部分履行或解除合同的权利为形成权，行使权利无须征得对方当事人同意。当事人不能自行决定根据情势变更合同，须申请人民法院或仲裁机构决定。

【规范指引】

《民法典》第 180 条、第 533 条。

【案例 1】何某、李某、谭某诉佛山某培训学校租赁合同纠纷案[①]

何某等 3 人（出租方，甲方）与某培训学校（承租方，乙方）于 2021 年 3 月 1 日签订《房屋租赁合同》，将案涉租赁物出租给其用于教学等活动或与教学相关的经营活动。合同签订后，某培训学校入场装修，并向何某等 3 人分别支付了 3 个月的租金和相当于 3 个月租金的押金。2021 年 7 月 24 日，中共中央办公厅、国务院办公厅印发《关于进一步减轻义务教育阶段学生作业负担和校外培训负担的意见》(以下简称“双减”政策）规定，严禁超标超前培训，严禁非学科类培训机构从事学科类培训，校外培训机构不得占用国家法定节假日、休息日及寒暑假期组织学科类培训等。其后，广东省教育厅、佛山市政府先后跟进，针对学科类培训出台规定。

2021 年 8 月 16 日，某培训学校向何某等 3 人发函，以“双减”政策造成其经营困难为由，商请解除《房屋租赁合同》及办理退场交接。何某等 3 人不予同意，某培训学校后再行邮寄通知书，要求解除《房屋租赁合同》，搬离其存放在案涉房屋中的物品。未果后，何某等 3 人提起本案诉讼，请求判令某培训学校支付欠付租金、提前解约违约金和赔偿损失，支付的租赁押金不予退还。某培训学校反诉请求确认案涉租赁合同于 2021 年 8 月 31 日解除，何某等 3 人停止妨碍撤场行为等。

【分析】

二审法院认为:（1）关于“双减”政策的出台对案涉租赁合同是否构成情势变更问题。首先，从合同目的来看，何某等 3 人与某培训学校签订的《房屋租赁合同》约定某培训学校可将租赁物用于教学活动或与教学相关经营活动。某培训学校在接收案涉租赁物后亦已按教育培训需要进行装修改造。可见，某培训学校承租案涉租赁物主要用于开展教学培训业务以获取经营收益，何某等 3 人对此知悉并同意。其次，从合同签订及“双减”政策出台时间来看，案涉租赁合同签订于 2021 年 3 月 1 日，在案涉《房屋租赁合同》履行过程中，中共中央、国务院办公厅于 2021 年 7 月发布了“双减”政策，对校外培训机构从事义务教育阶段的学科培训业务进行严格管控，该政策相对于以往管理校外培训机构的政策发生重大变化。“双减”政策的出台实施，非某培训学校与何某等 3 人签订房屋租赁合同时所能预见。最后，从“双减”政策对案涉租赁合同影响来看，根据某培训学校所取得的民办学校办学许可

① 参见广东省佛山市中级人民法院（2022）粤 06 民终 14965 号民事判决书。

证所载办学内容为“英语培训、中小学全科辅导”可见，某培训学校承租案涉租赁物之用途，系“双减”政策重点规范的范围，这导致其客观上难以以案涉租赁物为地址办理相关办学许可。虽然案涉房屋的物理性状并未因“双减”政策的出台而产生使用障碍，但某培训学校客观上已无法按照既有的经营模式及规模从事经营活动。考虑到案涉《房屋租赁合同》为长期性合同，继续履行合同对某培训学校明显不公平，且某培训学校也无法在短期内通过调整经营策略、改变经营方向等方式消除案涉房屋收益功能受损之后果。因此，某培训学校请求解除案涉《房屋租赁合同》正当合法，不构成违约。

（2）关于出租人与承租人应如何承担损失问题。对于免租期的租金损失问题，案涉《房屋租赁合同》约定，何某等 3 人给予某培训学校 3 个月免租期。某培训学校享受该权益，系以正常履行《房屋租赁合同》为前提。案涉《房屋租赁合同》约定的租赁期限为 5 年，某培训学校于 2021 年 9 月 30 日已解除案涉《房屋租赁合同》，即案涉租赁合同仅履行 7 个月。故免租期的租金损失构成何某等 3 人的损失的一部分，某培训学校应予以补偿。对于空租期损失问题，何某等 3 人虽因某培训学校提前解除租赁合同后需要寻租，此期间存在空置期损失。但根据本案查明的事实，某培训学校在“双减”政策出台后，已于 2021 年 8 月 16 日通知何某等 3 人要求解除合同并搬离物资、清退场地，但何某等 3 人并未在合理期限内收回房屋，以防止损失扩大，自身存在过错。结合案件具体情况，法院酌情支持何某等 3 人空置期损失为 3 个月租金。案涉《房屋租赁合同》解除，非某培训学校与何某等 3 人签订房屋租赁合同时所能预见。各方在案涉合同履行过程中均不存在根本违约，故何某等 3 人、某培训学校应共同分担免租期和空置期租金损失。一审判决判令上述免租期损失和空置期损失（合计 6 个月租金）由何某等 3 人与某培训学校各承担 50%，确认某培训学校所交租赁押金 393 275.25 元（相当于 3 个租金）归何某等 3 人所有裁判结果总体合理，予以维持。

【规范指引】

《民法典》第 533 条。

【案例 2】王某某诉董某某、卢某某、新疆某货运公司车辆租赁合同纠纷案[①]

原告王某某以董某某、卢某某未按时支付租赁费用为由起诉请求：解

① 参见新疆生产建设兵团第四师中级人民法院（2023）兵 04 民再 2 号民事判决书。

除与董某某、卢某某签订的车辆租赁合同；董某某、卢某某支付车辆租赁费45 000元，并返还租赁车辆。被告董某某、卢某某辩称，租赁王某某的挂车是事实，同意与原告解除租赁合同，但不同意支付2021年1月12日以后的租赁费，因受新冠肺炎疫情防控措施影响，租赁车辆现停放在霍尔果斯新国门哈方合作区内不让返回，故无法返还挂车；该挂车的实际使用人是新疆某货运公司，故租赁费应当由新疆某货运公司支付。被告新疆某货运公司辩称，是租赁了董某某、卢某某的挂车，但因受新冠肺炎疫情防控措施影响，租赁的挂车现停放在霍尔果斯新国门哈方合作区内不让返回，故无法返还，对于挂车租金不同意支付。法院经审理查明，2020年11月12日，王某某与董某某、卢某某签订车辆租赁合同，约定董某某、卢某某租赁王某某的挂车，租用时间自2020年11月12日起，每月租赁费为1.5万元，每两个月月初一次性付清2个月租赁费共计3万元。2020年11月15日，董某某、卢某某又与新疆某货运公司签订车挂租赁合同，将该挂车在内的两辆挂车租赁给该公司使用，租期为半年，自2020年11月15日起至2021年1月15日止，租金每车每月4万元。合同签订后，新疆某货运公司支付董某某、卢某某2个月车辆租金合计16万元。2020年12月7日，因新冠肺炎疫情防控要求，相关部门通知哈方车头不允许从哈方拉中国车挂入境。自2020年12月9日起所有中国挂车不得出境到哈方。因此董某某和卢某某租赁的挂车已停放在霍尔果斯新国门哈方合作区内无法返回。董某某、卢某某在支付王某某两个月挂车租赁费3万元后，再未向王某某支付租赁费。

【分析】

法院生效判决认为，关于本案是否构成不可抗力问题。王某某与董某某、卢某某的合同中，未约定可以转租的内容，因此二人将车辆转租给新疆某货运公司未经王某某同意，并且未按合同约定支付租金，已构成违约，王某某请求解除合同，符合《民法典》第563条第1款第4项、第716条的规定。双方当事人在二审、再审期间对一审判决解除合同均未提出异议，应对一审判决双方租赁合同自2021年5月26日解除以确认。《民法典》第566条第1款规定："合同解除后，尚未履行的，终止履行；已经履行的，根据履行情况和合同性质，当事人可以请求恢复原状或者采取其他补救措施，并有权请求赔偿损失。"《最高人民法院关于依法妥善审理涉新冠肺炎疫情民事案件若干问题的指导意见（一）》第3条第1款第1项规定："疫情或者疫情防控措施直接导致合同不能履行的，依法适用不可抗力的规定，根据疫情或者疫情防控措施的影响程度部分或者全部免除责任。当事人对于合同不能履行或者损失扩大有可归责事由的，应当依法承担相应责任。因疫情或者疫情防控措施不能履行合同义务，当事人主张其尽到及时通知义务的，应当承担相应举证责任。”本案中，一审判决认定双方的租赁合同自 2021 年 5 月 26 日解除，自此董某某、卢某某共欠王某某 4 个月租金计 6 万元，应予支付。因董某某与卢某某未经王某某同意，将挂车擅自转租给新疆某货运公司，车辆出境后无法返回，董某某、卢某某对此具有过错，应当赔偿王某某合同解除后的损失。关于损失数额问题，考虑到董某某、卢某某的过错，2021 年及 2022 年两年因疫情防控、边境管理对履行合同的影响程度以及转租获利的事实，法院酌定王某某损失为 5 万元，董某某、卢某某依法应予赔偿。故董某某、卢某某应支付王某某租金 6 万元、赔偿损失 5 万元，共计 11 万元。本案法律事实发生变更的时间发生在 2021 年，应当适用《民法典》，一审判决适用《合同法》，属适用法律错误，予以纠正。一审、二审判决认定事实和适用法律错误，实体处理不当，予以纠正。

第四章　买卖不破租赁、优先承租权及优先购买权

第一节　争点归纳概述与要素审查

一、买卖不破租赁

（一）审查要点

1. 租赁合同成立并生效。

2. 租赁合同实际履行，承租人按照租赁合同占有房屋。

3. 在承租人依租赁合同占有房屋期间，房屋所有权因买卖等原因发生所有权变动。

（二）注意事项

1. “买卖不破租赁”的法律性质为房屋所有权变动导致出租人权利义务法定概括转移，租赁合同中出租人的权利义务由原出租人转移至房屋新的所有权人。

2. 房屋所有权变动的原因可以是买卖、继承或者因实现抵押权的拍卖、变卖等。抵押权设立前，抵押的房屋已经出租并转移占有的，原租赁关系不受该抵押权的影响。如果抵押的房屋出租并转移占有发生在抵押权设立之后，抵押权实现时房屋拍卖、变卖的买受人要求终止原租赁关系的，承租人不能以“买卖不破租赁”对抗新的房屋所有权人。

3. 承租人和房屋新的所有权人或者其中部分所有权人可以通过重新签订

租赁合同的方式，对双方租赁权利义务关系进行变更或者确认。当事人之间就所有权人变更后的租赁关系有特别约定的，依照当事人的约定处理。

4. 房屋所有权变动时承租人未按照租赁合同占有房屋的，不能主张“买卖不破租赁”。

5. 房屋所有权变动时承租人对房屋的占有为无权占有的，如租赁期限届满承租人未及时返还房屋，不能主张“买卖不破租赁”。

6. 不定期租赁的出租人有权随时解除合同，房屋买受人不同意承租人继续租赁房屋的，承租人不能以“买卖不破租赁”要求强行与新的所有权人建立租赁合同关系。

7. 自受让人取得房屋所有权后，原出租人无权再向承租人收取租金；如果承租人在房屋所有权变动之前已经预付租金，原出租人保有预收租金并无法律上的原因，应将预收部分租金返还给房屋受让人。当事人另有约定的，依约定处理。

二、优先承租权

（一）审查要点

优先承租权为此次《民法典》新设立的权利，其权利的行使，可以参考优先购买权的构成要件进行审查，主要有以下几点。

1. 租赁合同成立并生效，且在租赁期内。

2. 出租人有租赁房屋的行为。

3. 承租人未事先放弃优先承租权。

4. 承租人须以同等条件承租。

5. 出租人将房屋出租给近亲属不构成对承租人优先承租权的侵害。

（二）注意事项

1. 虽然《民法典》并未对承租人的意思表示作出明确规定，但是从合同成立的要件来看，应保证出租人有对外缔约租赁合同的真实意思表示。若出租人将房屋收回自用或不对外出租，则不存在承租人优先缔约的权利基础。

2. 虽然优先购买权也规定了同等条件，但是购买和租赁的同等条件应当有所区分。对于租赁合同来说，同等条件可参考租金、支付方式、租赁期限、房屋使用用途等因素确定。

三、优先购买权

房屋承租人优先购买权，是指在房屋租赁关系中，当出租人将租赁房屋转让给第三人时，承租人依照法律规定所享有的，在同等条件下优先于其他当事人而购买房屋的权利。房屋承租人优先购买权的规范基础为《民法典》第 726 条、第 727 条、第 728 条。司法实践中，可结合规范内容进行分类，探寻规范基础及对应的要件事实，从而进一步对争点进行整理。

（一）一般要件及限制的争点整理

《民法典》第 726 条内容为规范出租人向第三人出卖租赁房屋时，承租人行使优先购买权的一般要件及其限制，包含了优先购买权的成立要件、行使要件、行使限制和除斥期间等内容。

关于规范中成立要件的争点整理。本条的规范目的是维护承租人利用房屋进行居住或生产经营的稳定。由此可知，优先购买权是专属于承租人的权利，不能与房屋租赁合同相分离。因此，对于规范中的优先购买权成立所涉及的争点，其一为房屋租赁合同生效并存续，其二为权利行使主体为承租人。由此引申应注意以下情形：（1）房屋租赁合同是否存在不成立、无效、未生效、效力待定或者确定不发生效力的情形；（2）房屋租赁合同是否被依法解除或被视为解除，如房屋租赁合同因拖欠租金而被解除，或是出租人破产导致房屋租赁合同视为解除，在该种情况下则承租人不再享有优先购买权；（3）合法转租情况下的次承租人是否享有优先购买权。

关于规范中行使要件的争点整理。承租人主张行使优先购买权的，需要举证证明存在如下要件事实：其一是出租人具有出卖房屋的行为；其二是承租人同意以同等条件购买房屋。首先，出租人出卖租赁房屋为优先购买权行使的前提，具有下列事实的，可以认定出租人实施了出卖行为：（1）一般常见的房屋买卖行为；（2）出租人与抵押权人协议折价、变卖租赁房屋偿还债务的行为，因为在采用折价、变卖等方式实现抵押权的场合，抵押权人的目的是从抵押物的交换价值中优先受偿，其中交换价值实现的过程其实就是买卖房屋的过程；（3）出租人委托拍卖人拍卖租赁房屋的行为。但是，在出现赠予、互易、公用征收等事实时，承租人不得行使优先购买权。因为赠与为无偿法律行为，并不具有买卖合同等价有偿的特征。互易作为古老的以物易物方式在现代的延续，虽法律允许准用买卖的相关法律规定，但其与买卖仍有较大的区别，互易注重特定物之间的交换，而买卖注重价值的交换。公用目的而为的征收等，属于依照公法手段实现租赁房屋物权的强制转移，亦不属于买卖的范畴。在因分割房屋、投资入股、企业合并、企业分立、企业股东变更、企业向投资者分配利润、企业清算后分配剩余财产，导致房屋所有权转移的情形中，不认定为本规范中的“出卖”行为。其次，承租人以同等条件表示购买为优先购买权行使的条件，对应的争点为同等条件所包含的内容。在不损害出卖人利益的前提下，给承租人优先买受的机会，关键是优先购买权人的认购条件与其他买受人一致。其中，价格条件又是“同等条件”中最基本、最核心的条件，因为出租人出卖房屋，主要是从卖价上考虑，将同等价格条件视为主要条件符合公平原则。在价格条件相同的前提下，还需综合考虑一些特殊因素：（1）出租人与第三人约定履行从给付义务，如能以金钱计算，则应折合为金钱计入价格之中，如果不能以金钱计算，则优先购买权人应当证明能够履行同样的从给付义务，才能视为“同等条件”；（2）出卖人将整体房屋出售时，承租人只愿意购买其承租部分的房屋，不符合“同等条件”的要件；（3）承租人应具备法律、行政法规等对购房人资格设有的限制条件，否则不应视为同等条件；（4）应当以真实交易价格作为认定优先购买权中同等条件的依据。

关于规范中行使限制和除斥期间的争点整理。首先，行使限制即承租人不得行使优先购买权的两种情形，对应的争点为是否存在“房屋按份共有人行使优先购买权”及“出租人将房屋出卖给近亲属”作为阻却承租人行使优先购买权的情形。其次，《民法典》第726条第2款规定的15日，自出租人的通知到达承租人之日起计算，不适用有关诉讼时效中止、中断和延长的规定，其性质属于除斥期间。对应的争点为出租人是否适当履行通知义务及承租人是否在期限内表示购买，需要注意的问题如下：（1）出租人拍卖房屋时是否对承租人履行通知义务，包括在承租期内首次拍卖不成后，再次拍卖时的通知义务；（2）因双方对价格等条件存在分歧等原因，导致未订立买卖合同的，不能视为承租人放弃优先购买权，嗣后出租人如以等于或低于承租人同意的价格等条件与第三人订立买卖合同，承租人可以行使优先购买权。

（二）委托拍卖情形下的争点整理

《民法典》第 726 条所列的一般要件及限制，主要规范出租人通过协商方式向第三人出卖租赁房屋的情形。出租人委托拍卖人拍卖房屋的，优先购买权的行使问题适用《民法典》第 727 条及拍卖规则。法院在民事执行中强制拍卖租赁房屋的，优先购买权的行使规则适用《拍卖变卖财产规定》第 11 条、第 13 条或《最高人民法院关于人民法院网络司法拍卖若干问题的规定》的相关规定。

《民法典》第 727 条规范基础对应争点即在拍卖情形下，优先购买权的行使是否符合拍卖规则。需要注意的问题如下：（1）出租人拍卖房屋时对承租人的通知义务是否包括在承租期内首次拍卖不成后，再次拍卖时的通知义务；（2）破产程序中对资产委托变卖，承租人没有按照要求提交报名手续和交纳相应保证金的，是否应视为放弃行使优先购买权。

（三）优先购买权受到侵害的法律后果争点整理

《民法典》第 728 条为规范出租人违反通知义务等情形时的赔偿责任及违反通知义务对出租人与第三人的房屋买卖合同效力的影响，由此可知，该规范基础对应的争点如下：一是侵犯优先购买权是否影响出租人与第三人的买卖合同效力；二是损害赔偿的范围如何确定。

首先，优先购买权对出租人处分权利的限制是优先权人即承租人与出租人之间的内部关系，出租人对外出卖房屋并不构成无权处分。即使第三人非善意购买房屋，在第三人和出租人不构成恶意串通的情况下，侵犯优先购买权不影响购买合同的效力。故第一个争点对应的审查要点即是否可排除存在第三人与出租人恶意串通侵犯承租人优先购买权的情形。

其次，优先购买权系附随于房屋租赁关系的产生而发生的一种附从性权利、不确定权利或机会权利，因此侵犯优先购买权实则使承租人丧失了缔约的机会，故承租人以出租人侵害优先购买权为由请求赔偿损失的，按照缔约过失责任确定出租人的赔偿范围。故第二个争点对应的审查要点即证明存在实际损害。承租人优先购买权机会的丧失产生的损失主要为另外寻租的费用、搬家的费用、购买其他不动产超过行使优先购买权的价格差额等。

第二节　一般争点整理与认定

争点1：买卖不破租赁原则以真实有效的租赁关系为适用条件

在诉争房产所有权转移时该房产上的租赁合同合法有效存在这一事实已认定清楚的前提下，诉争房产所有人购得该房产时清楚诉争房产上存在租赁合同，且其未对上述两份租赁合同的真实合法性提出任何异议的，依据现行法律规定，租赁物在租赁期间发生所有权变动的，不影响租赁合同的效力。

《民法典》第725条规定："租赁物在承租人按照租赁合同占有期限内发生所有权变动的，不影响租赁合同的效力。"该条规定源于《合同法》第229条，即"租赁物在租赁期间发生所有权变动的，不影响租赁合同的效力"。该条的立法目的在于保护租赁关系的稳定性，在这点上《民法典》与《合同法》的价值判断基本是一致的。在法律规范的表述层面，《民法典》将《合同法》所规定"租赁期间"修改为"按照租赁合同占有期限内"，增加了承租人实际占有租赁房屋这一要件，起到了防范道德风险的作用。"买卖不破租赁"仅适用于合法有效的租赁合同。该制度的目的是给予处于弱势一方的承租人以特别保护，维护租赁关系的稳定性，其所特别保护的法益显然只能是合法利益。如果租赁合同无效，即便承租人实际占有租赁物，也不能主张"买卖不破租赁"。

争点2：买卖不破租赁以承租人占有的事实状态为前提，而不以租赁合同登记备案为必要

"买卖不破租赁"以承租人实际占有租赁物为前提。租赁合同系诺成性合同，合同成立并生效时可能承租人尚未实际占有租赁物，抑或在租赁合同履行期间由于履行障碍等原因，承租人实际丧失对租赁物的占有。租赁物在

交付给承租人之前或者承租人已经不再占有租赁物时，租赁权欠缺公示方法，第三人也难以知晓租赁权的存在，不宜赋予租赁权以对抗力。因此，出于保护交易安全的考虑，《民法典》明确将承租人未占有租赁物的情形排除在了买卖不破租赁的适用范围之外。

并且《民法典》第 405 条和第 725 条均规定了承租人实际占有房屋这一要件，保持了规范的一致性，即租赁权均需要占有公示才有对抗效力。因此依照《民法典》，当事人无论是主张正常买卖关系下的“买卖不破租赁”，还是实现抵押权程序或者被执行而“拍卖、变卖”关系下的“买卖不破租赁”，均不仅要证明与出租人建立了有效的租赁关系，还需要证明在所有权变动之前或者抵押等权利负担设定之前已经实际占有了租赁房屋。

租赁合同登记备案是有关部门行政管理职能的体现，不是租赁合同生效的要件。出租人将租赁物转让给买受人时，依据诚信原则和先合同义务，负有向买受人披露或者告知租赁关系存在的义务。因出租人怠于行使或者故意隐瞒租赁关系的存在，不利后果不能由承租人承担。而且，该项原则的立法本意是保护承租人的利益。故不应对租赁合同作出必须经过登记备案的限制性规定。

争点 3：存在重大违约行为的承租人不能享有优先承租权

权利是法律赋予主体享有或取得一定利益的资格和限度。参照优先购买权相关理论，限定能够主张优先承租权的当事人应为租赁合同关系中出租人的相对当事人。实践中享有行使优先承租权的主体也只能是承租人，而不能是承租人以外的其他人，包括转租合同的当事人。同时，从理论上赋予出租人一定的豁免理由也符合公平的原则。为了维护双方当事人的权益，需要合理地分配权利义务，在承租人享有优先承租权的情形下，亦应当赋予出租人享有对抗优先承租权的豁免理由。正当理由包括承租人的重大违约行为，例如，不按规定支付租金、未经出租人同意擅自改变租赁房屋的用途等重大的不当行为。即承租人必须在租赁合同履行期间内没有重大违约行为，按合同约定谨慎履行自己的合同义务；如果其在合同履行期内存在不按期缴纳租金或者拒付租金，或存在转租等违反合同约定的行为，此时，如果再保障其优先承租权就会损害出租人的权益，因此根本违约的承租人无权享有该权利。此外，承租人违约行为必须是重大违约行为，一般的违约行为如履行有瑕疵但又不影响合同履行效果的不构成根本违约，不影响优先承租权的享有。司法实践中，对承租人的违约行为应该严格由人民法院认定，认定的标准就是是否违反合同的明确约定而导致出租人的权益严重受损或者因违约致使合同无法继续履行。

争点 4：承租人主张优先承租权以出租人具有出租意愿为前提

《民法典》第 734 条规定："租赁期限届满，承租人继续使用租赁物，出租人没有提出异议的，原租赁合同继续有效，但是租赁期限为不定期。租赁期限届满，房屋承租人享有以同等条件优先承租的权利。" 其中的第 2 款规定了在租赁期限届满时，房屋的承租人享有以同等条件优先承租的权利。原《合同法》第 236 条规定："租赁期间届满，承租人继续使用租赁物，出租人没有提出异议的，原租赁合同继续有效，但租赁期限为不定期。"《民法典》第 734 条第 1 款继承了原《合同法》第 236 条的规定，仅就个别文字进行了调整，第 2 款总结吸收了一些地方性法规中关于优先承租权的内容，是此次《民法典》编纂中新增的规定。优先承租权，是指在租赁关系中，租赁期限届满，原房屋承租人在同等条件下有优先承租的权利。其性质类似于优先购买权，均属于法定优先权。该项权利的行使需要符合以下条件：第一，租赁物须是房屋。第二，出租人须有继续出租房屋的主观意愿和客观条件。第三，承租人应及时向出租人作出继续租赁房屋的意思表示。第四，须符合"同等条件"。

出租人存在继续出租的意愿是承租人主张优先承租权的前提，属于承租人的举证责任范围。法定优先承租权的实质是法定的优先缔约权，即当出租人继续出租房屋时，承租人享有以同等条件优先缔结租赁协议以实现续租的权利，若出租人主观或客观上不继续出租房屋，如出租人收回房屋自用、房屋长时间无人承租等情况，出租人将不再与他人缔结租赁协议，优先缔约权则无从谈起。出租人对出租房屋具有处分权，有权在租赁期届满后决定是继续出租房屋还是自己居住，抑或任其空置。在租赁期限届满后，出租人如果明确表示其将不再出租房屋的，承租人不得以享有优先承租权为由加以阻却；而在客观方面，如果房屋在租赁期间被查封、拍卖、出售等，承租人又未行使优先购买权的，或当并非房屋所有人的出租人在租赁期限届满前失去了对房屋的使用、收益权限的，也将导致承租人无法继续签订房屋租赁合同。另外，承租人享有的优先承租权不能损害出租人的权益，这只有在出租人继续出租房屋的情况下才能成立，若出租人需要自用房屋或自租赁期限届满后房屋已长期无人承租，承租人主张优先承租权将损害或过分限制出租人对房屋的物权。实践中，可以综合考虑出租人是否已经收回房屋自用、房屋是否处于长期无人承租的状态，并结合出租人与承租人对续租合同的沟通情况等情形分析，以防止法定优先承租权制度形同虚设。[①]

争点 5：未形成租赁权转让关系的转租合同次承租人无权主张行使优先承租权

次承租人是否享有优先承租权因承租人采取转租或租赁权转让两种不同的处分行为而不同。房屋转租，是指承租人不退出租赁关系而将房屋另行出租给他人使用并获得收益的行为。根据《民法典》第 716 条及第 718 条的规定，房屋转租合同的主要特征如下：（1）涉及出租人、承租人、次承租人三方当事人的权利义务关系。房屋转租合同的成立，须以出租人同意为条件，未经出租人同意承租人转租租赁房屋的属违法转租。承租人对次承租人的房屋使用行为向出租人负责。（2）存在出租合同与转租合同两份房屋租赁合同，两者关系密切。其一，两份合同的标的物具有叠合性，转租合同的标的物就是出租合同标的物的全部或一部分。其二，房屋出租合同的效力关涉转租合同的效力和次承租人的租赁权能否有效产生并具备对抗第三人的效力。其三，出租合同的租期决定着转租合同的租期，转租合同的租期应当短于或等于出租合同的租期；非经出租人同意，转租合同的租期超过出租合同租期的，超过部分无效。（3）房屋转租合同是以出租合同为前提的独立的合同，是承租

① 参见中共中央宣传部宣传教育司、全国人大常委会法制工作委员会民法室、司法部普法与依法治理局编：《〈中华人民共和国民法典〉合同编学习读本（上）》，中国民主与法制出版社 2021 年版，第 596~597 页。

人以其在出租合同中拥有的权利范围为基础，与次承租人自由协商订立的合同。该合同不能对出租人的权利义务加以限制，效力仅及于承租人和次承租人。房屋租赁权转让，是指承租人将租赁权转让给第三人，承租人退出租赁关系，租赁关系存续于受让人与出租人之间，承租人不再享有租赁合同的权利，除掉对其在已租用房屋期间的使用行为负责、承担相关费用外，承租人亦不再承担合同义务。房屋租赁权转让名为权利转让，实质是承租人将其在租赁合同中的权利义务概括转让给第三人，由第三人接替原承租人的合同地位。房屋租赁权的转让与房屋转租在外观上虽然相似，但法律性质是不同的，主要区别在于：第一，在租赁权转让中，承租人退出租赁关系，不再是当事人，而在房屋转租中，承租人不退出租赁关系，仍然承担租赁合同的权利义务。第二，租赁权转让后，仍仅有一个房屋租赁合同，只是承租人主体变化，续租人与出租人之间产生直接的权利义务关系。而在房屋转租后，存在两个租赁合同关系，虽然转租合同以出租合同为基础，并有承租人、标的房屋作为两份合同的连接点，但根据合同相对性原理，出租人与次承租人间并没有直接的权利义务关系。第三，房屋租赁权转让后，合同权利义务内容一般不发生变化。而在房屋转租中，承租人往往与次承租人订立权利义务内容与出租合同不一样的转租合同，或将标的房屋分割转租，或提高租金，或缩短租期等。第四，《民法典》第555条规定，当事人一方经对方同意，可以将自己在合同中的权利和义务一并转让给第三人。因此，在房屋租赁权转让中，承租人须征得出租人同意，才能由续租人接替其地位。这种同意系出租人对合同相对方变更的同意，直接指向续租人的合同主体资格。而在转租中，出租人的同意包括转租前概括的同意和转租条件谈妥后具体的同意，虽然后种同意有时含有挑选次承租人的内容，但这些同意都仅是对承租人转租行为的同意，并不包含对次承租人合同主体资格的认可，对次承租人签约地位的认可由承租人进行。在上述各项区别中，承租人是否退出租赁关系，往往最能清晰地表现当事人之间是转租抑或租赁权转让。第五，从权利性质上看，优先承租权是一种形成权，优先承租权人可以依照自己一方的意思，形成以义务人（出租人）与第三人协商内容同等条件为内容的合同，无须义务人作出承诺。承租人行使优先承租权后，就依法排除了出租人将其房屋出租给他人的可能，而在双方之间形成了租赁的权利义务关系。承租人主张优先租赁权时，与尚未搬入的第三人相比，上述法益仍应由承租人所享有。当承租人处分租赁权的行为属租赁权转让而非转租，次承租人取得承租人地位后，依法享有优先承租权，在出租人又与第三人订立租赁合同后，后承租人可以主张优先权，直接以同等条件与出租人订立继续租赁房屋的合同。第三人可以另行向出租人主张不能履行的违约责任。

争点 6：出租人侵害承租人的优先承租权，承租人的救济方式

虽然《民法典》就优先承租权的适用程序、法律效力等没有进一步作出更为详细的规定，但从优先承租权的立法目的、权利来源以及司法实践经验来看，优先承租权的性质应当仍然属于一种债权请求权。优先承租权和承租人优先购买权的立法目的都是基于对承租人继续稳定地使用租赁房屋的保护，我国关于承租人优先购买权的规定仅是一项债权请求权，不具有对抗第三人的效力，因此从体系解释的角度看，优先承租权应当也不能直接对抗第三人，只在出租人和承租人之间发生法律效力。[①] 故出租人违反《民法典》第 734 条第 2 款规定，未以合理方式通知承租人，或者未给予承租人合理期限以决定是否继续承租，直接与第三人签订租赁合同，侵害承租人的优先承租权时，承租人应如何实现权利救济？对此可考虑参照 2009 年《房屋租赁合同解释》（法释〔2009〕11 号）第 21 条的规定，对承租人因此向出租人主张赔偿其遭受损失的，可以予以支持，但对承租人因此要求确认出租人与第三人签订的租赁合同无效的，一般不应予以支持，除非承租人可以证明出租人与第三人之间存在《民法典》第 154 条规定的情形。即，优先承租权不具有对抗善意第三人的效力，也不能影响出租人与第三人订立的房屋租赁合同的效力。由于优先承租权所保护的是承租人对房屋的占有状态，因此，应当以承租人是否占有房屋作为对优先承租权救济方式的区分标志。在承租人依然占有房屋的情况下，一旦承租人满足了同样希望租赁房屋者的同等条件，只要出租人有继续租赁房屋的意愿，那么其必须与承租人签订并履行房屋租赁合同，而不得将房屋出租给其他人。出租人拒绝的，承租人有权要求其缔约并履行。如果出租人已经与其他人订立了房屋租赁合同，新订立的房屋租赁合同依然

① 江必新主编：《中华人民共和国民法典适用与实务讲座》（上册），人民法院出版社 2020 年版，第 600~601 页。

有效，但是出租人因为无法履行该合同，须承担违约责任。在承租人丧失了对房屋的占有时，优先承租权即告消灭，出租人应就侵犯承租人的优先承租权承担赔偿责任。例如，出租人以自己居住为由不与承租人签订续租合同，在承租人搬离后又将房屋租赁给其他人的，应就其侵犯原承租人优先[①]承租权的行为承担赔偿责任。

争点 7：次承租人不享有优先购买权

房屋承租人的优先购买权是一项法定优先权，带有极强的人身属性，其行使主体仅限于承租人本人，不得转让。存在转租情形，出租人出卖租赁房屋，次承租人主张优先购买权的，不予支持。承租人未经出租人同意转租，出租人未解除租赁合同的，不影响承租人主张优先购买权。

有观点认为，次承租人基于合法转租合同，现实地占有租赁房屋并使用、收益，其必然围绕着租赁房屋在社会上形成了一定的生产、生活等方面的特定关系，可以说其生产、生活对于出租房屋已存在一种依赖。将这种既存的社会关系稳定下来，避免因出租房屋所有权的任意处分而使次承租人生活发生大的变动，应赋予次承租人顺位在先的先买权。承租人在转租房屋的同时，已将房屋的优先购买权一并转移，由次承租人实际享有房屋的优先购买权，承租人不再享有房屋的优先购买权。[②]

我们倾向认为，承租人优先购买权的功能是稳定房屋使用关系，维护既存的财产占有关系。承租人基于合同取得了占有使用的权利，尽管其通过转租放弃了直接占有，但其基于转租合同请求返还占有的权利，仍然属于优先购买权的保护范围。

同时，承租人的优先购买权是依法产生的，而不是根据当事人之间的合同约定产生的，只能属于特定人即与出租人具有直接租赁关系的承租人所享有，具有一定的专属性，不能将该权利转让给他人享有。次承租人与出租人之间并无合同关系，出租人对其并无约定义务，也无法定义务，次承租人无

---

① 王利明主编：《中国民法典评注合同编》（第 3 册），人民法院出版社 2021 年版，第 1131 页。

② 任泰山、何文强：《房屋租赁关系中承租人、次承租人优先购买权顺位探讨》，载《当代法学》2003 年第 7 期。

行使优先购买权的基础。租赁关系存续期间，因出租人与次承租人不存在直接权利义务关系，出租人欲出卖租赁物时，即使承租人放弃优先购买权，次承租人仍不享有该项权利。因此，无论转租是否经过出租人同意，次承租人都不能取得优先购买权。

争点 8：承租人对公司合并、分立转移的房产不享有优先购买权

承租人主张优先购买权的前提应为出租人出卖租赁房屋，承租人对公司因合并或分立而转移的房产不享有优先购买权。

在出卖人出卖标的物之前，优先购买权仅表现为一种可能性。只有在出卖人出卖标的物这一特定法律事实出现时，优先购买权人才能行使优先购买权，使此权利由可能性变为现实性。

对于因公司分立而发生的房屋所有权转移的性质可从以下两方面进行分析。

首先，公司分立的法律特征。《公司法》第 175 条规定，公司分立，其财产作相应的分割。派生分立，是指原公司仍然存在且将原公司的一部分分出去[①]成立一个新公司的法律行为。派生分立的形式下，原有公司由于分出去一部分，原有公司的股东人数、资金数额、生产规模等方面会发生变化，在这种情况下，原来的公司应当进行变更登记。

其次，公司分立的会计处理特点。会计学上认为，第一，在分立过程中，不存在股权和控制权向第三者转移的情况。无论分立方，还是被分立方，最终实施控制的股东，均为被分立方的现有股东。现有股东可同时享有分立方、被分立方的股份，当存在协议转让时，现有股东可选择转换为被分立方的股份，也可选择转换为分立方的股份。第二，在分立过程中，没有货币的转手，公司的资产也没有进行重估，只是权益在两个独立的实体中划分。公司分立不属于交易，而是内部资产、负债的重新组合，从最终实施控制方的角度来看，其所能够实施控制的净资产，没有发生变化。第三，分立发生于关联方之间，交易作价往往不公允，难以用双方议定的价格作为核算基础。[②]

---

① 赵文龙：《论公司分立》，载《现代商业》2012 年第 18 期。

② 杜宇、郑智杨：《承租人对公司分立转移的房产不享有优先购买权》，载《人民司法》2010 年第 8 期。

综上所述，公司分立过程中的房产转移不属于买卖。买卖，是指出卖人转移买卖标的的所有权于买受人，买受人支付货款的行为。从上述公司法及会计学中对公司分立的特征阐述内容可知，公司分立过程中的房产转移应属于财产在内部进行的划分，而非向外进行的转让，而原公司和分立后公司签订的房地产转让合同，并未具备买卖交易的意思表示，而是为了实现房屋所有权转移登记手续完成的操作，故承租人对因分立转移的房产不享有优先购买权。与上述理由相一致，因公司合并而发生的房产转移实质上亦不属于买卖范畴，因而并不存在优先购买权的适用空间。

争点 9：售后返租模式下，因开发商无法办理房屋产权证而解除房屋买卖合同的，承租人不具备行使优先购买权的条件

不动产物权的设立、变更、转让和消灭，经依法登记，发生效力；未经登记，不发生效力。开发商因违约无法办理房屋产权证，购房者在解除商品房买卖合同时尚未取得涉案房屋的所有权，其解除商品房买卖合同并不涉及处分涉案房屋的所有权，不属于租赁房屋的转让，无须事先征得承租人的书面同意，也未侵害承租人的优先购买权。

售后返租为近年一些商业综合体的销售模式，即开发商在销售房屋的同时，由其关联的物业管理公司承租所售房屋，再统一对外招租，以便于商业综合体统一经营、统一管理、规模化经营。购房者因为开发商违约，而解除了房屋买卖合同不构成对承租人优先购买权的侵害。优先购买权即承租人在出租人出卖所承租房屋时，同等条件下享有优先于第三人购买所承租房屋的权利，在出租人解除买卖合同，将租赁房屋退给原房屋所有权人时，则无行使优先购买权的余地。优先购买权制度的设立，追求的主要是生存和安全价值，是对一种基本社会秩序的维护，维护和稳定既有经济秩序，充分发挥财产的使用效能，是为了弥补承租人使用权与出租人所有权相分离的矛盾，而不是对出租人所有权的限制，更不能对出租人解除房屋买卖合同加以限制。①

① 全克滨、牛国梁编：《房屋租赁案件审判参考》，人民法院出版社 2018 年版，第 304~305 页。

争点10：出租人破产，管理人未解除合同的，承租人可以在破产程序中主张优先购买权

承租人优先购买权的成立要件包含房屋租赁合同生效且存续、房屋已经转移给承租人占有两部分内容，出租人是否进入破产程序不影响优先购买权的成立，但若房屋租赁合同在破产程序中被解除，则承租人优先购买权随之消灭。[①] 故承租人是否能在破产程序中主张优先购买权，应审查租赁合同的存续情况。

《企业破产法》第18条规定："人民法院受理破产申请后，管理人对破产申请受理前成立而债务人和对方当事人均未履行完毕的合同有权决定解除或者继续履行……管理人自破产申请受理之日起二个月内未通知对方当事人，或者自收到对方当事人催告之日起三十日内未答复的，视为解除合同。"破产管理人对破产申请受理前成立而债务人和对方当事人均未履行完毕的合同，有权决定继续履行或者解除合同，若管理人决定解除房屋租赁合同或怠于行使选择权使房屋租赁合同视为解除，则承租人优先购买权因合同解除而丧失存在的基础进而归于消灭。司法实践中，因破产拍卖、变卖程序历时较长，破产管理人往往基于可实现利益的考虑，对于履行情况良好的房屋租赁合同，会向承租人作出房屋租赁合同继续履行至破产程序终结之日才解除的意思表示，在此情况下，在破产程序终结之前的拍卖、变卖程序中，房屋租赁合同仍对双方具有约束力，依据《民法典》第726条的规定，承租人依法对其承租房屋享有优先购买权，承租人可在破产程序中主张行使该权利。

争点11：出租人与购房人签订备案价格与实际价格不同的两份房屋买卖合同，应以真实意思表示价格作为认定"同等条件"的依据

实践中存在两种观点：第一种观点认为，应当以备案合同价格作为认定同等条件的依据。理由是备案合同价格是房地产交易中心用于办理房产证和

---

① 戴孟勇：《〈民法典〉第726条（房屋承租人优先购买权）评注》，载《清华法学》2023年第4期。

交纳契税的依据，具有公示效力，且以备案价格作为认定依据，有利于惩罚规避税费的行为。第二种观点认为，应当以实际交易价格作为认定同等条件的依据。理由是实际交易价格是当事人真实意思表示，应当予以尊重。①

我们倾向认为可从以下几方面进行分析认定：首先，同等条件为优先购买权行使的基础。承租人优先购买权具有法定性，由法律来规定，而非当事人自由创设。优先购买权作为承租人所享有的一项权利，已然是对出租人处分出租房屋时的一种限制和约束，因此同等条件是优先购买权行使的基础，若非如此则对所有权人的合法权益形成损害。而同等条件中的核心要素即出卖房屋的价格条件。

其次，价低的备案合同中的价格条款往往为买卖双方为规避税费等而形成的虚伪意思表示，应属无效。《民法典》第146条规定，行为人与相对人以虚假的意思表示实施的民事法律行为无效。虚伪表示属于故意的意思与表示不一致，即表意人在明知自己欠缺与表示内容一致的效果意思时作出意思表示。故在双方均知晓该表示的法律效果并非真意的情形下，如认定为有效，与意思自治原则不符，且法律应表达对此种通谋行为的否定性评价。

最后，应以真实意思表示作为认定同等条件的依据。出租人告知享有优先购买权的承租人的房价必须等同于其卖给第三人的房价，不能与第三人串通后故意抬高房价，继而变相提高同等条件。真实意思表示是民事法律行为的核心要素，如价格、付款方式等与真实的约定不一致时，应以双方当事人的真实意思表示为准，非真实意思表示的条款对双方当事人没有法律约束力。房屋的真实成交价格应按买卖合同双方当事人的真实意思来认定，而逃避税收并不是双方订立房屋买卖合同的目的。

综上所述，应当以真实交易价格作为认定同等条件的依据。对于当事人的避税行为，受诉法院可向有关部门进行司法建议，但不影响对“同等条件”的认定。

---

① 吴庆宝主编：《最高人民法院专家法官阐释民商裁判疑难问题（增订版）：合同裁判指导卷》，中国法制出版社2011年版，第50~51页。

争点 12：出租人出卖租赁房屋的，承租人享有的优先购买权不能对抗出租人近亲属的优先权

出租人出售出租房屋，其近亲属尽管不是出卖物的共有人，但却与出卖人具有血缘上的、亲属身份上的特定利益关系。出租人出卖自己的不动产，准许其近亲属优先购买，符合优先购买权确立的保护物权人近亲属利益的目的。[①]我国是靠亲情和人情为纽带联系起来的熟人社会，人们在经济交往中，亲情关系往往是交换价值确定的重要考虑因素，具有浓厚的人身色彩，与纯粹的买卖关系终究有所不同。立足国情，将出租人出卖房屋给近亲属的情况，列为出租人出售房屋的特别方式，排除承租人优先购买权，有利于促进家庭和睦和社会稳定，符合构建和谐社会的发展要求。这里的“近亲属”主要是指配偶、父母、子女、兄弟姐妹、祖父母、外祖父母、孙子女、外孙子女等。

争点 13：承租人的优先购买权不能对抗共有人的优先购买权

承租人优先购买权指向的是作为租赁标的物的房屋，其不能就共有房屋份额主张优先购买权，故在共有人仅就其所享有的共有房屋份额转让的情况下，不存在共有人与承租人优先购买权竞合的问题。在出租人出售作为租赁标的物的房屋，即共有财产而非共有份额的情况下，在同等条件下共有人的优先购买权要更优于承租人。

一方面，共有人优先购买权与承租人优先购买权性质不同，共有人优先购买权源于《民法典》的规定，是基于共有的物权关系而发生，属于物权法上的优先购买权，具有物权效力。承租人优先购买权则以租赁合同关系为基础，是承租人基于合同法的规定而享有的权利，尽管租赁权是一种物权化的债权，但其本质上仍然是债权，承租人的优先购买权属于债权效力的优先购买权。[②]基于物权优先于债权的原则，共有人优先购买权自然优先于承租人的

---

① 杨立新、韩煦：《近亲属优先购买权及适用》，载《法律适用》2013 年第 10 期。

② 最高人民法院民法典贯彻实施工作领导小组主编：《中华人民共和国民法典合同编理解与适用（三）》，人民法院出版社 2020 年版，第 1560 页。

优先购买权。基于共有人的优先购买权的物权效力，共有人不仅有优先取得共有物的权利，而且其优先购买权可以对抗第三人。未保障其优先购买权的行为，构成对物权的侵害，应当归于无效。承租人的优先购买权由于仅具有债权效力，不能对抗第三人。在出卖人履行与第三人订立的房屋买卖合同时，承租人不能主张买卖行为无效，而只能主张赔偿损失。

另一方面，优先购买权的设立目的是保持已经存在的法律关系，维护法律关系的稳定，在共有人和承租人都可以主张优先购买权的情形下，表明共有人和承租人之间已经产生纠纷，如果让承租人行使优先购买权，再进入共有关系，可能导致原共有人与新加入共有人之间的纠纷升级，矛盾激化。如果承租人不行使优先购买权，在“买卖不破租赁”原则的保护下，对承租人的租赁关系也不产生实质影响。因此，在房屋共有人行使优先购买权时，承租人优先购买权不能行使。

由此可见，共有人主张优先购买权的，共有人的优先购买权优于承租人的优先购买权，承租人的优先购买权不能对抗共有人的优先购买权。

争点 14：承租人应在收到出租人通知后 15 日内作出行使优先购买权的意思表示

在租赁合同的存续期间，出租人出卖租赁房屋的，承租人享有以同等条件优先购买的权利，但是承租人需要在一定期限内行使优先购买权。

有关出租人履行通知义务的期限，《民通意见》第 118 条规定，出租人出卖出租房屋，应提前三个月通知承租人。考虑到 3 个月的时间过长，不利于出租人利益的保护和经济效率的提升，《合同法》规定为合理期限，根据租赁房屋的具体情况、交易习惯等因素综合确定期限内容。2008 年《最高人民法院关于废止 2007 年底以前发布的有关司法解释（第七批）的决定》废止了《民通意见》第 118 条。

《民法典》第 726 条规定，承租人在收到出租人通知后，应当在 15 日内作出购买的意思表示。此处的 15 日期限性质系除斥期间，不适用中止、中断及延长的规定。15 日期限届满，承租人未作出购买的意思表示的，则丧失优先购买权。故该 15 日期限可以理解为优先购买权行使的时间条件。承租人放弃优先购买权，可以明示，也可以默示。明示表现为出租人向承租人作出出卖房屋的意思表示后，或者承租人知道房屋出卖事实的，承租人明确表示不予购买；默示可以表现为出租人向承租人作出出卖房屋的意思表示后，承租人在规定的期限内没有买受租赁房屋的意思表示，从而构成法律意义上的放弃，产生丧失优先购买权的法律后果。

争点 15：出租人未明确告知出卖的确切条件，承租人的沉默不能当然视为放弃优先购买权

即使承租人明知出租人存在出售租赁物的意愿，且未明确表示购买，也不能当然视为放弃优先购买权。

《民法典》第 726 条规定，出租人履行通知义务后，承租人在 15 日内未明确表示购买的，视为承租人放弃优先购买权。该规范包含两层含义：一是出租人出售租赁物时有向承租人通知的义务；二是通知后承租人的沉默则构成放弃优先购买权的意思表示。

首先，放弃优先购买权的形式有两种，明示和默示。明示表现为出租人向承租人作出出卖房屋的意思表示后，或者承租人知道房屋出卖事实的，承租人明确表示不予购买；默示可以表现为出租人向承租人作出出卖房屋的意思表示后，或者承租人知道房屋出卖事实的，承租人在合理期限内没有买受系争房屋的意思表示，或表现为积极为出租人寻找买家，承租人另行寻找租赁房屋等。沉默只有在有法律规定、当事人约定或者符合当事人之间的交易习惯时，才可以视为意思表示，故若要认定承租人未作出明确购买的行为构成上述法定放弃优先购买权的意思表示，则须证明出租人已履行了规范要件中的通知义务。①

其次，出租人通知的目的在于使承租人知晓出卖房屋的事实，以便其充分考虑是否行使优先购买权及为行使权利进行必要的准备。就通知内容而言，应当根据优先购买权行使的“同等条件”的要求进行通知，包括出租人与第三人约定的价格条件、支付方式以及影响交易达成特别是出租人利益的其他

① 最高人民法院民法典贯彻实施工作领导小组编著：《中国民法典适用大全・总则卷（二）》，人民法院出版社 2022 年版，第 1203 页。

条件。出租人的通知内容应当具体、全面，出卖条件发生变化的，也应当及时通知。①

综上所述，虽出租人曾向承租人表示有意出卖租赁物，但并未告知其与第三人合同的价格条件、支付方式，未具体、全面履行通知义务，使承租人未能及时行使优先购买权，亦不能视为承租人以沉默的方式向出租人表达了放弃优先购买权的意思表示。

但同时也要看到出租人未履行通知义务，或者未在合理期限内履行通知义务，并不当然导致承租人不能行使优先购买权。通知并非承租人优先购买权的成立要件，出租人虽未通知，但承租人得知出租人出卖房屋情况的，仍然可以行使优先购买权。

争点 16：承租人不得以出租人侵犯其优先购买权为由请求确认出租人与第三人签订的房屋买卖合同无效

承租人的优先购买权不能对抗善意第三人，也不能申请确认第三人与出租人的买卖合同无效，侵害承租人优先权的救济方式为赔偿损失。②

承租人的优先购买权性质应确定为债权，归入附强制缔约义务的请求权范畴。优先购买权对出租人处分权利的限制是优先权人即承租人与出租人之间的内部关系，出租人对外出卖房屋并不构成无权处分。即使第三人非善意购买房屋，在第三人和出租人不构成恶意串通的情况下，《民法典》亦明确侵犯优先购买权不影响买卖合同的效力。

将房屋承租人的优先购买权设置为债权而非物权，是民法抽象价值原则的具体反映，是优先购买权人与交易双方利益之间博弈的产物。具体到房屋承租人优先购买权问题上，就是维护保护优先购买权与防止优先购买权滥用的平衡。民法基于公平公正的原则，设置优先购买权来保护先买权人权益，维护其所彰显的秩序与效率价值。但若保护尺度过大，就可能损害出卖方与

① 戴孟勇：《〈民法典〉第 726 条（房屋承租人优先购买权）评注》，载《清华法学》2023 年第 4 期。

② 最高人民法院民法典贯彻实施工作领导小组主编：《中华人民共和国民法典合同编理解与适用（三）》，人民法院出版社 2020 年版，第 1567~1570 页。

交易第三人的利益，挫伤交易相对方的积极性，不利于市场经济发展，也不符合民法的意思自治原则。法律是否赋予特定主体以优先购买权以及赋予该优先购买权何种程度的效力，取决于该特定主体是否需要特殊保护以及保护的程度。在法律已经规定“买卖不破租赁”原则的背景下，对承租人优先购买权的救济方式即损害赔偿，而无赋予承租人主张合同无效的权利。

争点 17：承租人优先购买权被侵害，应按照缔约过失责任确定损害赔偿范围

出租人侵害承租人优先购买权的，应当承担赔偿责任。

一是按照缔约过失责任确定出租人的赔偿范围。承租人的优先购买权性质应确定为债权，归入附强制缔约义务的请求权范畴。[①] 故承租人以出租人侵害优先购买权为由请求赔偿损失的，按照缔约过失责任确定出租人的赔偿范围。

根据法律规定的原意，优先购买权的设立，追求的主要是生存和安全价值，是一种对基本社会秩序的维护，而不仅是对出卖人所有权的限制。对优先购买权人而言，该项权利意味着购买机会上的优遇和排斥他人取得特定标的物所有权的保障。对于承租人而言，该机会的丧失最可能导致的后果不外乎承租人不得不另外寻租或购买其他不动产来代替该不动产，在另外寻租和购买其他不动产的过程中会有一些财产上的损害。所以，承租人优先购买权的机会丧失造成的损害范围是比较容易界定的，主要的也就是另外寻租的费用、搬家的费用、购买其他不动产所花费的超过行使优先购买权的费用差额等。[②] 简而言之，赔偿的范围包括实际支出的费用与机会成本的损失。在此应注意，对于机会成本损失的赔偿，需区别于合同成立情形下对期待利益的保护，在合同未成立的前提下，机会成本的损失为信赖利益的损失，故该部分损失不应完全等同于房屋价格差额。承租人主张的机会成本的损失是否合理，应当由法院、法官根据案件的实际情况进行自由裁量，可参考房屋价格差额

① 最高人民法院民事审判第一庭编著：《最高人民法院关于审理城镇房屋租赁合同纠纷案件司法解释的理解与适用》，人民法院出版社 2009 年版，第 286 页。

② 王丽莎：《承租人优先购买权的损害赔偿研究》，载《河北法学》2010 年第 5 期。

酌情减量支持。

二是认定房屋价格差额的计算依据需注意两方面的内容：一方面，计价时间节点应明确，即市场价格应为承租人得知房产被出售时的市场价格，而非出租人出售房屋时的市场价格。若实际出售至承租人得知出售的时间跨度较大，且存量房交易价格在该期间波动幅度较大，受诉法院难以通过同类房屋市场询价对比进行认定，可在确定时间节点的前提下进行评估鉴定，参考鉴定意见进行认定。

另一方面，需要注意应以真实的交易价格认定出售价格。在存量房交易实践中，通常会出现书面合同价格与真实交易价格不一致的情形，对于出租人与第三人所主张的与书面合同不一致的价格，受诉法院可结合书面合同内容、交易双方陈述、房产销售行业咨询等方式进行认定。若因打包捆绑出售而给予第三人较优惠价格，该价格应酌情认定并适当提高，以避免造成对出租人所有权的侵害。

争点 18：租赁合同当事人于合同中设立的仲裁条款不能限制承租人就行使优先购买权与出租人发生的争议向人民法院提起民事诉讼

《民事诉讼法》第 127 条第 2 项规定："双方当事人达成书面仲裁协议申请仲裁、不得向人民法院起诉的，告知原告向仲裁机构申请仲裁。"该条款为审查是否符合起诉条件的法律规范。双方当事人对合同纠纷自愿达成仲裁协议向仲裁机构申请仲裁，具有排除人民法院管辖的法律效力，但因承租人优先购买权产生的纠纷是否属于上述条款中因合同履行产生的纠纷，是否可由当事人自由选择纠纷解决的方式，则需结合承租人优先购买权的性质进行确定。

《民法典》第 726 条规定，出租人出卖租赁房屋的，应当在出卖之前的合理期限内通知承租人，承租人享有以同等条件优先购买的权利，这是承租人享有优先购买权的法律依据。房屋承租人优先购买权是法律赋予房屋承租人在一定条件下通过主张该权利来实现在同等条件下优先购买该租赁房屋的权利，是由法律直接规定的一项法定权利，并非由当事人设立，不以当事人意思表示为条件。即使在租赁合同中约定了相关条款，租赁期间出租人出售租赁房屋的事实并非必然发生，在法律赋予承租人优先购买权的条件下，承租人仍然可以选择是否行使这一权利。可见承租人的优先购买权不属于租赁合同双方当事人约定的权利义务范畴。承租人因行使优先购买权而与出租人发生的争议，与双方因履行合同约定而发生的争议属于两个不同的法律关系，故出租人和承租人在租赁合同中就履行合同发生纠纷所约定的解决方式，并不能限制承租人因主张优先购买权而向人民法院提起民事诉讼。[①]

第三节　法律适用中的疑难问题

问题 1:“买卖不破租赁”原则的适用不受买受人购得房产时是否清楚租赁合同的存在及是否提出异议影响

一般认为，租赁权是物权化的债权，承租人行使租赁权主要体现在对租赁物的使用、收益，对人的依赖较弱而对物的依存较强，出租人变动对于承租人使用租赁物并不具有特别意义。在发生租赁期限内转移租赁物所有权即所谓“先租后卖”时，受让人在受让该租赁物的所有权时就与承租人产生了租赁合同关系而成为一个新的出租人，继受原出租人的权利和义务，即买受人承受原租赁合同成为原租赁合同的当事人，而原出租人则脱离租赁合同。故“不影响租赁合同的效力”指向原先存在于出租人和承租人间的租赁合同，与所有权发生变更后存在于买受人和承租人之间的租赁合同保持债的同一性，合同效力不受影响。

根据《民法典》第 725 条规定，“买卖不破租赁”原则包括以下三个方面。

---

① 中华人民共和国最高人民法院民事审判第一庭编:《民事审判指导与参考》(总第 31 辑)，法律出版社 2007 年版，第 207~212 页。

第一，租赁物发生了所有权的变动。所谓租赁物发生了所有权的变动，是指对租赁物享有所有权的人，通过某种方式，将对租赁物的所有权转移给承租人以外的第三人享有，自己不再享有所有权。在买卖合同生效后，租赁房屋不再属于出租人所有，而归属于购买房屋的人所有。“买卖不破租赁”中的“买卖”应当作扩张解释，不仅包括买卖这种典型的转移租赁物所有权的形式，也包括赠与、出资、继承、互换等其他导致所有权变动的行为。

第二，租赁物所有权的变动应当在租赁合同期限内发生。所谓租赁期限，是指租赁合同的有效期。只有在租赁期限内发生的所有权变动，才符合“买卖不破租赁”规则的要求。如果在订立租赁合同之前，租赁物就发生了所有权的变动，则该租赁合同构成无所有权之人的无权处分；如果在租赁关系结束后，租赁物发生了所有权的变动，则因原承租人对该租赁物不再享有权利，对原租赁关系、原承租人不产生任何影响。

第三，租赁物所有权的变动不影响租赁合同的效力。依据本条的规定，“买卖不破租赁”的效果是“不影响租赁合同的效力”。所谓租赁合同的效力，是指在租赁物上设定的租赁合同对该租赁物出租人和承租人的法律约束力。对于如何理解“不影响租赁合同的效力”，在学理上存在法定概括转移说、有权占有说和折中说三种主要的观点。法定概括移转说认为，租赁物的权利发生变动后，买受人和承租人将成为新的合同当事人，原出租人的权利义务将概括移转给买受人。有权占有说认为，所谓“不影响租赁合同效力”，是指租赁物的权利发生变动后，承租人根据原租赁合同而取得的对标的物占有的权利继续有效，其并可以以此对抗租赁物的买受人。折中说认为，应当区分租赁物受让人是否知道标的物已经出租的事实：如果受让人在订立合同时并不知道标的物已经出租的事实，则承租人的权利不能对抗租赁物的买受人；如果买受人在订立合同时知道标的物已经出租的事实而仍然购买，则承租人有权对抗租赁物的买受人。有些国家的法律采纳了这一观点，如在瑞典法律中，在原则上，承租人的权利不能被当作一项专有权利而得到保护，但承租人可以其权利对抗知悉租赁事实存在的新所有权人。我国民法采取的“法定契约承受”说，即法定概括移转说，因而“买卖不破租赁”原则的适用，不受买受人购得房产时是否清楚租赁合同的存在及是否提出异议影响。这意味着租赁物所有权发生变动后，原出租人与承租人订立的租赁合同并不因此而终止，就租赁物所订立的租赁合同仍然延续其法律拘束力，只不过由于租赁物所有人发生变动，由新的所有人取代原所有人居于出租人地位，继续享有租赁合同规定的权利，履行租赁合同规定的义务，而原出租人的权利义务相应地由新的所有人承继。[①]

【规范指引】

《民法典》第 725 条。

【案例】某物业公司诉某投资公司、某商贸公司租赁合同纠纷抗诉案[②]

2003 年 10 月，某商贸公司取得某大厦的所有权证书。2003 年 10 月 10 日，某物业公司与某商贸公司签订《写字楼租赁合同》，租赁期为 2003 年至 2023 年。合同签订后，某物业公司出资进行装修并出租，其中一层、二层租赁合同期限均至 2016 年。2008 年，诉争房产过户给银行用以抵偿所欠借款本金及利息。2010 年 6 月 23 日，银行委托某拍卖公司就案涉大厦 b 座一层至三层进行拍卖。某投资公司拍得诉争房产，于当日签订拍卖确认书，2010 年 12 月 17 日取得所有权证书。《委托拍卖合同》中第 27 条明确规定本合同附件包括现有房屋租赁人之租赁合同。《拍卖公告》中明确"拍卖标的实物和权属以实际现状为准"，在某投资公司签订的《拍卖成交确认书》中明确"买受人在拍卖展示期间已对拍卖标的认真看样咨询，对标的瑕疵现状表示认同"。2011 年 5 月，某投资公司向承租商户通告产权变更状况，要求各租户腾退房屋。某物业公司诉请某投资公司继续履行《写字楼租赁合同》、赔偿损失等；某投资公司则反诉主张某物业公司将某大厦一层、二层房产腾空并交还等。法院审理后驳回某投资公司的反诉请求。

【分析】

在诉争房产所有权转移时该房产上的租赁合同合法有效存在这一事实已认定清楚的前提下，诉争房产所有人购得该房产时清楚诉争房产上存在租赁合同，且其未对上述两份租赁合同的真实合法性提出任何异议的，依据《民法典》第 725 条规定，租赁物在租赁期间发生所有权变动的，不影响租赁合同的效力。本案中，在委托拍卖的活动中，拍卖公司在《标的说明》中对诉

---

① 最高人民法院民法典贯彻实施工作领导小组主编:《中华人民共和国民法典合同编理解与适用（三）》，人民法院出版社 2020 年版，第 1550~1551 页。

② 参见北京市海淀区人民法院（2011）海民初字第 15106 号民事判决书、北京市第一中级人民法院（2011）一中民终字第 14645 号民事判决书、北京市高级人民法院（2012）高民提字第 4590 号民事判决书、最高人民法院（2014）民抗字第 23 号民事判决书。

争房产一层、二层处于租赁之中的状态作了特别说明，某投资公司参与竞拍时也签字确认亲自勘察和充分了解拍卖标的物，对标的的实际状况都完全清楚，上述两份租赁合同也系其向法院提交的。某投资公司参与竞拍时即清楚诉争房产上存在上述两份租赁合同，且其未对上述两份租赁合同的真实合法性提出任何异议，而根据《合同法》第229条[①]的规定，租赁物在租赁期间发生所有权变动的，不影响租赁合同的效力，故某投资公司要求判令某物业公司将诉争房产一、二层腾空交还的反诉请求无法获得支持。

【规范指引】

《民法典》第725条。

问题2：应以抵押权设立或者法院查封时间与租赁关系成立并转移占有租赁物的先后顺序作为判断能否适用“买卖不破租赁”原则的标准

以拍卖、变卖等方式取得租赁物所有权的，是否适用买卖不破租赁需要区分具体情况。实践中，有的租赁物所有权发生变动的原因是租赁物上本身设定有抵押权，或者被法院司法查封，嗣后由于租赁物原所有权人负担债务无法清偿，故采用拍卖、变卖等方式处置租赁物以清偿债务，租赁物的新的所有权人系通过拍卖、变卖等方式取得租赁物的所有权。如果租赁物上的租赁合同对于租赁物受让人具有约束力，则可能影响到租赁物拍卖、变卖的价值和变现难易程度，因此针对这类所有权变动，应当区分租赁物上负担设定的时间，以平衡承租人与担保物权人、债权人的利益。

我们认为，应按《房屋租赁合同解释》的规定，以抵押权设立或者法院查封的时间作为租赁权是否具有对抗力的判断标准。即如果抵押权设立或者法院查封是在租赁合同成立之前的，意味着承租人在签订租赁合同时已经知晓并自愿承担，或应当知晓将来租赁物可能面临的被拍卖、变卖的风险，嗣后租赁物被实现抵押权或者被法院拍卖变卖的，承租人不能主张买卖不破租赁。如果抵押权的设立或者法院查封是发生在租赁合同履行期间的，承租人

① 对应《民法典》第725条。

可以主张买卖不破租赁。

《民法典》第405条也采纳上述意见，该条规定："抵押权设立前，抵押财产已经出租并转移占有的，原租赁关系不受该抵押权的影响。"实务中需要特别注意甄别被执行人通过签订虚假的租赁合同来规避执行的行为，因此对于当事人提出买卖不破租赁主张时，不仅需要审查当事人签订的租赁合同本身，还要结合租赁物交付使用等情况来判断租赁关系的真实性。并且《民法典》第405条和第725条均规定了承租人实际占有房屋这一要件，保持了规范的一致性，即租赁权均需要占有公示才有对抗效力。因此根据《民法典》，当事人无论是主张正常买卖关系下的"买卖不破租赁"，还是实现抵押权程序或者被执行而"拍卖、变卖"关系下的"买卖不破租赁"，均不仅要证明与出租人建立了有效的租赁关系，还需要证明在所有权变动之前或者抵押等权利负担设定之前已经实际占有了租赁房屋。

《民法典》第725条规定："租赁物在租赁期间发生所有权变动的，不影响租赁合同的效力。"可见，立法实行租赁权物权化，即不动产在租赁关系存续期间发生物权变动的，对租赁关系不产生影响，买受人不能因此要求承租人返还租赁物，从而强化了债权效力。"买卖不破租赁"原则作为突破合同相对性的例外情况之一，要求租赁权的产生发生在物权变动之前。但实际上，租赁权的性质仍为债权，"买卖不破租赁"仅仅增强了其对抗在后发生的物权变动的效力，其仍应遵循物权的优先性原则。若房产在出租之前已被法院查封，权利人对不动产物权的行使已经受到限制，换句话说，所有权人在出租涉案房产之前已经丧失了对该不动产的处分权，一旦房产进入拍卖的执行阶段即可用以优先担保权利人债权实现的事实已成既定化，因此房产查封后设立的租赁权不能对抗因法院强制执行而受让该不动产的第三人。

事实上，"买卖不破租赁"原则在很多情况下是被限制适用的。如《担保法司法解释》规定，如果在抵押权之上设定租赁关系，则其后设定的租赁权对受让人不具有约束力。这样规定的原因在于，无论是法院的查封或当事人的抵押行为，均需在房产部门进行登记，进行物权登记是一种公示行为，而物权一旦公示即可发生物权变动和对抗第三人的法律效果，故在后取得租赁权的承租人不能以"买卖不破租赁"对抗因在先发生的抵押或查封行为而获益的善意第三人。

此外，作为债权的租赁权，其在某些情况下仍应让位于其他具有优先效力的债权。比如破产企业以其所有的房屋建筑物或者土地作为破产财产，在破产清算时租赁权人不能以“买卖不破租赁”突破相关破产法律所规定的优先清偿顺序。

【规范指引】

《房屋租赁合同解释》第14条。

【案例】彩某公司诉华某公司等物权保护纠纷案[①]

2012年11月7日，陕西省高级人民法院（以下简称陕西高院）依申请拍卖被执行人华某公司名下的某处房产。同月30日，原告彩某公司买受了该标的物，并于2013年12月20日在案件审理期间办理了上述房产的物权变更登记手续。陕西高院于2006年10月17日查封了华某公司名下的涉案房产。2007年1月31日，由被告华某公司作为出租方、被告胜某公司为承租方签订《厂房租赁合同》，约定租赁期限为20年。2013年2月起，胜某公司因知悉涉案厂房、土地使用权所有权属已发生转移而没有再向华某公司支付租金。而后，胜某公司与彩某公司对有关租金标准等不能达成一致意见。原告彩某公司因与华某公司、胜某公司就有关厂房的移交、租赁合同的效力等问题产生诉讼。广东省江门市蓬江区人民法院经审理后认为：华某公司为涉案房产所有权的登记权利人，在陕西高院对华某公司涉案财产作出司法变卖决定后，其所有权依相关生效法律文书的规定受到了不得进行处分、设置他项权利等的限制，但尚享有对被查封的财产进行占有、使用和收益的权利。判决华某公司与胜某公司所签订的厂房租赁合同及补充协议有效。胜某公司应赔偿原告彩某公司其占用厂房期间的利益损失。原告彩某公司、被告胜某公司不服一审判决，提起上诉。广东省江门市中级人民法院经审理后判决驳回上诉，维持原判。

【分析】

无论是法院的查封或当事人的抵押行为，均需在房产部门进行登记，进行物权登记是一种公示行为，而物权一旦公示即可发生物权变动和对抗第三人的法律效果，故在后取得租赁权的承租人不能以买卖不破租赁对抗因在先发生的抵押或查封行为而获益的善意第三人。租赁权的性质仍为债权，买卖不破租赁仅增强了其对抗在后发生的物权变动的效力，其仍应遵循物权的优

---

① 参见广东省江门市蓬江区人民法院（2013）蓬法民一初字第1648号民事判决书、广东省江门市中级人民法院（2015）江中法民一终字第275号民事判决书。

先性原则。

【规范指引】

《房屋租赁合同解释》第 14 条。

问题 3：未经出租人同意的转租可以适用“买卖不破租赁”

对于未经出租人同意的转租情形，承租人是否仍享有“买卖不破租赁”的权利存在两种不同意见。

第一种意见认为，未经同意的转租行为不能适用“买卖不破租赁”原则，即未经出租人同意转租情况下的次承租人不享有继续承租权。依据法律规定，承租人将租赁物转租给第三人需要征得出租人同意。承租人未经出租人同意转租的，出租人可以解除合同。在承租人未经出租人同意就将店面转租给次承租人的情况下，承租人与次承租人签订的店面转租合同无效，不能适用“买卖不破租赁”原则，次承租人应腾出店面。

第二种意见认为，承租人的转租行为可以适用“买卖不破租赁”原则，次承租人可继续承租店面。虽然承租人将店面转租给次承租人没有经过出租人书面同意，也没有口头告知出租人，但出租人已经知晓店面转租的事实，并且对该转租行为并未表示不同意，也没有向承租人提出要求解除合同，故转租合同对出租人具有法律约束力。

我们倾向同意第二种意见，主要理由如下。

首先，承租人与次承租人签订的转租合同系双方当事人真实意思表示，未违反法律规定，合法有效。“买卖不破租赁”原则，是指在租赁关系存续期间，即使租赁物发生所有权变动的，不影响租赁合同的效力，买受人不能以其已成为租赁物的所有人为由否认原租赁关系的存在并要求承租人返还租赁物。而《民法典》第 716 条规定：“承租人经出租人同意，可以将租赁物转租给第三人。承租人转租的，承租人与出租人之间的租赁合同继续有效；第三人造成租赁物损失的，承租人应当赔偿损失。承租人未经出租人同意转租的，出租人可以解除合同。”但从该条款看，并没有明确规定未经出租人同意转租的合同属于无效合同，并且转租行为仅涉及出租人、承租人、次承租人三方的私人利益，合同的继续履行并不会损害国家利益和社会公共利益，因此该条款不属于效力性强制性规定，未经出租人同意的转租合同未违反法律、行政法规的强制性规定，不属于合同无效的情形。

其次，如果出租人在知晓承租人将店面转租后并未向承租人提出解除合同，应当视为其对转租行为的默认和同意。根据《房屋租赁合同解释》第16条[①]的规定："出租人知道或者应当知道承租人转租，但在六个月内未提出异议，其以承租人未经同意为由请求解除合同或者认定转租合同无效的，人民法院不予支持。"由此可知，对于出租人知晓转租情况，但未在六个月内主张权利的，法院应当不予支持其要求解除合同、认定转租合同无效的诉求。

最后，保护次承租人的合法权益，有利于维护社会经济秩序的稳定，也符合法律鼓励交易的目标和精神。当前，房屋转租甚至连环转租现象在现实生活中大量存在，对于转租行为而言，只要承租人与次承租人签订的转让合同不存在损害出租人的合法权益，不涉及损害国家利益、社会公共利益、集体利益或者第三人合法利益，不违反法律规定的情形，则法律应充分保护市场交易，保护善意第三人的合法权益。

【规范指引】

《民法典》第725条。

【案例】杨某与吴某房屋租赁合同纠纷案[②]

2015年1月，吴某与杨某签订了店面租赁合同一份，约定杨某承租吴某的店面用于经营服装生意，租期三年，租金在签订合同时一次性付清。2016年1月，杨某在未征得吴某同意的情况下将店面转租给了汪某经营服装生意，租期两年。2016年9月，吴某回家办事时到自己的店面处查看，汪某将杨某将店面转租给自己的事情告诉吴某，吴某对此未作表示。2017年5月，吴某将店面出售给了他人，要求汪某腾空店面，对此汪某以租期未满不同意腾出。双方因此诉至法院。法院审理后认为，汪某可依"买卖不破租赁"原则对抗吴某要求其腾出店面的请求，在合同履行期限内继续享有承租权。

---

① 《房屋租赁合同解释》于2020年修正时已将该条删除。

② 《未经出租人同意的转租可以适用"买卖不破租赁"——杨某与吴某房屋租赁合同纠纷案》，载法信网，https://m.faxin.cn/m/v5/web/Cpal/CpalContent.aspx?gid=C1323169&type=cpws&key=%E6%9C%AA%E7%BB%8F%E5%87%BA%E7%A7%9F%E4%BA%BA%E5%90%8C%E6%84%8F%E7%9A%84%E8%BD%AC%E7%A7%9F%E5%8F%AF%E4%BB%A5%E9%80%82%E7%94%A8%E4%B9%B0%E5%8D%96%E4%B8%8D%E7%A0%B4%E7%A7%9F%E8%B5%81&isapp=0，最后访问时间：2024年10月18日。

【分析】

首先，杨某与汪某签订的转租合同系双方当事人真实意愿表示，未违反法律规定，合法有效。所谓的“买卖不破租赁”原则，是指在租赁关系存续期间，即使租赁物发生所有权变动的，也不影响租赁合同的效力，买受人不能以其已成为租赁物的所有人为由否认原租赁关系的存在并要求承租人返还租赁物。而《合同法》第224条[①]规定：“承租人经出租人同意，可以将租赁物转租给第三人。承租人转租的，承租人与出租人之间的租赁合同继续有效，第三人对租赁物造成损失的，承租人应当赔偿损失。承租人未经出租人同意转租的，出租人可以解除合同。”但从该条款看，并没有明确规定未经出租人同意转租的合同属于无效合同，并且转租行为仅涉及出租人、承租人、次承租人三方的私人利益，合同的继续履行并不会损害国家利益和社会公共利益，因此该条款不属于效力性强制性规定，未违反法律、行政法规的强制性规定，不属于合同无效的情形，依法应予保护。

其次，吴某在知晓杨某将店面转租后并未向杨某提出解除合同，视为其对转租行为的默认和同意。根据《房屋租赁合同解释》第16条[②]的规定：“出租人知道或者应当知道承租人转租，但在六个月内未提出异议，其以承租人未经同意为由请求解除合同或者认定转租合同无效的，人民法院不予支持。”由此可知，对于出租人知晓转租情况，但未在六个月内主张权利的，法院不予支持其要求解除合同、认定转租合同无效的诉求。就本案而言，吴某在2016年9月回家办事时已经知晓杨某将店面转租给汪某的事实，但却并未表示不同意转租，也未在6个月内提出要求解除合同，可以推定为吴某同意转租。而并非必须要求杨某以书面或口头经吴某同意才能认定合同转租是否经同意。

最后，保护次承租人的合法权益，有利于维护社会经济秩序的稳定，也符合法律鼓励交易的目标和精神。当前，房屋转租甚至连环转租现象在现实生活中大量存在，对于转租行为而言，只要承租人与次承租人签订的转让合同不存在损害出租人的合法权益、国家利益、社会公共利益、集体利益或者第三人合法利益，以及违反法律规定的情形，则法律应充分保护市场交易，保护善意第三人的合法权益。

---

① 对应《民法典》第716条。

② 《房屋租赁合同解释》于2020年修正时已将该条删除。

【规范指引】

《民法典》第 725 条。

问题 4：优先承租权不适用于车位租赁

《民法典》第 734 条第 2 款关于“租赁期限届满，房屋承租人享有以同等条件优先承租的权利”的规定适用的范围是否应扩大到车位，对此，应从车位的性质进行分析。一般而言，车位分为人防车位、小区共有车位及产权车位。首先，关于人防车位的承租人是否具有优先承租权。人防车位是开发商根据《人民防空法》的要求，建设人民防空地下室并将之设计为平时使用的地下停车位。在司法实践中，人防车位权属普遍采国家所有的观点，同时也支持投资者的使用权益。小区内的人防车位由开发商依法投资及建造，由开发商使用、管理和收益，实际由开发商委托物业公司进行管理使用。人防车位产权既不属于开发商，也不属于全体业主共有，不属于《物业管理条例》中规定的物业共用部位、共用设施设备和相关场地，业主及业主委员会对人防车位的管理与使用不具有表决权。人防车位的使用管理具体由物业公司负责，物业公司对人防车位的使用管理具有自主权，但应遵循面向全体业主开放的原则，承租人不享有优先承租权。也就是说，业主对人防车位享有平等的租赁权利，这贯彻了人防车位面向全体业主开放原则，体现了民法平等保护的理念，维护了更大多数业主的民生权益。其次，关于小区共有车位的承租人是否具有优先承租权。根据《民法典》第 276 条的规定，小区车位必须优先满足业主的需要。而在小区车位数量无法满足所有业主需求的情况下，对于车位如何在业主之间分配使用，并无明确的法律规定。对于小区地面车位等依法或依约属于业主全体共有的车位，属于建筑物区分所有中的共有部分，其分配使用规则属于业主自治范畴，应当由全体业主通过业主公约等自治规章制定并遵照执行。然而，实践中大多数小区的业主自治规章并没有对小区共有车位的分配使用规则作出详细规定。对此，我们认为，在小区车位数量无法满足所有业主需求，小区业主亦未对小区共有车位的使用达成一定规则的情况下，对共有车位租赁进行特殊保护与优先承租权的制度设立初衷并不相符，应参考人防车位，不支持承租人的优先承租权。最后，对于产权车位的承租人是否具有优先承租权。对于产权车位的承租人是否具有优先承租权，实践中分歧较大。支持者认为，从产权车位的性质而言，其与房屋同属于不动产范围，且承租方式与房屋承租方式类似，具有参照适用的基础。且从优先承租权的立法本意而言，系为了维护租赁关系的稳定性，对承租人作出一定倾斜保护，故对《民法典》第 734 条应作扩大适用，支持产权车位承租人的优先受偿权。反对者则认为，产权车位在物理结构上虽然是建筑物或构筑物，但从使用功能上看，并非满足人们的居住或商业经营用途，也不符合社会大众对于房屋的普遍认知，故不能认定为房屋，不享有法定优先承租权。且法律应该严谨适用，不应随意扩张，在《民法典》第 734 条明确适用对象为“房屋”的情形下，应严格适用本义解释，不应支持产权车位承租人的优先承租权。对此，我们也持第二种产权车位的承租人亦不适用优先承租权的观点。

【规范指引】

《民法典》第 734 条；《民法典时间效力解释》第 21 条。

【案例】徐某英与某能公司、程某忠租赁合同纠纷案[①]

2021 年 12 月 25 日，徐某英向某能公司的工作人员石某花转账 1800 元，转账附言“A027 号车位 2022 年租金”。2022 年 2 月 25 日，石某花向徐某英转账 1800 元。石某花转账给徐某英后，徐某英再向石某花转账 1800 元，转账附言“A027 号车位 2022 年租金”。某能公司称未曾要求徐某英转账支付涉讼车位 2022 年的租金，亦未收到涉讼车位 2022 年的租金，双方不存在新的租赁合同关系。案涉车位现为临时公共车位，没有出租给他人。徐某英起诉要求确认对案涉车位享有优先承租权等。法院审理后判决驳回徐某英的诉讼请求。

【分析】

《民法典》第 734 条第 2 款关于“租赁期限届满，房屋承租人享有以同等条件优先承租的权利”的规定明确租赁期限届满，房屋承租人享有以同等条件优先承租的权利，从规范性质上看，系对特定标的物——房屋的承租人的赋权性规范，即通过该款法律规定，为房屋承租人创设了优先承租权这一法定权利，故法条的适用的范围为房屋，不包括车位。承租人根据上述法律规定主张其对车位享有优先承租权，应不予支持。

---

① 参见广东省佛山市南海区人民法院（2022）粤 0605 民初 4996 号民事判决书、广东省佛山市中级人民法院（2022）粤 06 民终 8092 号民事判决书。

【规范指引】

《民法典》第734条第2款。

问题5：优先承租权中“同等条件”的认定

所谓“同等条件”，是指承租人可提供的租赁条件与出租人给予第三人的租赁条件相同或同等。它是承租人行使优先承租权应具备的实质条件和基础，承租人只有在满足与第三人同等条件下才享有优先承租权。“同等条件”应综合租赁房屋转让价款、付款方式及付款期限等因素确定，学理上和实务中主要有以下两种观点：一是绝对同等说，认为承租人认租的条件应与第三人的承租条件绝对相同，不仅价格要素、支付方式应相同，其他的从给付义务亦应相同；二是相对同等说，认为承租人认租的条件应与第三人的大致相同，在价格条件和支付方式相同的情况下，对于其他交易条件是否需要完全相同，要看该条件是否影响出租人的利益，如果没有影响，则应当认定为同等条件。[①] 虽然审判实践中大多持相对同等说，但现在并无统一标准。我们认为，对“同等条件”的界定应综合考量以下几方面内容。

（1）租金、租赁期限与支付方式。这些条件作为租赁合同的核心内容，自然是同等条件认定的首要考虑因素，如果承租人在这三项条件中与第三人相比稍逊一筹，则应视为其不具备同等条件要求。

（2）保证金、房屋用途、承租范围（是整体还是局部）、违约责任，以及对房屋的装修、改造等其他条件。这些条件或多或少会影响出租人的利益，亦应纳入同等条件考察范畴。

以整体出卖局部承租的房屋为例。承租人行使优先购买权的前提是要满足“同等条件”，同等条件是承租人与其他购买人在价格、付款期限和重要交易方式等方面的同等。出租人对其所有的房产依法享有处分的权益，有权自行决定资产包的组合方式。出租人系打包整体出售包括租赁房屋在内的房产，则购买条件应指与受让该整体房产相同的价格、付款期限和重要交易方式等。对整体打包出售房产的各个房产单独进行出售可能增加产权人处置资产的难

① 张艳、马强：《承租人优先购买权行使条件的探讨》，载《法律适用》2006年第7期。

度，降低资产处置效率，承租人仅对其中部分房产主张行使优先购买权，影响出租人利益最大化的实现，不符合“同等条件”。[①]

（3）基于一般社会观念的基本人身信赖感，考量该条件是否实质性地影响了主给付义务的实现。从租赁关系看，租赁合同属继续性合同，具有双务性，时间因素在债的履行上居于重要的地位，影响租金给付的次数和内容，正因如此，租赁关系的维持需要有基本的人身信赖感，如果承租人在承租期间内存在以房屋作为场所实施犯罪活动、经常拖欠租金、损害房屋价值等行为，致使“信赖基础丧失”，则“法律自应允许一方当事人终止契约”，双方不再续签租赁合同。当然，该事由作为同等条件的内容之一，应以一般社会观念作为是否足以导致出租人丧失信赖基础的评价标准，不能纯粹根据出租人的主观进行判断。

如在租赁房产因历史原因难以办理产权证的情况下，购房人利用自身知识、经验、便利条件，并愿意垫付划拨土地出让金，在协助出租人将产权证办理妥当后，再行转移登记至购房人名下，实则为出租人处理了办证困难的问题。表明房屋买卖合同中实质包含减少出卖人为办证所必须付出的奔波与支出的相关内容。因此，从该条件衡量，承租人与购房人仅合同价款相同，则两者的购房条件并不具有同等性，协助办证虽为从给付义务，但实际影响到是否可顺利办理产权转移登记的主给付义务的实现，因此应作为认定是否为“同等条件”的参考因素。

【规范指引】

《民法典》第 734 条；《民法典时间效力解释》第 21 条。

【案例】李某渊与马某庆房屋租赁合同纠纷案[②]

马某庆（甲方）与李某渊（乙方）签订《商铺租赁合同》，约定：甲方同意将商铺出租给乙方使用，租赁期限自 2018 年 6 月 1 日起至 2023 年 5 月 31 日止；租赁期届满须收回出租商铺的，应在届满之日前 1 个月书面通知乙方，如该商铺继续出租的，乙方可在同等条件下有优先承租权；等等。2023 年 4 月 21 日，马某庆向李某渊发送了《通知函》，告知李某渊将于租赁期满后收回出租商铺。李某渊主张其有优先承租权。马某庆则称因业主保某公司提出要将物

---

① 李群星：《对承租人优先购买权制度的评析与反思》，载《法律适用》2006 年第 6 期。

② 参见广东省佛山市南海区人民法院（2023）粤 0605 民初 22353 号民事判决书、广东省佛山市中级人民法院（2024）粤 06 民终 1706 号民事判决书。

业统一管理，要求马某庆将涉诉租赁物返租给保某公司。李某渊遂起诉主张对涉讼租赁物享有优先承租权。法院审理后判决驳回李某渊的诉讼请求。

【分析】

根据《民法典》第 734 条第 2 款关于“租赁期限届满，房屋承租人享有以同等条件优先承租的权利”的规定，李某渊仅在与其他意向承租人租赁条件同等的条件下享有优先承租权。该规定中的“同等条件”，不仅包括租金标准、租金支付方式、租赁期限等合同履行方式，且租赁合同的特殊性决定了还应考虑租赁物的用法和用途，因为租赁物的用法和用途直接关系租赁物的价值维持和租金价格，亦应纳入租赁条件予以考虑，即应当根据主客观条件综合认定“同等条件”包含的因素。如在本案中，案外人保某公司意欲将案涉商铺连同包括马某庆其他商铺在内的多个商铺连片承租、统一管理和转租，保某公司对案涉商铺的用法、经营方式和租赁合同履行方式显然与个人承租单个商铺的李某渊不同，不能认定双方属于“同等条件”。

【规范指引】

《民法典》第 734 条第 2 款。

问题 6：出租人采取招租竞标方式出租，承租人参与竞标但未中标并领回竞标保证金的，应视为自愿放弃优先承租权

这个问题涉及优先承租权的审查方法。在社会生活中，房屋租赁关系普遍存在，由此产生的纠纷也随之上升，在《民法典》施行之前，虽法律未对优先承租权作出明确规定，但法院中已出现不少房屋租赁合同双方当事人在合同中约定优先承租权的案件。从房屋租赁的市场现状分析，对优先承租权进行司法保护，有利于保障双方当事人的利益。《民法典》第 734 条第 2 款的出台填补了这一立法空白，使租赁合同中关于优先承租权的约定变得有法可依。但前述法律规定较为原则性，在具体运用时容易产生争议。优先承租权的保护规则应当尊重当事人意思表示，从合同法的基本原则出发，注重平衡当事人的合同利益，尽量使租赁物在市场经济中发挥最大效用，依法保护出租方、承租方的合同权益。一是运用多种解释方法探寻双方的缔约真意。《民法典合同编解释》第 1 条规定，当事人应当按照合同所使用的词句、合同的

有关条款、合同的性质和目的、交易习惯以及诚信原则，参考缔约背景、磋商过程、履行行为等因素确定争议条款的真实含义。故对优先承租权的行使细节，可以从合同文义、合同目的等方面去理解、解释。二是要注重运用合同法基本原则。合同当事人的法律地位平等是意思自治原则得以实现的前提，自愿订立合同的权利是意思自治原则的内容，公平原则保证当事人意思自治的实现。合同当事人订立合同都是为了实现利益的最大化，如果合同当事人的意思过度自由，则会损害对方的利益，因此建立公平原则尤为必要，离开公平原则，最多也只是保证一方合同当事人的意思自治，却不能保证合同当事人意思自治原则的真正实现。民事活动应当遵循公平的原则。通过贯彻公平原则，有助于明晰当事人之间的约定，有助于解释法律、适用法律，从而维护合同双方当事人的利益。三是要充分考虑多方因素均衡利益。现实生活中，房屋承租人在租赁期间往往投入大量人力、物力，特别是装修的费用部分。但在租赁合同到期时，出租人却有权将房屋或门面转租给他人而不再租给原承租人，此时，承租方往往处于弱势或者被动的地位。所以房屋承租人希望通过优先承租权来保护自己的经济利益。与优先购买权相比，优先承租权往往仅在合同中没有详细的规定，约定不细，保护很难，很容易违背双方当事人的真实意思表示。故审理这类案件中应从市场交易习惯、保护承租人的合法利益、充分发挥租赁物经济效益以及达到当事人的预期、减少损失等多方面来平衡当事人的利益，尽量平等保护双方当事人的权益。

【规范指引】

《民法典》第 734 条；《民法典时间效力解释》第 21 条；《民法典合同编解释》第 1 条。

【案例】某公司诉王某租赁合同纠纷案[①]

2009年12月4日，原告某公司（甲方）与被告王某（乙方）签订租赁合同，约定甲方将位于江津区某门面一间租赁给乙方，租期为2009年12月5日至2010年12月4日，租金为每月1150元。合同约定："合同期满，如乙方需继续租赁，甲方在同等条件下，优先给乙方租赁的权利。"2010年9月1日，原告对包括被告承租门面在内的资产进行公告招租，称"招租以暗标方式进行，高价中标，同等条件下原承租方优先"。被告王某知晓后曾询问原告如何实现同等条件下的优先权。同时，被告缴纳竞标保证金4000元参与投标，投标价2010元，因低于另一竞标人的投标价2980元而未能中标，被告于9月23日领回保证金。9月26日，某公司向王某发出通知，要求王某于租赁期满后腾空房屋。后双方因腾退房屋等事宜发生纠纷，诉至法院。王某辩称，其曾要求继续租赁，但某公司坚持要求腾房，并拒收租金，侵害了其优先承租权。

【分析】

本案虽然发生在优先承租权的法律规定颁布前，但针对该案件的事实，结合优先承租权法律规定，仍可作如下分析：本案中，双方签订的租赁合同中约定了王某在租赁合同期满后享有优先承租权，如王某愿意续租，应当及时行使该权利。王某知晓《某公司资产招租竞标事项告知书》中包括原承租人在同等条件下享有优先承租权在内的全部内容，且参与竞标，说明某公司已向王某履行了优先承租权的告知义务。王某领回竞标保证金，已明知自己的竞标价不是最高价，并且在9月26日某公司发出通知要求腾退房屋后，王某一直未提出愿以竞标最高价租赁房屋，视为王某已经自愿放弃合同约定的优先承租的权利。

---

① 《出租人采取招租竞标方式出租，承租人也参与竞标但未中标领回竞标保证金的，视为自愿放弃优先承租权——某贸易公司诉王某租赁合同纠纷案》，载法信网，https://m.faxin.cn/m/v5/web/Cpal/CpalContent.aspx?gid=C1273990&type=cpws&key=%E5%87%BA%E7%A7%9F%E4%BA%BA%E9%87%87%E5%8F%96%E6%8B%9B%E7%A7%9F%E7%AB%9E%E6%A0%87%E6%96%B9%E5%BC%8F%E5%87%BA%E7%A7%9F%EF%BC%8C%E6%89%BF%E7%A7%9F%E4%BA%BA%E4%B9%9F%E5%8F%82%E4%B8%8E%E7%AB%9E%E6%A0%87%E4%BD%86%E6%9C%AA%E4%B8%AD%E6%A0%87%E9%A2%86%E4%BC%9A%E7%AB%9E%E6%A0%87%E4%BF%9D%E8%AF%81%E9%87%91%E7%9A%84%EF%BC%8C%E8%A7%86%E4%B8%BA%E8%87%AA%E6%84%BF%E6%94%BE%E5%BC%83%E4%BC%98%E5%85%88%E6%89%BF%E7%A7%9F%E6%9D%83&isapp=0，最后访问时间：2024年10月18日。

【规范指引】

《民法典》第 734 条;《民法典合同编解释》第 1 条。

问题 7: 约定排除承租人优先购买权的合同条款有效

双方特别约定出租人有权在租赁期内将房屋出售给他人，承租人不得干涉，表明承租人同意放弃优先购买权，出租人出售租赁房产时承租人不再享有优先购买权。

有观点认为，房屋承租人优先购买权的规定，是强制性规范，无论租赁双方在租赁合同中是否约定优先购买权，作为房屋承租人都享有优先购买权。[①] 如果租赁双方在租赁合同中约定排除承租人的优先购买权，该排除承租人优先购买权的条款无效，承租人仍享有优先购买权；结合《民通意见》第 118 条的规定，若出租人侵犯承租人优先购买权的行使，承租人可以请求人民法院宣告该房屋买卖无效。在司法实践中，有法院由此推导出关于房屋承租人优先购买权的规定为强制性规范，有排除承租人优先购买权之意的条款应属无效。但上述规定已于 2008 年 12 月 24 日废止。2009 年 7 月 30 日《房屋租赁合同解释》明确若出租人侵犯承租人优先购买权，承租人请求确认出租人与第三人签订的房屋买卖合同无效的，不予支持。这一变化实质是对承租人优先购买权法律性质认识的变化：以前主流学说认为该优先权是形成权、物权先买权，但上述司法解释明确其是法定债权性质，因此优先购买权已无涉他性，[②] 不具有对抗买受人的效力。

我们倾向认为，承租人优先购买权具有法定性，但结合《民商事审判会议纪要》中“强制性规定的识别”的内容，强制性规定要求当事人必须从事或者不从事某一种行为，而在具备行使条件的前提下，承租人也非必然行使优先购买权，是否行使承租人具有选择权，故该规范具有赋权的属性，当事人可以约定排除其适用。结合承租人优先购买权的立法精神，一方面是为了保障承租人生存利益，使承租的房屋处于稳定状态，防止因房产关系过大变

---

① 孙贵斌:《出租人出卖房屋时通知义务的履行》，载《人民司法》2010 年第 4 期。

② 国家法官学院、中国人民大学法学院编:《中国审判案例要览：2011 年民事审判案例卷》，中国人民大学出版社 2013 年版，第 54~55 页。

动或变动太随意而影响承租人的工作和生活。另一方面是为了降低交易成本，防止造成不必要的社会资源浪费。在未有意思表示瑕疵的情形下，当事人有权对自身权利进行处分。事先排除承租人优先购买权的特别约定条款，并未违反法律、行政法规的强制性规定，应属有效；同时，因承租人在订立合同时即知道或者应当知道其在租赁期内依法享有优先购买权，且已同意放弃，故出租人在租赁期内将该套房产出售时可不必通知承租人。

【规范指引】

《民法典》第134条、第726条；《民商事审判会议纪要》第30条。

【案例】肖某诉江苏某房地产公司房屋租赁合同纠纷案[①]

2007年8月29日，某房地产公司将其商铺一间出租给肖某，租赁合同约定某房地产公司有权在该房屋的租赁期内将该套商业用房出售给他人，肖某不得干涉；该套商业用房出售给他人后，本合同继续有效，在本合同租赁期满后若肖某要续租，则由肖某直接和购买方签约。合同履行期内，肖某如数交纳了租金，同时对商铺进行了整体装饰和装修。某房地产公司后将商铺转让给案外人。租赁合同期满后，肖某退出房屋，也未在同地段另行购置商铺。后肖某以某房地产公司出卖商铺时未在合理期限内通知肖某，侵犯了肖某的优先购买权为由，请求判令江苏某房地产公司赔偿装修损失、重新寻找商铺和租金的损失等。法院审理后判决驳回肖某的诉请。

【分析】

房屋承租人享有的优先购买权具有法定性，但承租人并非必然行使优先购买权，是否行使承租人具有选择权，故该规范具有赋权的属性，当事人可以约定排除其适用。在未有意思表示瑕疵的情形下，当事人有权对自身权利进行处分。本案中，租赁合同系双方真实意思表示，前述特别约定条款也不违背法律、行政法规的强制性规定，应属有效，对双方都具有法律约束力。肖某放弃优先购买权，系依法处分自己的民事权利。因此，肖某放弃优先购买权后又主张优先购买权受到侵害而要求赔偿，于法无据，应予驳回。

【规范指引】

《民法典》第143条。

---

① 参见江苏省宜兴市人民法院（2009）宜民一初字第4659号民事判决书、江苏省无锡市中级人民法院（2009）锡民终字第0710号民事裁定书。

问题 8:“借新还旧”情形租赁房产抵押权对承租人优先购买权的影响

银行贷款“借新还旧”的，抵押权设立时间从重新设立登记之日起计算，租赁权的设立早于新抵押权设立的，根据“买卖不破租赁”原则，承租人享有优先购买权。承租人的优先购买权并不当然因为拍卖或涤除而消灭。

一是存在“借新还旧”的情形下，如何认定租赁房产抵押权设立时间。“借新还旧”是在旧贷款尚未清偿的情况下，借贷双方再次签订贷款合同，以新贷出的款项清偿旧的贷款，其性质属于债务更新，即通过设立新债的方式消灭旧债，法律后果上应当认为新贷款合同签订并履行后，其所涵盖的先期贷款合同已经履行完毕。[①]《民法典》第 393 条规定，主债权消灭，抵押权也消灭，《民法典担保制度解释》第 16 条规定，主合同当事人协议以新贷偿还旧贷，债权人请求旧贷的担保人承担担保责任的，人民法院不予支持。担保合同是主合同的从合同，在借新还旧场合，旧贷因偿还而消灭，基于担保的从属性，旧贷上的担保也随之消灭。故租赁房屋上的抵押权，应当视为自新抵押贷款合同成立之时重新设立，新抵押权设立时间晚于租赁权的设立时间，则形成“先租后抵”，原租赁关系不受影响，承租人可在拍卖时主张承租人优先购买权。

二是抵押权设立时间是否会影响承租人优先购买权的成立。《民法典》第 405 条规定，抵押权设立前，抵押财产已经出租并转移占有的，原租赁关系不受该抵押权的影响；《拍卖变卖财产规定》第 28 条第 2 款规定，拍卖财产上原有的租赁权及其他用益物权，不因拍卖而消灭，但该权利继续存在于拍卖财产上，对在先的担保物权或者其他优先受偿权的实现有影响的，人民法院应当依法将其除去后进行拍卖。与当事人自行协商达成的买卖协议不同，强制拍卖中，被执行人已丧失了对被拍卖的标的物处分权能，法院基于法律赋予的职权强行对该标的物予以处置变现，在强制拍卖中并不能体现拍卖标的

① 最高人民法院民事审判第二庭主编：《最高人民法院民法典担保制度司法解释理解与适用》，人民法院出版社 2021 年版，第 204 页。

物原所有权人的意思表示。[①] 在人民法院对被执行人的责任财产采取拍卖、变卖措施时，执行标的物上经常会存在租赁权等负担，此类物上负担在拍卖后，是否仍能有效存在于拍卖物之上，既关系到抵押权人、承租人的利益，也关系到拍定人的利益。在我国的司法实践中，对于强制拍卖引起的所有权变动适用所有权变动不破租赁原则是有限制的。简言之，即在对不动产进行拍卖时，"先租后抵"情形下，原租赁关系不受影响，承租人得以继续履行租赁合同或主张优先购买权；"先抵后租"情形下对在先的抵押权有影响的，去除租赁后拍卖。《最高人民法院执行局关于人民法院能否在执行程序中以被执行人擅自出租查封房产为由认定该租赁合同无效或解除该租赁合同的答复》指出，在执行程序中被执行人擅自处分法院的查封物，包括本案中以出租的形式妨害查封效果的行为，执行法院有权以裁定形式直接予以处理。根据《最高人民法院关于人民法院民事执行中查封、扣押、冻结财产的规定》第 24 条规定，法院可以在"先抵后租"情形下裁定解除承租人对租赁物的占有。

"先抵后租"情形下去除租赁后进行拍卖，承租人解除对租赁物的占有，是否会影响承租人优先购买权的成立，实践中存在争议。有观点认为，承租人的优先购买权是建立在租赁权成立、承租人实际占有使用涉案房产的基础之上的，在法院已裁定除去租约拍卖的前提下，作为守法的公民，承租人应搬离涉案房产，其租赁权客观上已不存在，亦当然地不享有优先购买权。

我们倾向认为，根据《房屋租赁合同解释》第 15 条规定，出租人与抵押权人协议折价、变卖租赁房屋偿还债务，应当在合理期限内通知承租人。承租人请求以同等条件优先购买房屋的，人民法院应予支持，无论抵押权设立在租赁合同成立前或后，承租人行使优先购买权均不会与抵押人实现抵押权发生冲突，[②] 在抵押权人实现抵押权时保护承租人的优先购买权，更符合设立优先购买权的立法本意。只要出租人与抵押权人协议折价、变卖房屋清偿债务，承租人便可以折价、变卖的同等条件优先购买房屋。为抵押权的实现而除去租赁房屋租约进行拍卖，承租人优先购买权并不随之消灭。《民法典》第 726 条并未将"先抵后租"列入承租人优先购买权灭失的情形，法律及司法解

---

① 最高人民法院民事审判第一庭编著:《最高人民法院关于审理城镇房屋租赁合同纠纷案件司法解释的理解与适用》，人民法院出版社 2009 年版，第 270 页。

② 最高人民法院民事审判第一庭编著:《最高人民法院关于审理城镇房屋租赁合同纠纷案件司法解释的理解与适用》人民法院出版社 2009 年版，第 299~301 页。

释规定“先抵后租”情形导致租赁关系解除的主要立法目的在于保障抵押权的实现。承租人的优先购买权并不会影响抵押权的实现，故在拍卖程序中应依法保护承租人的优先购买权。

【规范指引】

《民法典》第393条、第726条、第727条；《民法典担保制度解释》第16条；《房屋租赁合同解释》第15条；《拍卖变卖财产规定》第24条、第28条。

【案例】利某公司与齐某银行、晟某公司借款合同纠纷执行异议案[①]

2002年12月27日，齐某银行与晟某公司签订房地产期房抵押协议，借款2400万元，期限自2002年12月26日起至2004年12月25日止，担保财产为62号在建工程，并办理了在建工程抵押登记。后齐某银行又陆续向晟某公司出借4000万元，借款期限均至2004年12月25日。2004年12月24日，齐某银行与晟某公司签订贷款展期协议，对上述2004年12月25日到期的6000万元借款展期至2006年11月23日，并约定待62号在建工程取得房产证后及时办理抵押登记变更、续押手续。2004年5月19日，齐某银行与晟某公司签署借款合同，借款1000万元，期限自2004年5月19日起至2005年5月15日止。2005年6月2日，晟某公司取得62号房屋所有权证。晟某公司于2005年12月28日与齐某银行签订抵押担保借款合同，贷款7000万元，期限为2005年12月28日至2006年11月23日，双方办理了在建工程抵押登记转换至房屋他项权利登记手续，并取得了房屋他项权利证书，同日齐某银行向晟某公司发放了上述7000万元贷款。2004年11月6日，晟某公司与利某公司签署租赁合同，出租62号地上建筑物，租期25年，自2005年10月1日起计租。2007年7月19日，法院受理了齐某银行与晟某公司借款合同纠纷一案的执行申请，委托拍卖公司刊登司法拍卖公告拍卖62号房地产，利某公司提出执行异议，认为拍卖公告依法必须明示利某公司享有优先购买权，拍卖竞得人需继续履行上述租赁合同。

【分析】

贷新还旧是在旧贷款尚未清偿的情况下，借贷双方再次签订贷款合同，以新贷出的款项清偿旧的贷款。对这种安排下的法律后果，应当认为原贷款

---

① 参见山东省淄博市中级人民法院（2007）淄执异字第207-1号执行裁定书、山东省高级人民法院（2013）鲁执复议字第5号执行裁定书、最高人民法院（2013）执监字第67号裁定书。

合同已经履行完毕。本案中，7000万元新贷款合同签订并履行后，其所涵盖的先期四份贷款合同已经履行完毕。根据《担保法》(已废止，下同)第52条的规定，抵押权与其担保的债权同时存在，债权消灭的，抵押权也消灭。故随着原四份贷款合同的主债务履行完毕，相应的抵押权也一并消灭。此时，齐某银行对涉案房屋的抵押权，应当视为自2005年11月28日起重新成立，晚于利某担保公司租赁权的设立时间，即租赁在先，抵押在后。《合同法》第230条[①]规定，出租人出卖租赁房屋的，应当在出卖之前的合理期限内通知承租人，承租人享有以同等条件优先购买的权利。《担保法》第48条规定，抵押人将已出租的财产抵押的，应当书面告知承租人，原租赁合同继续有效。《担保法司法解释》第65条规定，抵押人将已出租的财产抵押的，抵押权实现后，租赁合同在有效期内对抵押物的受让人继续有效。本案中，利某公司的租赁权先于齐某银行抵押权设立，故有权要求买受人继续履行租赁合同，但该权利不应与对租赁物的优先购买权同时行使，否则过分保护了承租人的权益，亦对申请执行人和被执行人的权益造成影响。因此，执行法院应当在拍卖前告知利某公司择一行使优先购买权和要求继续履行租赁合同的权利。利某公司对涉案房产享有的承租权利和相应租赁合同关系应予保护，不受抵押房屋拍卖的影响，但利某公司应当在继续履行租赁合同和优先购买租赁物之间作出选择。

【规范指引】

《民法典》第405条、第726条。

问题9：未通知承租人行使优先购买权的情况下，司法拍卖是否应予撤销

首先，拍卖过程中，出租人应履行通知义务，应注意拍卖公告不能完全代替通知。根据《民法典》第473条的规定，拍卖公告属于要约邀请，其目的在于吸引更多的竞买人和保证拍卖活动的公正性，其公告的对象是不特定人。因此，拍卖公告并不是针对房屋承租人而提出的，其与房屋出租人的通

① 对应《民法典》第726条。

知义务在通知、公告的义务主体、对象范围、期限要求以及目的内容等方面均不相同。《拍卖变卖财产规定》第 11 条第 1 款规定："人民法院应当在拍卖五日前以书面或者其他能够确认收悉的适当方式，通知当事人和已知的担保物权人、优先购买权人或者其他优先权人于拍卖日到场。"在司法拍卖程序中，法院须以单独书面或以能够确认收悉的方式对优先购买权人进行通知。拍卖人履行《拍卖法》上的公告义务的行为，与出租人对承租人通知义务的履行不同，不能代替法律规定的对承租人行使优先购买权的通知。其次，承租人以出租人未作出专门通知为由主张撤销拍卖的，法院不予支持。优先购买权可以分为物权性质的优先购买权和债权性质的优先购买权两种。共有人的优先购买权是典型的物权性质的优先购买权，而房屋承租人的优先购买权则是典型的债权性质的优先购买权。正是因为房屋承租人享有的是债权性质的优先购买权，当房屋所有人与第三人签订房屋买卖合同、侵害其优先购买权时，其并不能主张该买卖合同无效，但可以主张相应的损害赔偿。《民法典》第 728 条规定："出租人未通知承租人或者有其他妨害承租人行使优先购买权情形的，承租人可以请求出租人承担赔偿责任。但是，出租人与第三人订立的房屋买卖合同的效力不受影响。"参照该规定的精神，在执行程序中，房屋承租人仅以出租人未作出专门通知导致其优先购买权受到侵害为由，主张拍卖程序无效或请求撤销拍卖的，法院不予支持。

【规范指引】

《民法典》第 473 条、第 726 条、第 727 条；《拍卖变卖财产规定》第 14 条。

【案例】杨某某与郑某某执行异议案[①]

云南省昆明市中级人民法院（以下简称昆明中院）在立案执行云南省高级人民法院（2017）云民终 729 号案中，查封了被执行人杨某某名下位于昆明市正义路一层、负一层房产。经评估、拍卖，一层案涉房产以起拍价 2893.50 万元成交，负一层房产流拍。后郑某某向执行法院提出执行异议，主张其系上述执行案涉房产的承租人，依法享有优先购买权和司法拍卖竞买权，但昆明中院拍卖未进行任何形式的告知，程序严重违法，请求撤销拍卖。昆明中院经审查，于 2020 年 2 月 21 日作出（2020）云 01 执异 35 号执行裁定，

① 参见云南省高级人民法院（2020）云 01 执异 35 号执行裁定书、（2020）云执复 266 号执行裁定书，最高人民法院（2021）最高法执监 424 号执行裁定书。

驳回异议请求。郑某某不服，向云南省高级人民法院申请复议，该院于2020年9月1日作出（2020）云执复266号执行裁定，驳回其复议申请。郑某某不服，向最高人民法院申诉，最高人民法院经审查后于2021年9月30日作出（2021）最高法执监424号执行裁定，驳回其申诉请求。

【分析】

最高人民法院认为，本案的争议焦点是未通知承租人行使优先购买权的情况下，案涉司法拍卖是否应予撤销。房屋承租人的优先购买权是典型的债权性质的优先购买权，当房屋所有人与第三人签订房屋买卖合同、侵害其优先购买权时，其并不能主张该买卖合同无效，但可以主张相应的损害赔偿。在执行程序中，房屋承租人仅以没有接到司法拍卖通知导致其优先购买权受侵害为由，主张拍卖程序无效或要求撤销拍卖的，法院不应予以支持。因此，在本案中，即使郑某某确实享有案涉房屋的优先购买权，其也不能以法院未作专门通知、损害其优先购买权为由，主张司法拍卖无效或要求撤销拍卖。故郑某某关于没有通知其行使优先购买权，拍卖应予撤销的申诉理由不能成立，法院不予支持。

【规范指引】

《房屋租赁合同解释》第21条。

问题10：拖欠租金的承租人是否享有优先购买权

承租人对租赁房屋享有优先购买权，并不以其依据租赁合同约定支付租金为前提。但承租人欠付租金已构成法定解除或约定解除租赁合同的条件，且出租人主张解除租赁合同的，承租人不再享有优先购买权。

虽然根据《民法典》第726条规定承租人具有优先购买权，但是其优先购买权的行使并不是没有任何限制，亦非在任何情形下都一直享有。在赋予承租人优先购买权的同时，也要保障出租人的合法权益，而不是牺牲出租人的权利来满足承租人的要求。

优先购买权制度的设立，追求的主要是生存和安全价值，是对一种基本社会秩序的维护，维护和稳定既有经济秩序，充分发挥财产的使用效能，是为了弥补承租人使用权与出租人所有权相分离的矛盾，而不是对出租人所有权的限制，更不能对出租人解除房屋买卖合同加以限制。已生效的房屋租赁合同被依法解除、被视为解除、因期限届满等原因而消灭的，承租人优先购买权随之消灭。租赁合同解除后，承租人自然不享有优先购买权。承租人若存在长期欠付租金的严重违约行为，属于不信守合同的表现，此时如认定承租人仍具有优先购买权，有违诚信的基本原则，应当认定其在构成根本违约后丧失了优先购买权。

但同时需要注意的是，当违约方违约行为显著轻微，主观过错较小，不影响守约方合同目的的实现，应对约定解除权的适用予以一定的限制，守约方请求解除合同的，人民法院不予支持，在此前提下，承租人仍享有优先购买权。[①] 如租赁合同约定欠缴水电费，视为同意出租人无条件收回房屋，在承租人无其他违约情形并愿意补缴水电费的情况下，出租人以承租人欠缴水电费为由，宣布无条件收回房屋，紧接着又将涉案房屋另售给他人，则侵害了承租人的优先购买权，出租人应承担赔偿责任。

【规范指引】

《民法典》第 562 条、第 563 条、第 722 条、第 726 条;《民商事审判会议纪要》第 47 条。

【案例】徐某诉某公司房屋租赁合同纠纷 [②]

2014 年 5 月 9 日，某公司与徐某签订租赁协议，将案涉商铺出租给徐某，2014 年 5 月 27 日，徐某向某公司支付了租金 200 496 元。后徐某未再依约定支付商铺租金。2017 年 6 月 9 日，某公司向徐某当面送达了解除租赁协议通知书。2017 年 7 月 11 日，某公司向法院起诉徐某，要求解除双方签订的租赁协议，并要求徐某支付租金和门面占用费。另查明，2017 年 5 月 25 日，案涉商铺依据 2014 年 7 月 17 日备案登记的商品房买卖合同办理了不动产权登记。徐某向法院起诉主张确认对案涉商铺享有优先购买权等。法院审理后驳回了徐某的诉讼请求。

【分析】

承租人优先购买权的行使并不是没有任何限制，亦非在任何情形下都可

---

① 最高人民法院民事审判第二庭、研究室编著:《最高人民法院民法典合同编通则司法解释理解与适用》，人民法院出版社 2023 年版，第 304 页。

② 参见江西省九江市濂溪区人民法院（2017）赣 0421 民初 1308 号民事判决书、江西省九江市中级人民法院（2018）赣 04 民终 1275 号民事判决书、江西省高级人民法院（2019）赣民申 202 号民事裁定书、江西省高级人民法院（2019）赣民再 147 号民事裁定书。

行使。承租人长期欠付租金构成根本违约时，丧失了行使优先购买权的基础，无权主张行使优先购买权。本案中，徐某欠付一年多租金，未履行租赁合同的主要义务，属于根本违约，某公司可以按照法律规定解除租赁合同。租赁合同解除后，承租人自然不享有优先购买权。徐某的长期欠付租金的严重违约行为，属于不信守合同的表现，此时如认定徐某仍享有优先购买权，有违诚信的基本原则，应当认定其在构成根本违约后丧失了优先购买权。

【规范指引】

《民法典》第 562 条、第 563 条、第 722 条、第 726 条。

问题 11：破产程序中，破产管理人解除租赁合同并委托变卖，承租人收到通知后没有按照要求办理报名手续和交纳相应保证金的，视为放弃行使优先购买权

基于破产程序中行使优先购买权的特殊性，拍卖公司设定提交报名手续和交纳相应保证金的变卖程序，其目的在于甄别出有实力的潜在购买人，最大限度地保护破产债权人的整体利益。在变卖程序中没有按照要求办理报名手续和交纳相应保证金的，其行为应视为放弃行使优先购买权。

首先，根据《企业破产法》第 25 条“管理人履行下列职责……（六）管理和处分债务人的财产”之规定，破产管理人有权对涉案土地、房产的处置制定适当的方案，其委托拍卖公司进行变卖，拍卖公司在其授意下有权制定相应的变卖程序。承租人优先购买权是在同等条件下的优先权，变卖时承租人行使优先购买权的前提是购买条件与最高竞买者确定的价格条件一致，二者并非不相容关系。

其次，优先购买权的行使以同等条件为前提，法律没有明确规定同等条件具体是哪些条件和行使优先购买权的具体程序，而拍卖、变卖和优先购买权的行使发生在破产程序之中，与通常情况下的租赁合同中房屋所有权人转让房屋而承租人主张优先购买权有所不同。基于破产程序中行使优先购买权的特殊性，拍卖公司在变卖程序中设定提交报名手续和交纳相应保证金，其目的在于甄别出有实力的潜在购买人，最大限度地保护破产债权人的整体利

益，并非只针对承租人特别设立了附加条件。[①]

因此，在拍卖公司制定的变卖程序具有公平性与合理性的情形下，未侵犯承租人在同等条件下行使优先购买权，承租人在变卖程序中未按照要求办理报名手续和交纳相应保证金的，其行为应视为放弃行使优先购买权。

【规范指引】

《民法典》第726条、第727条;《企业破产法》第25条。

【案例】大某风机公司诉鼓某机厂、春某拍卖公司承租人优先购买权纠纷案[②]

2003年，鼓某机厂作为出租人与大某风机公司签订了《土地租赁、资产购买合同》。2007年，法院裁定宣告鼓某机厂破产。鼓某机厂清算组向大某风机公司发出《关于解除租赁合同的通知》，告知大某风机公司合同履行至法院裁定破产程序终结之日即解除。2008年2月，鼓某机厂清算组委托拍卖公司公开拍卖鼓某机厂破产财产，三次公开拍卖均无人报名竞买导致流拍。2008年6月，拍卖公司发布第一次变卖公告。2008年11月，鼓某机厂清算组向大某风机公司发出书面通知，告知其变卖事宜。春某拍卖公司于同月8日发出变卖公告，组织了第二次变卖。大某风机公司报名参加第二次变卖，但提出不能按拍卖公司规定的程序办理，并没有按春某拍卖公司的要求交纳400万元保证金和递交相关材料。该次变卖最终无人参与议价。同月21日，拍卖公司再次发出变卖公告，大某风机公司明知本次变卖，但仍没有按春某拍卖公司的要求交纳400万元保证金和递交相关材料报名参加变卖。27日，案外人购得鼓某机厂破产整体资产。大某风机公司遂诉请主张确认其对租赁房屋的优先购买权。法院审理后判决驳回大某风机公司的诉请。

【分析】

优先购买权的行使是以同等条件为前提的，但是法律没有明确规定同等条件具体是哪些条件和行使优先购买权的具体程序，而本案的拍卖、变卖和优先购买权的行使发生在破产程序之中，与通常情况下的租赁合同房屋所有权人转让房屋承租人主张优先购买权明显不同。不同之处在于：其一，在本

---

① 杜万华主编:《最高人民法院民商事案件审判指导》(第3卷)，人民法院出版社2015年版，第11页。

② 参见贵州省贵阳市中级人民法院（2008）筑民二初第147号民事判决书、贵州省高级人民法院（2009）黔高民一终字第43号民事判决书、最高人民法院（2013）民申字第278号民事裁定书。

案的破产程序中，破产管理人有权决定解除或继续履行租赁合同；其二，本案的拍卖、变卖是为了保证破产债权人的整体利益。而且，法律也没有对变卖程序中是否应交纳保证金和交纳多少保证金作出具体的规定。本案中，拍卖公司设定提交报名手续和交纳相应保证金的变卖程序，目的在于甄别出有实力的潜在购买人，及时足值地把破产财产变现，最大限度地保护破产债权人的整体利益。所以，基于本案是在破产程序中行使优先购买权的特殊性，拍卖公司设定的提交报名手续和交纳相应保证金的变卖程序并无不妥之处，大某风机公司的优先购买权的行使应该以提交报名材料、交纳相应保证金为同等条件。大某风机公司在三次变卖程序中因没有按照要求提交报名材料和交纳相应保证金，其行为应视为其放弃行使优先购买权。

【规范指引】

《民法典》第 726 条、第 727 条。

问题 12：承租人参与竞买，以最高出价拍得租赁房产后，不得以优先购买权人身份主张赔偿最高出价与次高出价之间的差价

1. 关于在拍卖程序中承租人可否行使优先购买权

（1）在拍卖程序中对优先购买权予以保护。在拍卖程序中是否享有优先购买权，实践中存在争议。保护优先购买权可能减损拍卖标的物的价值与拍卖追求拍卖标的物价值的最大化、最大限度地维护债务人和债权人双方的利益之间在一定程度上的确存在着难以调和的矛盾。在拍卖程序中，对优先购买权是否应予保护的选择在实质上是一种价值上的取舍或者平衡，即在立法政策上是取拍卖之价值舍优先购买权之价值，还是取优先购买权之价值舍强制拍卖之价值，或者平衡和协调两者之间的价值。对此，在拍卖程序中仍需对优先购买权予以保护，这主要是因为：首先，在拍卖程序中也当然存在优先购买权，此为法定不可剥夺的权利。既然优先购买权是法定权利，则无论在当事人的自主交易活动还是在法院的强制拍卖程序中，都应当予以保护，不能随意剥夺。其次，拍卖是财产转让、买卖中的一种方式，拍卖变价时同样应保护优先购买权。最后，关于拍卖的公信力，拍卖的公信力产生于拍卖标的物拍定后，因此，在拍定前或者是拍卖前告知拍卖标的物上的优先购买

权负担以及对之适用的规则，那么并不能得出在公示下对优先购买权的保护危及了拍卖的交易安全和导致法院的拍卖不具有公信力的结论。综上所述，既然是价值的权衡与取舍，价值的减损只能是潜在的、可能的和一定范围内的，而不予保护优先购买权则是显性的、肯定的和完全的，故在拍卖程序中仍需对优先购买权予以保护。[①]

（2）在拍卖程序中承租人优先购买权行使的方式。对此，我国司法实践中采取的是“跟价法。“跟价法”，是指由法院通知优先购买权人直接参与竞买，优先购买权人和竞买人一起竞价，实行价高者得。这种做法将优先购买权人视为一般的竞买人。因此，优先购买权人要行使和实现其优先购买权，必须同其他竞买人一样，按照拍卖公告的要求，进行竞买登记，交纳拍卖保证金，举牌竞买。《拍卖变卖财产规定》第 13 条第 1 款规定：“拍卖过程中，有最高应价时，优先购买权人可以表示以该最高价买受，如无更高应价，则拍归优先购买权人；如有更高应价，而优先购买权人不作表示的，则拍归该应价最高的竞买人。”

2. 通过竞买方式拍得租赁物是否可请求损害赔偿

（1）签订要约即视为放弃优先购买权。承租人在整体出让房产的过程中，选择并承诺按拍卖公司要约的竞价方式来整体购买本案房产，按约如数存入了保证金，并以最高报价成为房产的买受人。这种情况下要约与承诺对出卖人和作为竞买人的承租人均具有法律拘束力。尽管竞买人是房产的承租人，但是成为竞买人是对优先购买权的放弃，故不存在还有优先购买权人的告知问题。承租人的报价行为构成对拍卖公司要约的承诺，参加竞买意味着必须接受资产出让要约书的约束。法律赋予了承租人优先购买权，但并未规定当承租人给出高于其他购买人的价格时，资产所有权人不得出卖。在竞买中，当承租人报价最高时，其可以依约定选择购买成为资产买受人，也可以选择以不退回保证金的方式拒签资产出让协议并主张优先购买权。承租人在签订资产出让协议后又要求以竞买中的次高应价行使优先购买权是对资产出让协议的反悔，其主张不应支持。

（2）是否公示优先购买权与最高应价缺乏关联性。拍卖公司及出租人是否告知其他竞买人其所售房屋存在优先购买权人可能影响的是其他买受人的

---

① 最高人民法院民事审判第一庭编著：《最高人民法院关于审理城镇房屋租赁合同纠纷案件司法解释的理解与适用》，人民法院出版社 2009 年版，第 313 页。

权利，但并不影响承租人行使优先购买权及竞买出价。优先购买权是在同等条件下赋予承租人优于其他买受人的交易机会，当不存在同等条件时，也不存在优先购买权。承租人以竞买价格作出购买的意思表示时，是否存在其他竞买人及其他竞买人的报价如何并不确定，承租人进行报价时行使优先购买权的同等条件并不存在。只有在报价公开，且承租人的报价低于他人时，才产生承租人要求以同等条件购买的问题。承租人可以在参与竞买的过程中行使优先购买权，在已经知晓竞买底价的情况下，压低自己的竞买价格，当他人报出最高价格时，再以优先购买权人的身份要求在同等条件下优先购买。因此，拍卖公司、出卖人的行为不影响承租人在竞买中行使优先购买权。

【规范指引】

《民法典》第484条、第726条、第727条；《拍卖变卖财产规定》第13条。

【案例】刘某与乙资产管理公司财产损害赔偿责任纠纷案[①]

2003年10月22日，乙资产管理公司（出租方）与刘某（承租方）签订《房屋租赁合同》，约定：刘某承租“十号楼”负一楼，从2003年12月1日起将出租房屋交付承租方使用，至2004年11月30日收回；在同等条件下，承租方有优先购房权等。2004年6月2日，乙资产公司登报公告拟处置“十号楼”负一楼、负二楼，并告知了刘某。刘某于2004年6月15日书面回复，表示愿意购买此房，请优先考虑。2004年10月29日，乙资产管理公司继续在报上公告，拟通过要约竞价方式出让该处房产，有意者领取《资产出让要约书》。刘某领取了该要约书并参与竞价，以11 111 668元的最高价竞得该标的。按刘某的竞买出价，该整体转让房屋单价为每平方米4891.54元，按“次高应价”该整体转让房屋单价为每平方米3605.37元，每平方米相差1286.17元。刘某取得涉案房屋后，以乙资产管理公司侵犯了其优先购买权为由，请求判令乙资产管理公司赔偿其损失，损失的数额为其买受价与第二高价格的差额。

【分析】

法院拍卖程序中，承租人行使优先购买权可参照《拍卖变卖财产规定》进行。承租人的报价行为构成对拍卖公司要约的承诺，参加竞买意味着必须接受资产出让要约书的约束。法律赋予了承租人优先购买权，但并未规定当承

---

① 杜万华主编：《民事审判指导与参考》（总第70辑），人民法院出版社2017年版，第276~278页。

租人给出高于其他购买人的价格时，资产所有权人不得出卖。承租人在签订出让协议后又要求以竞买中的次高应价行使优先购买权是对出让协议的反悔。

【规范指引】

《民法典》第484条、第726条、第727条;《拍卖变卖财产规定》第13条。

第五章　合同权利义务终止及法律后果

第一节　争点归纳概述与要素审查

房屋租赁合同履行过程中，因主客观情况的变化致使合同履行难以为继，经当事人协议，或者当具备约定、法定的解除事由时，解除权人可以行使解除权，以终止租赁合同的权利义务。司法实践中，围绕房屋租赁合同权利义务终止问题，主要涉及合同解除权的审查以及权利义务终止后法律后果审查两大类。前者主要包括解除权行使条件、行使期限、解除时间认定以及合同僵局中司法解除等问题，后者则为合同解除或终止履行后，租金（占有使用费）如何结算、押金如何处理、租赁物如何腾退和装修添附如何补偿等问题。由于房屋租赁合同无效的情况下，出租人与承租人的诉争事项也涉及前述问题的处理，故本章节一并将其纳入讨论范围。

一、合同解除权的审查

（一）解除权条件的审查

【审查要点】

合同解除权包括法定解除权和约定解除权。法定解除权系指法律规定的解除条件成就时，当事人享有终止合同权利义务的权利。因法定解除权的条件为法律明确规定，当事人诉请解除合同的，人民法院只需审查解除条件是否成就即可；若成就的，则应当解除合同。与法定解除权不同，约定解除权较为特殊，当事人在合同中约定解除权行使事由的，人民法院原则上应尊重当事人的意思自治，约定解除条件成就时，应当判令解除合同。但是，如果约定解除事由过于宽泛或对合同目的实现不构成实质影响的，则应对当事人约定的解除权事由深入审查，立足于公平正义的解释立场以及对当事人利益平衡的考虑，对于违约方违约程度显著轻微的情形，即使形式上符合当事人事先约定的行使合同解除权的事由，仍有必要对守约方行使约定解除权加以限制，这样才能更好地平衡当事人之间的利益关系，维护交易安全。

【注意事项】

对于当事人违约程度的审查，应参照2019年《民商事审判会议纪要》第47条的规定，合同约定的解除条件成就时，守约方以此为由请求解除合同的，人民法院应当审查违约方的违约程度是否显著轻微，是否影响守约方合同目的的实现，根据诚信原则，确定合同应否解除。违约方的违约程度显著轻微，不影响守约方合同目的的实现，守约方请求解除合同的，人民法院不予支持；反之，则依法予以支持。如出租人仅以承租人逾期未交租金达到合同约定的解除条件为由解除房屋租赁合同，若承租人已经履行了合同的主要义务（支付租金）且欠付租金情况显著轻微，即便违约也不影响出租人房屋租赁合同目的的实现，则不能轻易认定合同解除。如承租人存在不当使用租赁物的情况，则需要审查承租人不当使用行为致使租赁物受到损失的程度，区分合理使用损耗和不当使用产生的损失，如属于合理正常的使用，不影响租赁房屋继续发挥效能的，则不能轻易认定合同解除。

【规范指引】

《民法典》第158条、第711条、第722条。

（二）解除权行使期限的审查

【审查要点】

解除权属于形成权，解除权的行使期间为除斥期间，不可中止、中断、延长，一旦期间经过则权利消灭。《民法典》第564条规定，解除权自解除权人知道或者应当知道解除事由之日起一年内行使，因此司法实践中，围绕解除权行使期限问题主要集中在对解除权行使起始时间的审查，解除权人对解除事由“知道或应当知道”系法院审查的重点。

【注意事项】

租赁合同属于继续性合同，判断租赁合同解除权行使期限届满与否，应首先对导致合同解除权成就的“违约行为”是属于“单个持续的违约行为”

抑或“多个独立违约行为”作出认定。

例如，合同约定“承租人不得转租，否则出租人有权解除合同”，若承租人未经同意进行了转租，则该行为是“单一违约行为”，合同解除权的行使期限应当以出租人知道或应当知道转租的行为起算。在合同约定了解除权行使期限且该期限已届满的，出租人未主张解除租赁合同，则解除权消灭。又如，合同约定“承租人应于每月 5 日前交纳当月租金，逾期 30 日的，出租人有权解除合同”，若承租人没有按期交纳当月租金，则出租人在逾期 30 日后可行使合同解除权；若合同约定了解除权行使期限且该期限已届满的，出租人未主张解除租赁合同，则解除权消灭，此时出租人无权以承租人逾期交纳当月租金而要求解除合同。但是，若承租人继续拖欠租金，如又拖欠了第二个的租金，则此时承租人产生另一个独立于“逾期支付第一个月租金”的违约行为，故即使基于前一个违约行为的解除权消灭，出租人依然可以依据第二个月违约行为产生的解除权而主张解除合同。因此，承租人持续的逾期交租行为属于“多个独立违约行为”，而非“单个持续的违约行为”，相应的，出租人享有多个独立的合同解除权，且每个合同解除权独立计算行使期限。

【规范指引】

《民法典》第 199 条、第 564 条。

（三）解除时间认定的审查

【审查要点】

合同解除包括协议解除和单方解除。合同经协议解除的，解除时间为解除表示达成一致之日。单方解除的，则首先需要对当事人是否享有解除权作出审查。若当事人享有解除权的，审查的重点在于其以何种方式行使解除权。实践中，解除权的行使方式主要有三种：（1）通知解除；（2）起诉解除；（3）附宽限期的解除。相应地，合同解除时间的认定也存在差异：（1）享有合同解除权的一方当事人以通知的方式解除合同的，合同自通知送达对方时解除；（2）未通知对方，直接以提起诉讼的方式依法主张解除合同的，合同于起诉状副本送达对方时解除；（3）享有合同解除权的一方当事人以通知的方式解除合同，但同时在通知中载明对方在一定期限内不履行债务则合同自动解除，对方未履行债务的，合同自通知载明的期限届满时解除。

【注意事项】

不享有合同解除权的当事人发出解除通知或起诉解除，不产生合同解除效力。但不享有合同解除权的当事人起诉解除合同，对方同意解除、提起反诉要求解除合同或反诉请求实质上系以合同解除为前提的，则合同于对方作出同意解除合同意思表示或反诉状送达时解除。不享有合同解除权的当事人要求解除合同，对方不同意解除但收回了租赁场地，合同于场地收回之时解除。

【规范指引】

《民法典》第565条;《民法典合同编解释》第53条、第54条。

（四）合同的司法解除

合同的司法解除，是指无解除权的当事人起诉请求解除合同，人民法院经审查认为合同陷入僵局，属于《民法典》第580条规定的不宜强制履行的范畴，以司法判决的方式判令合同解除。合同司法解除的审查要点如下：（1）当事人属于违约方，无合同解除权，不能以通知方式解除合同，当事人解除合同方式为“起诉解除”或“应诉解除”;（2）合同陷入僵局且无法强制履行;（3）合同解除方式为法院判令解除。对于房屋租赁合同而言，承租人不愿意继续履行租赁合同，既包括不愿意支付租金，亦包括不愿意按照约定继续使用和妥善保管租赁房屋等，属于《民法典》第580条规定的不履行非金钱债务之情形，且由于房屋租赁合同属于继续性合同，不适合强制履行。因此，即使承租人是违约方，但基于租赁合同不适合强制履行，出租人的合同目的因此不能实现，法院可根据承租人的主张终止合同权利义务关系，即判决解除合同。

【注意事项】

违约方要求解除合同的，必须以诉讼的方式提出，且合同系由人民法院以判决的方式解除。但在实践中，违约方往往没有提起诉讼或缺席庭审，此时人民法院能否通过司法解除的方式解除合同？如房屋租赁合同中，承租人擅自搬离房屋、拖欠租金，但出租人既不行使合同解除权又未在合理期限内收回房屋，反而提起诉讼要求承租人支付租金。因出租人未诉请解除合同，而承租人又缺席庭审、未作出终止合同权利义务的意思表示。对该情况，一方面，要考虑到因没有当事人提出解除合同的诉求，人民法院不宜直接对合同作出解除处理；但另一方面，若承租人确实以搬离等行为表明不再履行合同的，应重点审查出租人知道或应当知道承租人不再履行合同的时间，并根据案件实际情况，选取合理时间点作为出租人自行收回租赁物、租赁合同权利义务实际终止的时间，以避免出租人一直不行使解除权而扩大损失，但客观原因导致出租人难以自行收回租赁物的除外。

【规范指引】

《民法典》第580条；《民法典合同编解释》第59条。

二、权利义务终止后法律后果审查

（一）租金（占有使用费）给付请求的审查

【审查要点】

房屋租赁合同的租金条款是双方经过磋商后达成一致意思表示，根据意思自治的基本原则，确定租金（占有使用费）时应当首先参照合同中约定的标准进行处理，并结合承租人欠付租金的期间计算欠付租金数额。承租人抗辩已支付租金的部分应举证证明。

房屋租赁合同无效，出租人有权请求承租人参照合同约定的租金标准支付房屋占有使用费。

在认定租金（占有使用费）时，应审查承租人占有房屋的期间、使用费的计算标准等要件事实，如出现房屋无法正常使用期间（包括上锁或者停水停电期间、房屋被查封期间、周围道路被围挡期间、被停业期间、房屋被拆除或者改造期间、房屋漏水期间等），如完全参照合同约定的租金标准确定占有使用费则有失公平，会导致当事人利益失衡，应根据承租人对房屋的使用程度酌情减免租金（占有使用费）。

如果房屋租赁合同约定了租金标准，但是双方在履行合同的过程中通过事实行为变更了合同约定的租金标准，仍应遵循双方的真实意思表示，按照实际履行的租金标准确定租金（占有使用费）标准。

如果存在出租人能够及时收回房屋而怠于收回房屋情况，出租人以无法另行出租房屋为由主张承租人承担相应期间的占有使用费，则应认定出租人没有尽到防止损失扩大的义务，对该损失的产生负有过错，相应的占有使用费不应由承租人承担。

【注意事项】

实践中的个案情况不尽相同，在房屋租赁合同无效情形下，房屋占有使用费的认定并无绝对标准，法院在审理时应避免机械使用司法，应结合房屋使用情况、适租性、房屋瑕疵问题等因素对占用使用费的标准予以合理调整。

【规范指引】

《民法典》第 543 条；《房屋租赁合同解释》第 4 条。

（二）租赁保证金给付请求的审查

【审查要点】

租赁合同约定承租人交付押金或租赁保证金，出租人因承租人拖欠租金解除合同时可以没收押金、租赁保证金的，该押金、租赁保证金具有违约金的性质，按违约金的法律规定处理。合同约定在合同终止时以押金、租赁保证金抵消拖欠的租金等费用的，该款项性质为预付款，依约定将其冲抵欠付租金等。

租赁合同无效，关于租赁保证金或押金的约定亦属无效，依照《民法典》第 157 条的规定，因合同取得租赁保证金或押金应返还给承租人。

租赁合同部分有效、部分无效的，租赁保证金或押金按有效与无效的比例作出划分后，依按前述规则处理。

【注意事项】

租赁合同约定出租人在承租人违约导致合同解除时有权没收租赁保证金的，出租人有关没收租赁保证金的诉请本质上系要求承租人承担数额相当于押金的违约责任，此时租赁保证金具有违约金属性，出租人有关没收租赁保证金的诉请本质上系要求承租人承担数额相当于押金的违约责任，法院对该诉请依违约金规则进行审查。如承租人反诉要求出租人退还租赁保证金，则该主张包含了违约金过高的抗辩主张。法院应综合考虑并根据实际情况酌定出租人应退还予承租人的租赁保证金数额。

【规范指引】

《民法典》第 157 条。

（三）水电、物业等费用给付请求的审查

【审查要点】

水电费和物业费是基于承租人对租赁物的实际使用而产生，无论房屋租赁合同是否有效，承租人都应缴纳水电费、物业费。法院应根据合同的相关条款及出租人的主张，结合出租人代垫费用的凭证或相关收费部门出具的凭证，审查承租人欠付水电费、物业费的期间、金额及计算方式。承租人抗辩已支付部分水电费、物业费的应举证证明。

【注意事项】

如果出租人并非物业管理方，仅是代收代缴物业费，承租人已经将相应的管理费缴纳给物业管理方的，则出租人无权再收取相应的物业费。实践中，部分出租人为了避税，将部分租金以物业管理费的形式进行收取，因该物业管理费实为租赁对价，承租人以出租人没有提供物业管理服务为由抗辩不支付该费用，不予支持。

【规范指引】

《物业管理条例》第 47 条。

（四）免租期租金请求的审查

【审查要点】

免租期是出租人在合同正常履行的情况下给予承租人的优惠，是出租人为了促进双方合意的达成而出让的部分可得利益。租赁合同终止履行后，出租权请求承租人补交免租期租金的，审查的要素包括四个方面：合同效力、免租期租金约定、实际履行租期及导致合同无法履行过错。第一，租赁合同有效且合同因解除而提前终止，双方对免租期租金负担有约定的，按约定处理；第二，双方没有约定的，因出租人违约导致合同解除的，对其请求承租人承担免租期的租金，不予支持；第三，因承租人违约导致合同解除的，出租人请求按照剩余租赁期限占全部租赁期限的比例补交免租期的租金，应予支持；第四，双方对租赁合同的解除均有过错的，一般也参照按照剩余租赁期限占全部租赁期限的比例原则来处理免租期租金问题。

【注意事项】

租赁合同无效，免租期的约定虽然也属无效，但出租人之所以同意给予

承租人免租期，系希望承租人履行全部租期从而获得租金收益，故在承租人未能履行全部的租期的情况下，从公平原则考虑，承租人仍应依剩余租赁期限占全部租赁期限的比例补交免租期的租金。

【规范指引】

《民法典》第 157 条。

（五）租赁物返还请求的审查

【审查要点】

对租赁物返还请求进行审查，涉及两个方面：（1）承租人占有租赁物的依据是否丧失；（2）租赁物的现状及返还时间的认定。

承租人丧失合法占有使用租赁物的依据，系租赁物返还请求权的权利基础，因此首先需要对合同的履行状态作出审查，包括约定租期是否届满、合同是否有效、是否已解除等。若合同被认定无效、已解除或租期届满后不再续租的，承租人继续占有、使用租赁物已无合法依据，应返还租赁物。

对租赁物占有状态的审查，系租赁物返还请求的审查重点。若租赁物仍由承租人继续占有的，人民法院可组织租赁双方进行交接，以防止扩大损失，组织交接日为租赁物返还日；承租人经释明后拒不配合交接，则可直接判令承租人返还租赁物；若承租人已提前搬离且房屋符合返还条件的，出租人应在合理期限内收回租赁物，该合理期限为租赁物收回日。

【注意事项】

实践中，在承租人不愿继续履行租赁合同但消极配合办理交接手续的情况下，为了避免损失扩大，出租人负有减损的义务。如出租人发现承租人已未经同意擅自搬离租赁物，则其应在合理期内自行收回租赁物；若有遗留物品，原则上出租人应进行清理，由此产生的费用（清理费、保管费），出租人可另行向承租人主张权利。出租人既不积极履行催收租金权利，也不收回租赁物，导致租赁物闲置、损失进一步扩大，对由此造成的损失由出租人自行负担。

【规范指引】

《民法典》第 157 条、第 591 条、第 733 条。

（六）添附物赔偿请求的审查

【审查要点】

添附物赔偿请求是承租人在合同无效或解除的情况下，要求出租人赔偿租赁物上的装修投入损失。《房屋租赁合同解释》第 7 条至第 12 条对租赁物上添附物的损失赔偿问题给出了明确的处理规则，因此该请求权审查要素主要在于以下五方面。

1. 审查合同是有效合同还是无效合同。合同无效的，导致合同无效的过错如何分配；合同有效的，导致合同解除是出租人还是承租人违约所致。

2. 审查出租人是否同意添附。若出租人明知道承租人对租赁房屋进行装饰装修，但没有明确表示异议，可推定出租人同意承租人进行添附。

3. 审查添附物是否已形成附合。若装修物已与房屋形成附合，不可拆除或拆除将严重影响价值的，则由出租人折价补偿或作为承租人的损失在租赁双方间进行分配；若未形成附合的，如电器、家具的，可由承租人自行拆除。

4. 审查出租人是否同意利用添附物，若同意利用的，则可由出租人折价补偿承租人。

5. 审查导致合同解除的原因。出租人不同意利用已形成附合的添附物的，则按如下规则处理：（1）因出租人违约导致合同解除的，承租人要求出租人赔偿剩余租赁期间添附残值的，法院应予支持。（2）因承租人违约导致合同解除，承租人请求出租人赔偿剩余租赁期内装饰装修残值损失的，不予支持。（3）因双方违约导致合同解除，剩余租赁期内的装饰装修残值损失，由双方根据各自的过错承担相应的责任。（4）因不可归责于双方的事由导致合同解除的，剩余租赁期内的装饰装修残值损失，由双方按照公平原则分担。

【注意事项】

司法实践中，出租人往往会否认曾同意承租人进行装饰装修，承租人亦难以进行有效的举证，因此如何认定出租人“同意”需要进一步明确。除出租人以明示的方式作出同意的意思表示外，基于公平原则，以下情形亦应推定为出租人“同意”：（1）承租人对租赁房屋进行装饰装修或者改建扩建，出租人未及时提出异议；（2）出租人为承租人装饰装修或者改建扩建提供协助；（3）根据租赁房屋原状况和合同约定的用途，房屋应当装饰装修或者改建扩建才能使用。

【规范指引】

《民法典》第 322 条;《房屋租赁合同解释》第 6 条、第 7 条、第 8 条、第 9 条、第 10 条、第 11 条、第 12 条。

第二节　一般争点整理与认定

争点 1: 承租人经出租人同意在土地上进行违法搭建，后土地租赁合同被认定无效，违法搭建被拆除，对建筑物的造价费用损失应在合同双方之间进行合理分摊

《民法典》第 157 条规定:“民事法律行为无效、被撤销或者确定不发生效力后，行为人因该行为取得的财产，应当予以返还；不能返还或者没有必要返还的，应当折价补偿。有过错的一方应当赔偿对方由此所受到的损失；各方都有过错的，应当各自承担相应的责任。法律另有规定的，依照其规定。”承租人经出租人同意在土地上进行违法搭建的，因土地租赁合同无效，违法搭建被拆除致使承租人产生损失，对建筑物的造价费用应在土地租赁合同双方之间进行合理分摊，具体应当考虑双方对导致租赁合同无效及搭建违法建筑的过错程度、合同履行情况、租赁双方收益情况等主客观因素。

争点 2: 承租人逾期支付租金的，应审查违约程度是否显著轻微，是否影响出租人合同目的的实现，确定合同应否解除

《民法典》第 563 条第 1 款规定:“有下列情形之一的，当事人可以解除合同……（三）当事人一方迟延履行主要债务，经催告后在合理期限内仍未

履行……”租赁合同关系中，出租人的主给付义务是交付约定的租赁物，承租人的主给付义务是按时支付租金。承租人无正当理由不支付或迟延支付租金，出租人可以要求承租人在合理期限内支付。合同约定的解除条件成就时，守约方请求解除合同的，人民法院应当审查违约方的违约程度是否显著轻微，是否影响守约方合同目的实现，确定合同应否解除。

争点 3：房屋租赁合同无效，可参照合同约定的租金标准确定房屋占有使用费，但因出租人原因导致对承租人经营造成一定影响的，可酌情减付占有使用费

《房屋租赁合同解释》第 4 条规定：“房屋租赁合同无效，当事人请求参照合同约定的租金标准支付房屋占有使用费的，人民法院一般应予支持。当事人请求赔偿因合同无效受到的损失，人民法院依照民法典第一百五十七条和本解释第七条、第十一条、第十二条的规定处理。”房屋租赁合同无效，当事人请求参照合同约定的租金标准支付房屋占有使用费的，人民法院一般应予支持。但是，因出租人原因导致对承租人经营造成一定影响的，可酌情减付房屋占有使用费。

争点 4：双方明知涉案租赁物有缺陷仍签订合同，因租赁物缺陷导致合同目的不能实现而解除合同的，双方均不构成故意违约

双方在签订涉案租赁合同时对租赁物的缺陷均系明知，反映出租方并不存在故意隐瞒与订立合同有关的重要事实的情形；后承租方改良租赁物未果，因合同目的不能实现主张提前解除合同应予支持，承租方也不存在故意违约的情形。

争点5：房屋租赁合同解除后守约方负有减损义务

《民法典》第591条规定："当事人一方违约后，对方应当采取适当措施防止损失的扩大；没有采取适当措施致使损失扩大的，不得就扩大的损失请求赔偿。当事人因防止损失扩大而支出的合理费用，由违约方负担。"承租人未依约支付租金且不实际占有使用租赁房屋，出租人已明确告知承租人解除合同并将行使合同权利收回房屋，且具备收回房屋的客观条件的，出租人负有在合理期限内及时收回房屋的减损义务。出租人长期不收回租赁房屋并主张高额占有使用费的，对其未履行减损义务所致的损失，人民法院不予支持。

争点6：因不可归责于双方的事由导致合同履行不能时双方责任的认定

因不可归责于双方当事人的事由导致合同解除和因过错违约导致合同解除属于不同的两种情形，应区分处理。当因不可归责于双方当事人的事由导致合同履行不能时，在双方达成解除合同的合意情况下，不能再认定任意一方违约，并且，在双方就终止合同达成一致但就赔偿金额未达成一致意见前，双方协商解决纠纷期间，当事人可以行使同时履行抗辩权。合同约定解除后实际损失难以确定的条件下，人民法院可以根据公平原则和诚信原则结合合同实际履行情况等综合因素，酌定给予亏损方相应的经济补偿。

争点7：租赁房屋在租赁期间产生权属争议，承租人可以解除租赁合同的情形

《民法典》第724条规定："有下列情形之一，非因承租人原因致使租赁物无法使用的，承租人可以解除合同：（一）租赁物被司法机关或者行政机关依法查封、扣押；（二）租赁物权属有争议；（三）租赁物具有违反法律、行政法规关于使用条件的强制性规定情形。"具体来说，当遇到以下情况时，承

租人可以选择解除合同：第一，租赁物被司法机关或者行政机关依法查封、扣押；第二，租赁物权属有争议；第三，租赁物具有违反法律、行政法规关于使用条件的强制性规定情形。这一条款的制定旨在保护民事主体的合法权益，调整民事关系，维护社会和经济秩序。在实施过程中，如果出现租赁物无法使用的情况，承租人可以依据此法条来行使法定解除权。

争点 8：承租非国有房屋用于经营，以受疫情影响主张减免租赁费的处理

《最高人民法院关于依法妥善审理涉新冠肺炎疫情民事案件若干问题的指导意见（二）》第 6 条规定："承租国有企业房屋以及政府部门、高校、研究院所等行政事业单位房屋用于经营，受疫情或者疫情防控措施影响出现经营困难的服务业小微企业、个体工商户等承租人，请求出租人按照国家有关政策免除一定期限内的租金的，人民法院应予支持。承租非国有房屋用于经营，疫情或者疫情防控措施导致承租人没有营业收入或者营业收入明显减少，继续按照原租赁合同支付租金对其明显不公平，承租人请求减免租金、延长租期或者延期支付租金的，人民法院可以引导当事人参照有关租金减免的政策进行调解；调解不成的，应当结合案件的实际情况，根据公平原则变更合同。"租赁合同约定了租金支付标准、支付时间，双方理应依约履行。私营企业将其房屋租赁给个人，不符合上述指导意见第 1 款关于租赁国有企业房屋主张减免租金的规定。但因受疫情影响，租赁私营企业房屋产生的租金应否予以减免事宜，法律并无强制性规定，应由双方协商解决。疫情系不可预见、不能避免并且不能克服的客观情况，属于不可抗力。若承租房屋进行生产经营，嗣后，确因疫情或疫情防控需要，暂停营业造成损失等，可结合租赁房屋的性质、双方合同约定、涉案市场租金减免情况及受新冠肺炎疫情的影响程度，综合全案案情适用公平原则，对租赁期间产生的租金作出酌减或认定，进行对应折抵，既充分体现了疫情之下风险共担、共克时艰、共渡难关的原则，也可以公平保障双方当事人的合法权益。

争点 9：房屋租赁合同到期后，没有续签租赁合同，原租赁合同继续有效，租赁期限为不定期

《民法典》第 734 条规定："租赁期限届满，承租人继续使用租赁物，出租人没有提出异议的，原租赁合同继续有效，但是租赁期限为不定期。租赁期限届满，房屋承租人享有以同等条件优先承租的权利。"租赁期限届满，承租人继续使用租赁物，出租人没有提出异议的，原租赁合同继续有效，但是租赁期限为不定期。出租人有权按照原合同约定主张租金。

争点 10：租赁合同违约金是否约定过高不以民间借贷利率及其上限为标准

根据《民法典》第 585 条的规定，当事人可以约定一方违约时根据违约情况向对方支付一定数额的违约金，也可以约定因违约产生的损失赔偿额的计算方法。约定的违约金低于造成的损失的，人民法院或者仲裁机构可以根据当事人的请求予以增加；约定的违约金过分高于造成的损失的，人民法院或者仲裁机构可以根据当事人的请求予以适当减少。当事人就迟延履行约定违约金的，违约方支付违约金后，还应当履行债务。当事人诉请违约金时，应先审查租赁合同中是否约定违约金。违约金以实际损失为限，若约定的违约金低于或过分高于造成的损失的，人民法院可以根据当事人的请求予以增加或减少。因此租赁合同中的违约金约定上限不以民间借贷利率及其上限为标准，而是根据实际造成的损失酌情调整。

争点 11：不定期租赁合同履行期间，原租赁合同中的违约条款可以继续适用

根据《民法典》第 734 条的规定，租赁期限届满，承租人继续使用租赁物，出租人没有提出异议的，原租赁合同继续有效，但是租赁期限为不定期。

因租赁期限届满而转化为不定期租赁合同，原租赁合同除了租赁期限变为不定期，合同其他内容继续有效，因此原合同违约条款可以继续适用。

争点 12：当事人仅提出解除合同的诉请，法院应当对其是否变更诉请进行释明

在办理房屋租赁合同纠纷时要防止机械适用“不告不理”原则，仅就当事人的诉讼请求进行审理。参考《民商事审判会议纪要》第 36 条规定的精神，当事人提出解除租赁合同的诉请，但并未提出返还租赁物、折价补偿或赔偿损失等请求的，人民法院应当向原告释明可以变更或者增加诉讼请求，一并处理合同解除后的返还租赁物、赔偿损失、承担违约责任等问题，尽可能一次性解决纠纷，以有效化解社会矛盾，减少当事人的诉累。

争点 13：租赁合同解除后空租损失确定

空租损失系出租人在租赁合同解除后无法及时出租租赁物获取收益而遭受的损失，从其性质上属于可得利益损失。根据《民法典》第 584 条规定，当事人一方不履行合同义务或者履行合同义务不符合约定，造成对方损失的，损失赔偿额应当相当于因违约所造成的损失，包括合同履行后可以获得的利益；但是，不得超过违约一方订立合同时预见到或者应当预见到的因违约可能造成的损失。若承租人违约解除合同，出租人主张空租损失的，可予支持。根据《民法典合同编解释》第 63 条的规定，在认定《民法典》第 584 条规定的“违约一方订立合同时预见到或者应当预见到的因违约可能造成的损失”时，人民法院应当根据当事人订立合同的目的，综合考虑合同主体、合同内容、交易类型、交易习惯、磋商过程等因素，按照与违约方处于相同或者类似情况的民事主体在订立合同时预见到或者应当预见到的损失予以确定。除合同履行后可以获得的利益外，非违约方主张还有其向第三人承担违约责任应当支出的额外费用等其他由违约所造成的损失，并请求违约方赔偿，法院经审理认为该损失系违约一方订立合同时预见到或者应当预见到的，应予支

持。在确定违约损失赔偿额时，违约方主张扣除非违约方未采取适当措施导致的扩大损失、非违约方也有过错造成的相应损失、非违约方因违约获得的额外利益或者减少的必要支出的，人民法院依法予以支持。因此，空租损失应当在合理可预见范围内，结合合同约定、合同终止后的双方的履行行为、过错程度等予以综合考量作出认定。

争点 14：承租人逾期支付租金的，出租人同时主张租金利息与逾期违约金的，应遵循填平原则和禁止获利原则确定

因承租人逾期支付租金，出租人主张租金利息与逾期支付租金违约金，属于主张违约损失赔偿。违约损失赔偿遵循填平原则和禁止获利原则，不能让守约方因对方的违约行为而获得额外的利益。[①] 因此，一般而言出租人不能同时主张租金利息与逾期违约金，但若合同约定的违约金低于其实际损失的，出租人主张对违约金予以调整，可予支持。

一般情况下，当事人约定的违约金是损害赔偿性质的，而租金利息是法定的损害赔偿性质的，二者实质上都属于损害赔偿，根据损害填补原则，对二者不能同时主张，除非违约金低于实际损失的，当事人可以要求增加。

争点 15：租赁合同到期后，承租人先期投入的折价补偿规则

一般而言，承租人为租赁合同可能投入的费用包括厂房建造费用、建设附属设施、装饰装修、人员资金等。根据《民法典》第 567 条规定，合同的权利义务关系终止，不影响合同中结算和清理条款的效力。若租赁合同对于承租人先期投入的补偿有约定的，按合同约定处理。若租赁合同没有约定的，根据《房屋租赁合同解释》第 8 条、第 9 条、第 10 条、第 11 条、第 12 条规定处理。

对于先期投入，包括厂房建造费用、装饰装修、附属物等，也包括人

---

① 最高人民法院民事审判第二庭、研究室编著：《最高人民法院民法典合同编通则司法解释理解与适用》，人民法院出版社 2023 年版，第 714 页。

员、资金等投资。当事人主张的内容不同，处理亦不一致。对于先期投入的内容应当明确，仅就建造费用等而言，应当根据合同约定处理，即审查双方对于租赁期满后，相应的建筑物、附属物、形成添附的装饰装修等归属是否作出约定，若约定租赁期满后归属于出租人，承租人无权享有的，则租赁期满后相应承租人的投入视为摊销 / 折旧完毕，承租人不应当获得补偿。合同没有约定的，根据《房屋租赁合同解释》，对于改建扩建、装饰装修等费用的处理，均有明确规定。除对于是否属于违法建筑等认定不属于法院审理范围，其中的建造费用等均应当按照举证责任进行审理。

争点 16：经营性租赁合同的承租人在经营中被施以行政强制措施，影响租赁合同继续履行，且承租人在合理期限内未纠正该违法行为的，出租人有权解除合同

出租人行使合同解除权应具备以下条件：一是该行政强制措施是承租人的自身经营行为所致，比如承租人经营行为不符合国家土地管理、环保、消防等法律法规的相关规定，被责令停产停业等。如果是出租人的出租行为违反租赁房屋或其所在土地的规划用途，导致承租人被施以行政强制措施的，出租人不享有合同解除权。二是该行政强制措施影响租赁合同继续履行，且承租人在合理期限内未纠正该违法行为的，出租人有权解除合同。

争点 17：承租人欠付的租金或占有使用费的利息确定

合同有效，承租人欠付租金的，应按合同约定支付逾期付款违约金；约定违约金标准过高的，依照《民法典》第 585 条予以调整。合同无效，承租人应参照租赁标准支付占有使用费，逾期支付的，按全国银行间同业拆借中心公布的贷款市场报价利息计付逾期付款的资金占用利息。

租赁合同为继续性合同，承租人按期（月 / 季 / 年）支付租金或占有使用费，每期应付费用为每个独立债权，属于“定期给付之债”，而非《民法典》第 189 条所规定的“分期给付之债”，承租人逾期支付的，应按每个独立债权

分别计算逾期付款违约金或资金占用利息。

争点18：承租人经出租人同意装饰装修，合同无效或解除时形成附合的装饰装修物的价值认定

根据《房屋租赁合同解释》第7条和第9条的规定，需要理解和区分附合装饰装修物的“现值损失”和“残值损失”两个概念。

一般情况下，承租人对于租赁房屋进行装饰装修，不仅会考虑租赁房屋的用途和其个人需求，而且会着重考虑租赁期限的长短。因此，在合同有效的情况下，理论上认为因承租人在租赁期内已完全享用了其附合在租赁物上的装饰装修物的价值，则租赁期满附合的装饰装修物对于承租人而言已完全丧失了使用价值，出租人除自愿外无须对此再进行补偿。但是，如果双方在租赁期限届满前已解除合同，则就会出现承租人未能完全享用附合装饰装修物价值的情况，此时便有了上述司法解释第9条所规定的“剩余租赁期内装饰装修残值损失”这一概念，即房屋租赁合同在履行期限届满前解除时附合的装饰装修物在剩余租赁期内尚存在的价值。司法实践中，应首先通过双方协商或委托鉴定等方式确定承租人用于附合的装饰装修费用，然后根据房屋租赁合同约定的租赁期限，将装饰装修费用平均分摊，最后计算得出房屋租赁合同解除时剩余租期内附合的装饰装修价值。

然而，在合同无效的情况下，由于双方关于租赁期限等的约定均属无效，因而不能按照原约定的租赁期限分摊附合装饰装修物的费用，同时，在确认合同无效时，承租人一般已实际使用租赁房屋，因而也不能按照承租人实际投入的装饰装修费用确定合同无效时的装饰装修价值。由此便有了司法解释第7条所规定的装饰装修物的“现值损失”这一概念，即附合装饰装修物在房屋租赁合同被确认无效时尚存在的实际价值，一般采用鉴定方法确定较为公平。

争点 19：合同无效、履行期限届满或解除，次承租人继续占有使用房屋的，应支付占有使用费

在转租情况下，出租人与承租人签订的租赁合同终止后，承租人与次承租人签订的租赁合同则因合同目的不能实现而解除，此时房屋由次承租人实际占有使用。若次承租人拒绝搬离，应当向出租人支付占有使用费，占有使用费数额可参照次承租人与承租人签订的租赁合同约定的租金标准确定。

《房屋租赁合同解释》第 13 条规定："房屋租赁合同无效、履行期限届满或者解除，出租人请求负有腾房义务的次承租人支付逾期腾房占有使用费的，人民法院应予支持。"根据上述规定，若出租人与承租人之间的租赁合同解除，次承租人实际占有使用房屋，出租人有权请求次承租人腾房并支付房屋的占有使用费。次承租人与出租人之间不存在合同关系，应当以公平合理为原则审查租赁合同、转租合同约定的租金标准，选择与市场租金行情最为接近的租金标准为参照确定占有使用费计算方式，平衡保护次承租人和出租人的利益。实践中有案件参照出租人与承租人之间的租赁合同约定的租金标准确定占有使用费计算标准。但若参照出租人与承租人之间的租赁合同约定的租金标准显失公平，可以根据具体案件情况酌情予以调整。

第三节 法律适用中的疑难问题

问题 1：租赁房屋存在权利瑕疵，承租人解除合同的条件

在租赁房屋存在权利瑕疵的情况下，只有该权利瑕疵导致承租人无法对租赁房屋使用、收益，合同目的不能实现，且承租人在订立合同时对此并非

知道或应当知道，承租人方有权作为守约方解除合同；当事人另有约定除外。

租赁房屋存在权利瑕疵，一般是指第三人对租赁房屋有合法的权利主张，可以是基于所有权、他物权或债权，[①]主要有以下几种情形：出租人对于租赁房屋不享有权利或不全部享有权利，如出租人将无权处分的房屋对外出租，或未经共有人同意对外出租；出租人对租赁房屋的权利受到第三人权利的限制，如房屋被设定抵押、买卖预告登记后再行出租；未经上一手出租人同意擅自转租；等等。《民法典》第724条规定，租赁物权属有争议，非因承租人原因致使租赁物无法使用的，承租人可以解除合同。该“租赁物权属有争议”即属于租赁房屋存在权利瑕疵的情形。

权利瑕疵和无法实现合同目的之间要求具有因果关系，如抵押权人对租赁房屋行使抵押权，新的受让人要求收回租赁房屋，则承租人有权解除合同；新的受让人同意继续履行租赁合同的，则承租人无权要求解除合同。

承租人在签订合同时明知或应知该情形，仍愿意缔结租赁合同的，应视为承租人放弃追究出租人的瑕疵担保责任，不能再以租赁物具有权利瑕疵为由主张解除合同。对于承租人明知或应知的举证责任由出租人承担。对于承租人应知的认定，即承租人是否尽到谨慎注意义务，应以一般注意义务为基础，结合承租人的具体认知能力、出租人的行为、租赁物的性质、缔约过程等因素综合判定。需要说明的是，在承租人明知或应知的情况下，如该权利瑕疵客观上导致承租人合同目的不能实现，承租人要求法院判令解除合同，法院适用“合同僵局”的相关规定判决解除合同的，承租人依法应承担相应的违约责任。

【规范指引】

《民法典》第580条、第723条、第724条。

【案例】优某公司诉大某投资公司等房屋租赁合同纠纷案[②]

大某投资公司、大某物管公司作为出租房屋及附属设施的出租方，未告知出租标的物已抵押且已被司法查封的事实，与承租方优某公司签订房屋租赁合同，将案涉物业出租给优某公司经营使用。后因标的物被拍卖，竞得人通知优某公司停止履行租赁合同。优某公司起诉主张解除租赁合同，退还履约

---

① 最高人民法院民法典贯彻实施工作领导小组主编：《中华人民共和国民法典合同编理解与适用（三）》，人民法院出版社2020年版，第1539页。

② 参见四川省高级人民法院（2014）川民终字第555号民事判决书。

保证金 150 万元并赔偿损失。法院经审理认为，本案出租方违反先合同义务，在出租房屋和附属设施时未将标的物已被抵押和被司法查封的重大事项告知承租方优某公司，并最终导致其不能继续提供租赁合同标的物，构成根本违约。故判决确认案涉房屋租赁合同解除，出租方退还履约保证金 150 万元并赔偿损失。

【分析】

《民法典》第 724 条规定："有下列情形之一，非因承租人原因致使租赁物无法使用的，承租人可以解除合同：（一）租赁物被司法机关或者行政机关依法查封、扣押；（二）租赁物权属有争议；（三）租赁物具有违反法律、行政法规关于使用条件的强制性规定情形。"出租人违反诚信原则，隐瞒出租标的物已经抵押、查封在先的重要事实，其违反先合同义务的行为导致抵押在先的抵押权人及新的物权所有人依法拒绝承租人继续使用出租房屋，承租人有权解除合同并要求赔偿损失。

【规范指引】

《民法典》第 724 条。

问题 2：租赁房屋存在质量瑕疵，承租人解除合同的条件

租赁房屋的质量瑕疵分为缺陷和瑕疵。缺陷，是指租赁房屋存在危及人身安全、健康的不合理的危险。[①] 基于人格权保护优先于财产权的原则，在房屋存在质量缺陷时，承租人有权随时解除合同，不受解除权除斥期间的限制，也不问承租人在订立合同时对此是否明知，充分体现了民法的人文关怀。《民法典》第 731 条对此有明确规定，不再赘述。

瑕疵仅会造成租赁物使用、收益价值减损，即履行合同带来的财产价值的损失。[②] 除了《民法典》第 724 条第 3 项关于"租赁物具有违反法律、行政法规关于使用条件的强制性规定情形"外，瑕疵还包括其他影响承租人使用

---

① 最高人民法院民法典贯彻实施工作领导小组主编：《中华人民共和国民法典合同编理解与适用（三）》，人民法院出版社 2020 年版，第 1584 页。

② 最高人民法院民法典贯彻实施工作领导小组主编：《中华人民共和国民法典合同编理解与适用（三）》，人民法院出版社 2020 年版，第 1584~1585 页。

的质量问题，比如租赁房屋的楼板裂缝造成反复出现严重漏水。由于瑕疵不会影响承租人人身安全和健康，只是会损害承租人的财产利益，故承租人解除合同应具备以下条件（当事人另有约定的除外）。

一是该瑕疵导致承租人无法使用租赁房屋。法院应根据具体质量问题，结合合同约定用途、承租人对租赁物的使用情况、租赁房屋的性质、面积、质量问题、维修难易程度、双方对此的过错等因素综合认定。如该质量问题仅存在于局部，不影响剩余部分独立发挥租赁房屋效能的，且不影响承租人整体的租赁利益的，不支持承租人解除合同。但承租人可据此要求出租人承担赔偿损失等违约责任。

二是该瑕疵并非承租人造成。瑕疵是承租人造成的，如承租人在装修时未做好防水导致的漏水，承租人无权要求解除合同。

三是承租人在订立合同时对此不明知或应知。审查标准参照本书关于权利瑕疵情况下承租人解除权问题的审查标准。需要说明的是，如承租人在订立合同时明知或应知租赁房屋存在质量瑕疵，以为能够容忍或改善后消除该质量瑕疵，在实际承租时发现该质量瑕疵严重影响租赁房屋的使用，要求解除合同的，法院应适用"合同僵局"的相关规定判决解除合同，承租人应承担相应的违约责任。

【规范指引】

《民法典》第 724 条、第 731 条。

【案例】某房地产公司诉曾某某房屋租赁合同纠纷[①]

2019 年 7 月 18 日，某房地产公司与曾某某签订了商铺租赁合同，约定将某商铺出租给曾某某经营 KTV。2019 年 12 月 27 日，曾某某代理人钱某某向某房地产公司发出《关于延迟进场装修的告知函》，称某房地产公司交付的商铺达不到曾某某进场和装修的标准，房屋严重漏水，在曾某某指定的时间内也未处理完毕，构成严重违约，故申请赔偿损失后撤场。一审庭审中，曾某某陈述：2019 年 8 月发现商铺漏水，遂要求某房地产公司整改；同年 9 月某房地产公司告知整改完毕，当月 15 日钱某某到现场时没有发现漏水，以为整改完毕才签字确认接收商铺，谁知后来一直漏水，没有根本处理好；装修工人进场装修到 11 月就因漏水而撤场。法院认为，某房地产公司作为出租人，

① 参见四川省成都市中级人民法院 (2021) 川 01 民终 25057 号民事判决书。

其基本义务是交付租赁物且交付的租赁物应当满足基本的使用需求。虽然曾某某的代理人于2019年9月15日签订了关于案涉商铺的《商户交付及收回记录表》，但从双方的聊天内容可知，案涉商铺此前就存在漏水问题。漏水并不必然持续，即使曾某某签收了《商户交付及收回记录表》，也不能由此推定漏水问题已经妥善解决。此后案涉商铺仍然漏水，且某房地产公司也一直在处理漏水问题，曾某某因此无法完成装修工作。故钱某某在2019年9月15日的签收行为不能视为某房地产公司完成了交付义务。某房地产公司主张漏水是由曾某某自行装修以及案涉商铺楼上的商铺装修所致，但从双方的沟通记录来看，曾某某并未认可该原因，故仅凭某房地产公司的单方表述不能证明其主张。案涉商铺存在质量瑕疵，某房地产公司无法交付适租房屋，导致曾某某的合同目的无法实现，曾某某享有法定的解除权。

【分析】

本案中，承租人在承租后才发现案涉租赁标的物漏水严重，导致不能进场装修，虽经出租人修复仍不能完全消除该问题，从合同约定的租赁用途来看，该质量瑕疵会严重影响承租人的经营，导致合同目的不能实现，出租人主张漏水由承租人和案外人造成，但未充分举证证明，应承担举证不能的后果。基于案涉租赁物存在该质量瑕疵，法院认为出租人未完成租赁物的交付义务，承租人有权解除租赁合同。

【规范指引】

《民法典》第724条。

问题3：租赁物无法用于约定用途，承租人解除合同的条件

在租赁物无法用于约定用途的情况下，如合同约定承租人可据此解除合同的，应予以支持；如合同无上述约定的，还应满足以下条件，承租人方有权解除合同。

第一，该情况导致承租人的合同目的不能实现。所谓不能实现合同目的，司法观点倾向认为是实际剥夺了承租人的履行利益，使承租人订立合同所追

求的履行利益不能实现。[①] 比如，双方约定租赁物用于经营餐饮，但因租赁物本身的原因导致承租人无法获取环保、消防等经营餐饮行业必需的行政许可，此时承租人以合同目的不能实现为由要求解除合同，法院应予支持。如双方仅约定租赁物用于商业，对于租赁物用途的表述不够明确、具体，即使承租人不能将租赁物用于经营餐饮，亦可用于其他商业经营，不应认定为租赁物无法用于约定用途，承租人不能解除合同。需要注意的是，租赁物虽不能用于约定用途，但承租人在承租后接受该事实并及时调整使用方式以符合租赁物的实际用途，并实际使用租赁物进行经营，则应认定承租人的合同目的能够得到实现。此种情形下，承租人要求解除合同往往并非因租赁物的用途不符合约定，其以租赁物用途为由要求解除合同，法院不应予以支持；但是，因出租人未能提供符合约定用途的租赁物构成违约，承租人可要求出租人赔偿因调整租赁物使用方式而增加的投入等。

第二，租赁物不符合约定用途并非由承租人的原因造成。承租人对于租赁物的装修、改建等使租赁物不符合合同约定的用途，应自行承担后果，无权要求解除合同。

第三，承租人在签订合同时对该情形不明知或应知。审查标准参照本书关于权利瑕疵情况下承租人解除权问题的审查标准。需要说明的是，如承租人在签订合同时明知或应知该情形，仍愿意缔结租赁合同，则应视为承租人认可该租赁物的实际用途，不能再以租赁物不符合约定用途为由主张解除合同。有些合同还会约定由承租人完善相关审批手续使租赁房屋符合约定用途。对于承租人明知或应知的举证证明责任由出租人承担。对于承租人应知的认定，即承租人是否尽到谨慎注意义务，应以一般注意义务为基础，结合承租人的具体认知能力、出租人的行为、租赁物的性质、缔约过程等因素综合判定。

【规范指引】

《民法典》第 563 条。

【案例】四川省某某体育公司与成都市某某公司租赁合同纠纷案[②]

某某公司与某某体育公司签订租赁合同，约定某某公司将案涉租赁物出

① 最高人民法院民法典贯彻实施工作领导小组主编：《中华人民共和国民法典合同编理解与适用（一）》，人民法院出版社 2020 年版，第 639 页。

② 参见最高人民法院（2020）最高法民申 103 号民事判决书。

租给某某体育公司。某某体育公司在明知案涉房屋未办理房屋所有权证、规划许可证等相关证照，且存在消防问题的情况下，仍愿意租赁案涉房屋并同意负责案涉房屋消防安全设施设备升级改造。后某某体育公司以案涉租赁物未取得规划许可证及存在消防问题为由，诉至法院要求解除合同。法院经审查认为，某某体育公司在明知案涉房屋存在消防问题的情况下仍愿意租赁案涉房屋，亦未提供证据证明案涉房屋因消防问题被相关主管部门勒令停止营业，其要求解除合同缺乏理据，不应予以支持。

【分析】

出租人在明知案涉房屋未办理房屋所有权证、规划许可证等相关证照，且存在消防问题的情况下，仍愿意租赁案涉房屋并同意负责案涉房屋消防安全设施设备升级改造，其应承担因相关证照不齐而导致不能通过消防验收的风险。同时，租赁合同约定承租人租赁案涉房屋的用途为商业经营管理。目前，案涉商场仍然在营业，且承租人未提供证据证明因消防问题被相关主管部门勒令停止营业。故承租人称由于租赁房屋不能办理消防验收，不能按照约定用途使用，致使合同目的不能实现而要求解除案涉租赁合同的再审理由不能成立。

【规范指引】

《民法典》第 708 条。

问题 4：承租人不当使用致使租赁物受到损失的，出租人有权解除合同

根据《民法典》第 709 条的规定，承租人不当使用租赁物，是指承租人未按照约定的方法或违反租赁物的性质使用租赁物。一般情况下，双方对于租赁物使用方法的约定表现为租赁合同对租赁物用途的约定。① 特殊情况下，还包括关于使用方式、居住人员的身份和人数等具体约定，如仅限于承租人及其亲属居住而不能用于经营民宿、不得使用大功率电器、不得明火煮饭等。

① 最高人民法院民法典贯彻实施工作领导小组主编：《中华人民共和国民法典合同编理解与适用（三）》，人民法院出版社 2020 年版，第 1450 页。

租赁房屋的性质，是指租赁物本身固有、通常的用途或规划用途。[①] 房屋的规划用途表现为住宅、工业用房、商业用房、科教文卫用房、办公用房等。

如双方约定承租人不当使用租赁物，出租人即可解除合同，则出租人可依约解除合同，无须考虑承租人的违约行为是否致使租赁物受到损失。比如双方明确约定仅限于承租人本人居住，否则出租人有权解除合同。在此情形下承租人容留亲朋居住，即使承租人和亲朋已尽善良注意义务，小心维护房屋，未造成任何房屋损坏，出租人仍可依约解除合同。

如双方没有上述约定，根据《民法典》第 711 条规定，承租人不当使用租赁物需达到致使租赁物受到损失的程度，出租人方有权解除合同。此时应区分承租人合理使用租赁房屋时产生的损耗和不当使用租赁房屋时产生的损失。损耗虽然也会使租赁房屋的价值降低，但是是合理的、正常的，不影响租赁房屋继续发挥其效能，而损失是不合理的、非正常的，会加快租赁房屋价值贬损甚至是丧失。[②] 比如，承租人承租普通住宅后擅自用于经营民宿，虽然均是用于居住，但后者显然会不正常地加快房屋价值的贬损，对租赁房屋造成损失。《房屋租赁合同解释》第 6 条规定的“承租人擅自变动房屋建筑主体和承重结构或者扩建”，即为承租人不当使用租赁物的情形。

【规范指引】

《民法典》第 709 条、第 711 条。

【案例】某某公司诉某某宾馆租赁合同纠纷案[③]

某某公司与某某宾馆曾签订《广州市房屋租赁合同》，约定：某某公司将涉案房屋出租给某某宾馆用作商业用途。某某宾馆在二次装修时对楼面重新铺设地砖，但卫生间的防水措施不足，且二层房间内卫生间未设置沉箱，导致二层卫生间用水通过楼板裂缝向下发生渗漏。经出租人催告，承租人在合理期限内未能解决漏水问题，导致对楼下房屋用户造成严重影响，某某公司诉至法院请求解除租赁合同。法院经审理认为，涉案房屋漏水系因某某宾馆的原因引起。经某某公司催告，某某宾馆在合理期限内未能解决漏水问题，导致对楼下房屋用户造成严重影响，某某公司请求解除租赁合同符合规定。

---

① 最高人民法院民法典贯彻实施工作领导小组主编：《中华人民共和国民法典合同编理解与适用（三）》，人民法院出版社 2020 年版，第 1450 页。

② 最高人民法院民法典贯彻实施工作领导小组主编：《中华人民共和国民法典合同编理解与适用（三）》，人民法院出版社 2020 年版，第 1460 页。

③ 参见广东省高级人民法院（2020）粤民再 101 号民事判决书。

【分析】

《民法典》第711条规定："承租人未按照约定的方法或者未根据租赁物的性质使用租赁物，致使租赁物受到损失的，出租人可以解除合同并请求赔偿损失。"本案中，根据一审法院依法委托的广东某某检测鉴定有限公司对涉案房屋漏水问题作出的鉴定意见，承租方某某宾馆在二次装修时对楼面重新铺设地砖，但卫生间的防水措施不足，且二层房间内卫生间未设置沉箱，导致二层卫生间用水通过楼板裂缝向下发生渗漏。因此，涉案房屋漏水系由某某宾馆的原因引起。由于经某某公司催告，某某宾馆在合理期限内未能解决漏水问题，导致对楼下房屋用户造成严重影响，某某公司请求解除租赁合同符合法律规定。

【规范指引】

《民法典》第711条。

问题5：出租人享有解除权后仍收取租金，但所收部分不足以充分实现其合同目的且承租人的违约状态未得到充分补救的，出租人仍可在合理期限内继续行使解除权

这一争点涉及合同解除权默示放弃问题。当承租人拖欠租金构成根本违约时，出租人享有约定或法定解除权。根据《民法典》第565条的规定，出租人行使解除权应当通知承租人，合同自通知到达承租人时解除。但是《民法典》第140条也规定，意思表示可以以默示的方式作出，即不通过口头或书面等积极行为的方式表示，而是通过其行为推定其意思表示。那么，出租人在承租人拖欠租金而享有约定或法定解除权的情况下，没有通知承租人明确表示解除合同，而是继续收取承租人的租金，能否视为出租人放弃合同解除权？

我们倾向认为应重点审查出租人的合同目的是否因此得以实现。如果出租人收取租金后，其通过租赁房屋获得收益的合同目的已充分得以实现，承租人亦因出租人全面受领自己的履行行为而信赖合同可以继续履行，从诚信原则而言，应视为出租人放弃合同解除权；如果出租人收取的租金并不足以充分实现其合同目的，且承租人的违约状态未得到充分补救，出租人的解除

权仍然成立，则出租人收取租金的行为可能出于弥足己方损失或补救承租人违约行为的期待等考虑，承租人也应当知悉自己仍是违约方，不足以产生合同能够继续履行的合理信赖，此时应认定出租人仍有权解除合同，不能因为出租人的部分受领行为推定其放弃合同解除权。但是，出租人行使合同解除权不应超出合理期限，超出合理期限未行使，或经承租人催告后未行使，解除权归于消灭，从而避免租赁合同处于长期不稳定状态，徒增双方的交易成本。该合理期限根据个案案情综合判断，一般以不超过六个月为宜。

【规范指引】

《民法典》第 140 条、第 565 条。

【案例】某某公司与某某酒店租赁合同纠纷案[①]

某某公司（出租人、甲方）与某某酒店（承租人、乙方）签订《房屋租赁合同》，约定甲方将案涉租赁物及其配套设施出租给乙方用于经营酒店，并对酒店开业时间、违约责任等问题进行了约定。后某某酒店未按合同约定按期全部开业，但某某公司仍继续接受某某酒店支付的案涉房屋租金。后某某公司以某某酒店未依约开业已构成违约为由，诉至法院要求解除合同并赔偿损失。法院经审理认为，在合同解除权产生后，某某公司继续接受某某酒店支付的案涉房屋租金，应视为一种继续履行合同的默示，某某公司又要求解除合同，缺乏理据。

【分析】

《民法典》第 140 条规定："行为人可以明示或者默示作出意思表示。沉默只有在有法律规定、当事人约定或者符合当事人之间的交易习惯时，才可以视为意思表示。"出租人提起诉讼要求解除案涉房屋租赁合同时，距离解除权发生已逾三年，显然已经超过了"合理期限"。另外，解除权产生后，出租人继续接受承租人支付的租金，应视为一种继续履行合同的默示，承租人由此产生了对双方继续合同的信任并继续加大酒店的投入。从双方当事人履行合同的行为分析，应当认定出租人的约定解除权消灭。出租人要求解除案涉租赁合同的请求不能成立。

【规范指引】

《民法典》第 140 条。

---

① 参见重庆市第五中级人民法院（2022）渝 05 民终 7568 号民事判决书。

问题 6：出租人未履行维修义务，承租人合同解除权的认定

《民法典》第 713 条第 1 款规定了出租人不履行维修义务的法律后果，但对于承租人是否因此享有合同解除权未予规定。一般情况下，承租人无权以出租人不履行维修义务为由主张解除合同。但是，当该维修系承租人无法自行解决，也无替代维修方案，并且不维修将导致租赁房屋无法满足基本生活或生产需求，从而无法实现承租人的合同目的时，承租人可以要求解除合同。举例而言，租赁房屋内的下水管反水，如是一般情况下的偶发事件，承租人可以请专业通渠人员清理，但如果是水管等设施使用时间过长或房屋本身存在结构缺陷，导致反水情况经常发生，需协调物业公司或其他业主共同维修，承租人无法自行解决，也无替代性方案，且不维修将严重影响承租人的日常生活的，承租人有权要求解除合同。

【规范指引】

《民法典》第 713 条。

【案例】川西某某公司与某某公司租赁合同纠纷案[①]

川西某某公司与某某公司于 2012 年 2 月 25 日签订《仓库租赁合同》，约定川西某某公司将自己所有的厂房出租给某某公司。合同第 4 条第 2 款约定：川西某某公司应保持厂房及附属设施、设备处于正常状态，定期履行检查、维修保养与更换义务，并承担因此产生的费用。后某某公司以租赁房屋存在严重漏雨隐患，导致不能实现合同目的为由致函川西某某公司，要求解除本案租赁合同。但某某公司无有效证据证明其已事先通知川西某某公司对该租赁物进行维修。法院经审理认为，某某公司无有效证据证明其尽到告知义务，房屋局部漏雨情况并不足以成为出租方川西某某公司构成根本违约的理由，某某公司并不因此具有单方解除合同的权利。

【分析】

《民法典》第 713 条规定："承租人在租赁物需要维修时可以请求出租人在合理期限内维修。出租人未履行维修义务的，承租人可以自行维修，维修费用由出租人负担。因维修租赁物影响承租人使用的，应当相应减少租金或

① 参见四川省成都市新都区人民法院（2012）新都民初字第 3748 号民事判决书。

者延长租期。因承租人的过错致使租赁物需要维修的，出租人不承担前款规定的维修义务。”

【规范指引】

《民法典》第 713 条。

问题 7：承租人以在租赁房屋的地址上无法办理营业执照或出租人不予协助办理营业执照为由要求解除租赁合同的处理

由于出租人的主合同义务是提供适租的租赁房屋，在租赁房屋的地址上能够办理营业执照或出租人协助办理营业执照仅为出租人的附随义务，违反该附随义务一般情况下不构成根本违约，出租人无权要求解除合同。但是，如果承租人未取得营业执照造成其无法正常经营，从而无法获得租赁合同的履行利益，致使合同目的不能实现的，依据《民法典》第 563 条第 1 款第 4 项承租人有权解除合同。承租人应对其无法正常经营承担举证证明责任。需要注意的是，如承租人在订立合同时已知在租赁房屋的地址上无法办理营业执照，仍愿意缔结合同，证明其接受租赁房屋的该瑕疵，不能再以该情况导致其无法正常经营、无法实现合同目的为由主张解除合同。

【规范指引】

《民法典》第 563 条、第 592 条。

【案例】伊某某与曾某某租赁合同纠纷案[①]

伊某某与曾某某签订《房屋租赁合同》，约定：曾某某将案涉房屋出租给伊某某；曾某某协助伊某某办理轻餐饮的营业执照。后伊某某要求曾某某提供房产证，用于办理营业执照。曾某某未能提供房产证，但同意给予曾某某免租期至曾某某提供房产证之日。此后，曾某某仍未提供房产证。伊某某于 2015 年 5 月 25 日向曾某某寄送《解除租赁合同通知书》，以曾某某未能提供房屋产权证明致使伊某某无法经营为由，提出解除租赁合同。法院经审理认为，曾某某未依约向伊某某提供材料，致使伊某某无法办理营业执照，已构成违约。故判决确认双方的租赁合同已于 2015 年 5 月 25 日解除。

---

① 参见浙江省杭州市中级人民法院（2016）浙 01 民终 2928 号民事判决书。

【分析】

《民法典》第 563 条第 1 款规定："有下列情形之一的，当事人可以解除合同：……（四）当事人一方迟延履行债务或者有其他违约行为致使不能实现合同目的……"出租人未依约协助承租人办理营业执照，致使双方所签订的合同目的无法实现，出租人的行为已构成违约。承租人提出解除租赁合同具有法律依据。

【规范指引】

《民法典》第 563 条。

问题 8：解除权行使期限的起算时间

合同解除权属于形成权范畴，根据《民法典》第 199 条的规定，受到除斥期间的约束，其同时具备了"形成权"和"除斥期间"双重特性。而合同解除权的"行使期限"则应当以《民法典》第 564 条为依据，自权利人知道或者应当知道权利产生之日起计算，逾期不行使的，合同解除权消灭。

因租赁合同属于继续性合同，具有一定的特殊性。在司法实践中，判断租赁合同解除权行使期限届满与否、当事人能否解除合同，需要首先对"违约行为"系"单个持续的违约行为"抑或"多个独立违约行为"作出认定。具体包括以下两种情形：（1）如诉争租赁合同约定"租赁房屋不得用于经营餐饮，否则出租人有权解除合同"，若承租人未经同意擅自经营餐饮，则虽然该行为处于持续违约状态，但属于"单一违约行为"，合同解除权的行使期限应当自出租人知道或应当知道承租人实施违约行为时起算。在合同约定了解除权行使期限且该期限已届满的，出租人未主张解除租赁合同，则解除权消灭；若合同未约定解除权行使期限的，则出租人自知道或者应当知道转租之日起一年内不行使，或者经承租人催告后在合理期限内不行使的，解除权消灭。（2）又如，诉争合同约定"承租人应于每月 5 日前交纳当月租金，逾期 30 日的，出租人有权解除合同"，若承租人没有按期交纳当月租金，则出租人在逾期 30 日后可行使合同解除权；若合同约定了解除权行使期限且该期限已届满的，出租人未主张解除租赁合同，则解除权消灭，此时出租人无权以承租人逾期交纳当月租金为由而要求解除合同。但是，若承租人继续拖欠租金，如又拖欠了第二个月的租金，则此时承租人产生另一个独立于“逾期支付第一个月租金”的违约行为，故即使基于前一个违约行为的解除权消灭，出租人依然可以依第二个违约行为产生的解除权而主张解除合同。因此，承租人持续的逾期交租行为属于“多个独立违约行为”，而非“单个持续的违约行为”，相应的，出租人享有多个独立的合同解除权，且每个合同解除权独立计算行使期限，在此情况下，出租人依然可以诉请解除合同。

【规范指引】

《民法典》第 199 条、第 564 条。

【案例】李某军和某村委会租赁合同纠纷案[①]

2005 年 3 月，李某军与某村委会签订租赁合同，约定每年租金 1000 元，每年 1 月 15 日前交清，逾期 30 日的，某村委会有权终止合同。2012 年起，李某军不再向某村委会交纳租金。2021 年 7 月 28 日，某村委会向李某军发出解除合同的通知。原告李某军主张，某村委会早已知悉其自 2012 年起不再交租，根据《民法典》第 564 条第 2 款“自解除权人知道或者应当知道解除事由之日起一年内不行使，或者经对方催告后在合理期限内不行使的，该权利消灭”的规定，某村委会的合同解除权已消灭，故起诉请求：确认某村委会发出的解除合同通知无效。法院经审理认为，承租人持续欠租属于多个独立违约行为，每个违约行为均产生合同解除权并独立计算行使期限，李某军关于合同解除权已消灭的主张不能成立。故判决驳回李某军的诉讼请求。

【分析】

《民法典》第 199 条规定：“法律规定或者当事人约定的撤销权、解除权等权利的存续期间，除法律另有规定外，自权利人知道或者应当知道权利产生之日起计算，不适用有关诉讼时效中止、中断和延长的规定。存续期间届满，撤销权、解除权等权利消灭。”《民法典》第 564 条规定：“法律规定或者当事人约定解除权行使期限，期限届满当事人不行使的，该权利消灭。法律没有规定或者当事人没有约定解除权行使期限，自解除权人知道或者应当知道解除事由之日起一年内不行使，或者经对方催告后在合理期限内不行使的，该权利消灭。”判断租赁合同解除权是否消灭，应对导致合同解除权成就的违约行为是属于“单个持续的违约行为”还是“多个独立违约行为”作出认定。

---

① 参见陕西省咸阳市中级人民法院（2022）陕 04 民终 1874 号民事判决书。

承租人持续欠租属于多个独立违约行为，出租人享有多个独立的合同解除权，每个合同解除权独立计算行使期限。本案中，李某军自 2012 年起再未交纳任何一期租金，2021 年的租金也已拖欠超过约定的 30 日，某村委会亦有权解除合同。

【规范指引】

《民法典》第 199 条、第 564 条。

问题 9：合同解除时间的认定

合同解除方式在学理上有多种分类，但归根到底为“协议解除”“单方解除”“司法解除”三个大类。

关于协议解除。《民法典》第 562 条第 1 款规定：“当事人协商一致，可以解除合同。”当事人协商解除合同的，合同于解除协议形成合意之日解除。协议解除不以当事人是否享有合同解除权为前提，只要双方形成了“解除合意”，合同即可解除。这里的解除合意，包含双方签订书面的解除协议，也包含一方要求解除合同，另一方以其行为“视为同意”，如承租人搬离租赁物，出租人自行收回租赁物，则视为同意合同解除等，此时出租人收回租赁物之日为合同解除之日。又如，不享有合同解除权的当事人起诉解除合同，对方提起反诉要求解除合同或其反诉请求实质上系以合同解除为前提的，就合同解除问题，双方实质上达成“合意”，此时提起反诉之日为合同解除之日。需要说明的是，无论系通过书面方式达成解除合意，抑或通过行为的方式“视为形成合意”，其法律效果仅限于合同解除之认定，至于合同解除后的责任承担，仍应按合同约定进行处理。

关于单方解除。解除合同是当事人终止合同履行的意思表示，以非对话方式作出意思表示的，应遵从意思表示送达生效主义。（1）享有合同解除权的当事人，无论其行使的是约定解除权还是法定解除权，均应以解除合同意思表示送达对方为前提，且合同于送达之日解除。当事人以起诉的方式主张解除合同，起诉状副本的送达之日即解除合同意思表示送达之日，合同亦应于该日解除。（2）不享有合同解除权的当事人，其发出的解除通知不发生合同解除的效力。（3）《民法典》第 565 条规定，享有合同解除权的当事人发出通知并载明“债务人在一定期限内不履行债务则合同自动解除，债务人在该期限内未履行债务的，合同自通知载明的期限届满时解除”。该通知实质上系享有合同解除权的当事人对自身所享有“立即解除合同”的权利放弃，并重新给予对方当事人一定履行期限，人民法院对此应予以准许并认定合同于通知载明的期限届满时解除。

关于司法解除。合同的司法解除，是指无解除权的当事人起诉请求解除合同，人民法院经审查认为陷入“合同僵局”，属于《民法典》第580条规定的不宜强制履行的范畴，以司法判决的方式判令合同解除。司法实践中，因租赁合同为继续性合同，在承租人没有能力继续履行合同的情况下，不适宜强制其继续履行合同。但考虑到承租人作为违约方无权提出解除合同，在出租人不解除合同或不收回租赁物的情况下，合同不终止履行对承租人明显不公，此时人民法院重点审查出租人明知承租人不再履行合同的时间，并根据案件实际情况，选取合理时间为合同权利义务的终止时间，以司法裁判的方式认定合同权利义务终止。

【规范指引】

《民法典》第565条、第580条；《民法典合同编解释》第53条、第54条、第59条。

【案例】某实业股份有限公司诉某电器有限公司租赁合同纠纷案[①]

2008年1月10日，某实业股份有限公司作为出租方与某电器有限公司作为承租方签订《房屋租赁合同》，承租涉案租赁房屋用作门店经营。2022年12月28日，某电器有限公司作出通知，以门店亏损严重为由要求解除涉案租赁合同。2023年1月19日，某实业股份有限公司作出《〈租赁合同〉解除通知书》，认为某电器有限公司突然明确表示不再履行租赁合同并擅自撤店，已构成根本违约，某实业股份有限公司特依法行使租赁合同解除权，租赁合同于2022年12月31日解除。2023年1月19日某实业股份有限公司向某电器有限公司送达该通知书。诉讼中，某实业股份有限公司称2022年12月30日某电器有限公司员工撤场前已经将售出商品搬出，2022年12月31日起某电器有限公司人员不能再进入涉案租赁房屋。某电器有限公司称，2022年12月30日当日涉案租赁房屋已由某实业股份有限公司控制。法院经审理认为，某

① 参见北京市东城区人民法院（2023）京0101民初5385号民事判决书。

实业股份有限公司于 2022 年 12 月 31 日不再让某电器有限公司进入涉案房屋系以实际行动行使法律规定的解除合同的权利，并且某实业股份有限公司此后作出的《〈租赁合同〉解除通知书》对此进行了确认。故判决双方租赁合同于 2022 年 12 月 31 日解除。

【分析】

《民法典》第 565 条第 1 款规定："当事人一方依法主张解除合同的，应当通知对方。合同自通知到达对方时解除；通知载明债务人在一定期限内不履行债务则合同自动解除，债务人在该期限内未履行债务的，合同自通知载明的期限届满时解除。对方对解除合同有异议的，任何一方当事人均可以请求人民法院或者仲裁机构确认解除行为的效力。"不享有合同解除权的当事人向对方发出通知要求解除租赁合同，对方同意解除并收回了租赁场地，并以书面通知对合同解除日期进行了确认，相应的合同解除日期应以该确认的日期为准。

【规范指引】

《民法典》第 565 条。

问题 10：租赁合同提前终止或确认无效，出租人请求补交免租期租金的处理

免租期是出租人给予承租人一定时间用于装修、入场准备等并免收租金的期限。免租期内，租赁物通常已由承租人占有、控制和使用。出租人之所以同意给予承租人免租期，系希望承租人履行全部租期从而获得租金收益，因此免租期往往是以承租人履行全部租期为基础，本质上属于出租人对应收租金的"附条件的权利放弃"，条件为约定租期得以全部履行。

在租赁合同有效的情况下，合同因解除而提前终止，若双方对免租期租金负担有约定的，则按该约定处理，此不存在争议。双方没有约定的，若因出租人违约导致合同不能履行的，出租人对此负有过错，在性质上类似于《民法典》第 159 条所规定的"附条件的民事法律行为，当事人为自己的利益不正当地阻止条件成就的，视为条件已经成就"，出租人违约导致合同不能履行至租期届满，则在免租期问题上视为免租期所附的"条件"已成就，故出

租人诉请承租人补交免租期租金的，不予支持。同理，若因承租人违约导致合同不能完全履行，则应视为免租期所附的“条件”不完全成就，承租人应按照剩余租赁期限占全部租赁期限的比例补交免租期的租金。至于双方对租赁合同的解除均有过错的，实质也是出租人免租期所附的“条件”不完全成就，从权利义务对等的角度看，一般也参照按照剩余租赁期限占全部租赁期限的比例原则，并结合双方违约程度与合同解除的关联程度来处理免租期租金问题。

租赁合同无效则双方关于免租期的约定亦属于无效。对于免租期应补交租金的问题，实践中存在两种观点：第一种观点认为，租赁合同无效，免租条款自然亦无效，免租期内同样参照租金标准支付占有使用费，主要理由为承租人在免租期内实际占有使用了租赁物，根据《房屋租赁合同解释》第4条的规定，出租人有权收取占有使用费。第二种观点认为，租赁合同无效，免租条款虽然无效，但考虑双方租赁的意思表示，租赁期限内确有免除部分使用费的意见，根据公平原则，计算免租期内的占有使用费应按剩余租赁期间占全部租赁期间的比例，并根据当事人的过错程度来确定。第二种观点为主流裁判观点，较为合理。

【规范指引】

《民法典》第157条、第159条；《房屋租赁合同解释》第4条。

【案例】方某某和黄某某租赁合同纠纷案[①]

2022年6月8日，黄某某（出租方，甲方）与方某某（承租方，乙方）签订《厂房租赁合同》，约定甲方将涉案租赁物租赁给乙方使用；租赁期限从2022年1月10日起至2037年7月31日止，签订合同开始交纳租金；免租期自2022年5月10日起至2022年6月30日止；押金为204 000元。2022年10月5日，方某某通过微信向黄某某发送《退还场地通知函》，以厂房手续不全及存在安全隐患为由要求退租，甲方可直接接收租赁标的，故自本通知函发送之日起，乙方已完成向甲方归还上述租赁厂房的义务。此后，双方就退租事宜进行协商，但未能就相关费用的结算达成一致意见。方某某起诉请求：黄某某向方某某返还租赁保证金204 000元及相应利息。黄某某反诉请求：方某某支付黄某某2022年5月10日至2022年6月30日租金116 258.06

① 参见广东省佛山市中级人民法院（2023）粤06民终14408号民事判决书。

元。法院经审查认为，出租人是建立在双方全面履行合同租赁期限的基础上来考虑给予承租人的优惠，根据公平原则，方某某应按剩余租赁期限占全部租赁期限的比例补交免租期内的相应占有使用费。故判决黄某某应返还保证金 204 000 元给方某某，并支付相应利息；方某某应支付免租期租金 50 645 元给黄某某。

【分析】

《房屋租赁合同解释》第 4 条规定："房屋租赁合同无效，当事人请求参照合同约定的租金标准支付房屋占有使用费的，人民法院一般应予支持。当事人请求赔偿因合同无效受到的损失，人民法院依照民法典第一百五十七条和本解释第七条、第十一条、第十二条的规定处理。"房屋租赁合同无效，免租条款亦无效，但应充分考虑租赁双方当事人在租赁期限内确有免除租金意思表示。在合同不再履行的情况下，根据公平原则，出租人请求承租人按照剩余租赁期限占全部租赁期限的比例补交租金，法院可予以支持。

【规范指引】

《房屋租赁合同解释》第 4 条。

问题 11：租赁保证金在合同无效、解除时的处理

租赁合同约定承租人交付押金或保证金，出租人因承租人拖欠租金解除合同时可以没收押金、保证金的，该押金、保证金具有担保及违约金的双重属性；在合同因违约而提前终止时，依违约金相关规则进行处理。合同约定在合同终止时以押金、保证金抵消拖欠的租金等费用的，该款项性质为预付款，依约定将其冲抵欠付租金等。本书第三章对此已有阐述，不再详细展开。

《民法典》第 157 条规定，民事法律行为无效、被撤销或者确定不发生效力后，行为人因该行为取得的财产，应当予以返还。租赁合同无效，关于保证金或押金的约定亦属无效，且不存在违约问题，因合同取得保证金或押金应返还给承租人。租赁合同部分有效、部分无效的，保证金或押金按有效与无效的比例作出划分后，按前述规则处理。

实践中，当事人在租赁合同中约定承租人支付租金的数倍作为押金或保证金较为常见，在发生纠纷时，出租人通常要求没收该押金或保证金。因此，

该款项的法律性质如何定性，决定了出租人的诉请能否得到支持。若租赁合同约定，出租人在承租人违约导致合同解除时有权没收保证金或押金的，出租人该诉请本质上系要求承租人承担数额相当于押金的违约责任，此时押金或保证金具有违约金属性。人民法院对应否没收押金或保证金，依违约金规则审查是否存在过低或过高的情况即可。若合同约定在租赁合同终止时以押金、保证金抵消拖欠的租金等费用的，则该款项性质为预付款，依约定将其冲抵欠付租金即可，对出租人主张没收押金或保证金的诉请，不予支持；对承租人的违约责任，人民法院应另行作出处理。

值得注意的是，有时当事人会在租赁合同的多个不同条款中既约定“出租人在承租人违约导致合同解除时可没收保证金”又约定“保证金或押金可冲抵租金”。该种相互矛盾约定，视为没有约定或约定不明。当事人的违约责任依《民法典》第 577 条、第 583 条、第 584 条的规定进行审查。出租人通过没收押金或保证金的方式要求承租人承担违约责任的，依违约金规则审查是否存在过高的情况即可。

【规范指引】

《民法典》第 157 条。

【案例】某汇银公司和承某公司租赁合同纠纷案[①]

某汇银公司（承租人）与承某公司（出租人）就涉案房屋存在租赁合同关系。2018 年 9 月 18 日，承某公司收到某汇银公司交纳的租赁保证金 13 599.3 元。2021 年 10 月 28 日，某汇银公司向承某公司提出退租申请。2021 年 11 月，双方就退租事宜进行多次协商，承某公司主张某汇银公司应签订退租协议并要求没收保证金才能办理退租手续，某汇银公司则坚持退租且不同意没收保证金。承某公司于 2021 年 12 月 14 日向某汇银公司发出了《解除租赁合同通知书》，通知某汇银公司合同于当天解除。某汇银公司起诉请求：（1）某汇银公司与承某公司签署的租赁合同解除；（2）某汇银公司退还租赁保证金。法院经审查认为，涉案合同约定某汇银公司违约解除合同的，承某公司有权没收保证金，合同该约定实质上系以没收租赁保证金的形式让某汇银公司承担违约责任，法院酌定某汇银公司违约解除合同应负担的解约违约金为 9791.5 元。

---

① 参见广东省佛山市南海区人民法院（2022）粤 0605 民初 1397 号民事判决书。

【分析】

《民法典》第 585 条规定："当事人可以约定一方违约时应当根据违约情况向对方支付一定数额的违约金，也可以约定因违约产生的损失赔偿额的计算方法。约定的违约金低于造成的损失的，人民法院或者仲裁机构可以根据当事人的请求予以增加；约定的违约金过分高于造成的损失的，人民法院或者仲裁机构可以根据当事人的请求予以适当减少。当事人就迟延履行约定违约金的，违约方支付违约金后，还应当履行债务。"租赁合同约定出租人在承租人违约导致合同解除时有权没收租赁保证金的，出租人有关没收租赁保证金的诉请本质上系要求承租人承担数额相当于押金的违约责任，此时租赁保证金具有违约金属性，法院应对该诉请依违约金规则进行审查。

【规范指引】

《民法典》第 585 条。

问题 12：经营性租赁合同因出租人违约解除，承租人主张的损失项目及处理问题

经营性租赁合同因出租人违约而解除，承租人所主张的损失项目根据不同的案情有所不同，具体主要分为以下几个项目：

1. 装饰装修损失。出租人违约导致合同解除，以致承租人需提前搬离租赁物，但已形成附合的装饰装修物因无法搬离，属于承租人损失的范畴。根据《房屋租赁合同解释》第 9 条第 1 款第 1 项"承租人经出租人同意装饰装修，合同解除时，双方对已形成附合的装饰装修物的处理没有约定的，人民法院按照下列情形分别处理：（一）因出租人违约导致合同解除，承租人请求出租人赔偿剩余租赁期内装饰装修残值损失的，应予支持……"的规定，出租人违约导致合同解除，出租人应赔偿承租人剩余租赁期内装饰装修残值损失。

2. 经营损失。合同解除导致承租人无法正常经营，相关损失属于出租人违约造成损失的范畴，承租人诉请出租人赔偿的，因经营损失涉及经营成本、经营利润以及该利润是否存在、利润受市场环境等多种不确定性因素影响，人民法院应根据承租人的举证情况，根据《民法典合同编解释》第 61 条的规

定，参考合同主体、交易类型、市场价格变化、剩余履行期限等因素确定承租人寻找替代交易的合理期限，并扣除承租人应向出租人支付的该期间的租金等履约成本，合理确定出租人应赔偿的经营利润损失。

3. 租金价差损失。出租人违约导致合同解除的，承租人与第三方另行缔结租赁合同属于替代交易，由此产生的租金价差属于出租人违约造成损失的范畴，根据《民法典合同编解释》第60条的规定，人民法院应结合新旧租赁合同内容、租期长短、租赁物位置、新旧程度、附属设施配备以及替代交易价格与替代交易发生时当地的市场价格等因素，合理确定出租人应赔偿的租金差价损失。

4. 临时安置损失。临时安置损失，是指出租人违约导致合同解除，致使承租人需时间重新寻找新的租赁物，重新安置过渡时所产生的损失。对于该项损失，法院可根据承租人剩余租期比例、承租人所属行业、经营状况等个案因素作适当调整。

5. 搬迁损失。出租人违约导致承租人需要提前搬离租赁物，由此产生的搬迁费用属于出租人违约造成的损失，出租人应予以赔偿。但应充分考虑搬迁价格、搬迁距离等是否超出了出租人订立合同时预见到或者应当预见到的因违约可能造成的损失范畴，合理确定出租人应承担的责任。

在确定违约损失赔偿额时，出租人主张扣除承租人未采取适当措施导致的扩大损失、因出租人违约获得的额外利益或者减少的必要支出以及因承租人过错造成的相应损失的，应予以支持。

【规范指引】

《民法典》第584条；《民法典合同编解释》第60条、第61条、第62条、第63条。

【案例】天某商场与科某公司房屋租赁合同纠纷案[①]

天某商场（甲方、出租方）与科某公司（乙方、承租方）签订《房屋租赁合同》，约定涉案房屋出租给乙方经营使用，租赁期限自2015年7月16日起至2020年9月30日止。2017年3月27日，天某商场发出通知，包括涉案房屋在内的场地将于2017年3月30日22时停止对外营业。2017年3月30日，科某公司撤场。科某公司提交了一系列证据证明其因此造成的损

① 广东省深圳市中级人民法院（2018）粤03民终13780号民事判决书。

失。科某公司向一审法院起诉请求：天某商场赔偿科某公司各项经济损失4 008 590.99元等。法院经审理认为，天某商场通知要求科某公司未给予科某公司合理的准备时间。临时撤场对科某公司的经营会带来较大影响，造成科某公司在搬迁、经营利润等方面遭受损失。故判决天某商场还应向科某公司赔偿损失84 000元等。

【分析】

《民法典》第584条规定："当事人一方不履行合同义务或者履行合同义务不符合约定，造成对方损失的，损失赔偿额应当相当于因违约所造成的损失，包括合同履行后可以获得的利益；但是，不得超过违约一方订立合同时预见到或者应当预见到的因违约可能造成的损失。"出租人违约解除租赁合同导致承租人无法正常经营，承租人诉请出租人赔偿搬迁损失、经营损失的，法院应考虑出租人违约解除租赁合同给承租人造成不利影响的程度及相应搬迁损失、经营损失的可预见性和必然性，合理确定出租人应赔偿的损失。在确定违约损失赔偿额时，出租人主张扣除承租人未采取适当措施导致的扩大损失、因出租人违约获得的额外利益或者减少的必要支出以及因承租人过错造成的相应损失的，应予以支持。

【规范指引】

《民法典》第584条。

问题13：当事人同时主张适用定金罚则和各类违约金的，应区分情况处理

根据《民法典》第588条的规定，当事人不能同时选择违约金条款和定金条款；当事人选择定金条款的，定金不足以弥补违约方造成的损失的，可请求赔偿超过定金数额的损失。双方当事人均具有致使不能实现合同目的的违约行为，一方请求适用定金罚则的，根据《民法典合同编解释》第67条的规定，人民法院不予支持。同时，《民法典合同编解释》第68条规定，当事人一方已经部分履行合同，对方接受并主张按照未履行部分所占比例适用定金罚则的，人民法院应予支持；对方主张按照合同整体适用定金罚则的，人民法院不予支持，但是部分未履行致使不能实现合同目的的除外。

《民法典》第 588 条已有明确的规定，定金罚则和违约金条款不能同时适用。无论系定金罚则抑或违约金条款，均受到“填平原则”约束，目的在于填平因违约方给守约方造成的损失，因此定金罚则的诉请与损害赔偿的诉请不存在冲突，定金不足以弥补违约方造成的损失的，守约方可请求赔偿超过定金数额的损失。《民法典》第 587 条沿用了原《合同法》第 115 条关于“定金罚则”的规定，即“给付定金的一方不履行债务或者履行债务不符合约定，致使不能实现合同目的的，无权请求返还定金；收受定金的一方不履行债务或者履行债务不符合约定，致使不能实现合同目的的，应当双倍返还定金”。依照该规定，定金罚则的适用以存在使“合同目的不能实现”的根本违约为前提。

实践中还存在既约定承租人逾期交租的，自逾期之日起按一定利率标准（如日万分之一、日千分之一等）支付逾期交租违约金，又约定逾期超过一定期限的，出租人有权解除合同，承租人应承担解除合同的违约金或赔偿损失的情形。我们认为，前者系承租人逾期交租所致，后者则为合同解除所产生，两者虽然具有关联，但违约金请求权基础存在差异，因此逾期交租违约金和解约违约金可同时适用。至于违约金的标准如何确定、是否存在过高的情形，可以根据《民法典》第 585 条，《民法典合同编解释》第 64 条、第 65 条的规定，结合当事人的损失及举证情况，综合确定。

【规范指引】

《民法典》第 585 条、第 586 条、第 587 条、第 588 条；《民法典合同编解释》第 64 条、第 65 条、第 67 条、第 68 条。

【案例】张某武和碧某雅公司租赁合同纠纷案[①]

2017 年 9 月 14 日，碧某雅公司与张某武签订房屋租赁合同，约定碧某雅公司将涉案商铺出租给张某武，租赁保证金为 51 196.8 元，张某武应于每月 10 日前支付当月租金 20 798.7 元，如逾期支付租金的，则以逾期金额为基础，按 0.3%/ 日支付违约金，欠付租金达到 30 日的，碧某雅公司有权单方面终止合同并没收租赁保证金。诉讼中，双方当事人均确认张某武自 2019 年 1 月起没有支付租金。碧某雅公司向法院起诉请求：（1）确认租赁合同解除；（2）确认租赁保证金不予退还；（3）张某武向碧某雅公司支付拖欠的全部租

① 参见广东省中山市中级人民法院（2020）粤 20 民终 2774 号民事判决书。

金及支付自逾期之日起至实际清偿之日止以逾期金额为基础，按 0.3%/ 日计算的违约金。

法院经审理认为，根据合同约定，张某武拖欠支付租金达到 30 日的，碧某雅公司有权单方面终止合同，故法院确认涉案合同于解除通知书送达之日即 2019 年 11 月 10 日解除。同时判决张某武支付拖欠的全部租金，但考虑到合同约定的以逾期金额为基础，按 0.3%/ 日支付违约金标准过高，法院酌情认定张某武应以每月欠付租金为本金从各月应付租金之日的次日起至实际清偿之日止按全国银行间同业拆借中心公布的贷款市场报价利率的 1.5 倍计付逾期交租违约金。合同约定张某武违约导致合同解除的，碧某雅公司有权没收保证金，现碧某雅公司诉请没收保证金实为要求张某武承担解除合同的违约责任，该责任与逾期交租违约金并不冲突，在合同同时约定了逾期交租违约金和解约违约金的情况下，法院对碧某雅公司没收保证金的诉请予以支持。

【分析】

《民法典》第 585 条规定："当事人可以约定一方违约时应当根据违约情况向对方支付一定数额的违约金，也可以约定因违约产生的损失赔偿额的计算方法。约定的违约金低于造成的损失的，人民法院或者仲裁机构可以根据当事人的请求予以增加；约定的违约金过分高于造成的损失的，人民法院或者仲裁机构可以根据当事人的请求予以适当减少。当事人就迟延履行约定违约金的，违约方支付违约金后，还应当履行债务。"承租人因拖欠租金达到合同约定的解除条件，如合同同时约定了逾期交租违约金和解约违约金，出租人有权要求承租人支付逾期交租违约金和解约违约金，如相应违约金的标准过高，人民法院可结合当事人的损失、兼顾合同主体、交易类型、合同的履行情况、当事人的过错程度及举证情况予以调整。

【规范指引】

《民法典》第 585 条。

问题 14：租赁合同约定，合同终止后承租人形成附合的设施（含装修）及不动产均归出租人所有，出租人在合同终止后要求承租人拆除并恢复原状的，不予支持

该问题应结合诚信原则和添附的相关制度来处理。

众所周知，诚信原则是民法领域的“帝王原则”，它弘扬了社会主义核心价值观中的“诚信”价值，要求民事主体在从事任何民事活动时都应秉持诚实、善意，信守自己的承诺。因此，无论租赁合同是否有效，在当事人缔约时已达成合同终止后承租人形成附合的设施（含装修）及不动产归出租人所有的真实合意的情况下，即应认为双方已对合同终止时承租人形成附合的装饰装修物的处理形成一致意见，则原则上不应再允许任何一方单方变更。因此，出租人与承租人约定合同终止后承租人形成附合的设施（含装修）及不动产归出租人所有，出租人在合同终止后再要求承租人拆除并恢复原状的，因违反诚信原则而原则上不予以支持。当然，如果承租人的装饰装修、扩建等未经出租人的同意，或者明显不符合合同约定的用途，则出租人依据《民法典》第 715 条第 2 款的规定要求承租人恢复原状的，应予支持。

【规范指引】

《民法典》第 7 条、第 322 条、第 715 条。

【案例】陈某某诉符某租赁合同纠纷案[①]

2015 年 11 月 2 日，陈某某（承租方、乙方）与佛山市南海区某经济社（出租方、甲方）签订《土地使用权租赁合同》，取得甲方位于某综合楼宗地的使用权。合同同时约定该土地及地上附着物只有土地权属证，无土地使用证及房产证。2018 年 7 月 1 日，陈某某（甲方）与符某（乙方）签订《房屋租赁合同》，约定陈某某将坐落在上述宗地上的案涉租赁物出租给符某用作商业用途。该合同还约定“租赁期满或合同终止或合同解除后，乙方在甲方房屋、场地上所投入的固定于墙体与结构上的设施（含装修）及不动产归甲方所有，甲方有权将其同出租给乙方的房屋、场地一并无偿收回”。后因符某逾期支付租金及水电费，陈某某将其诉至法院，要求解除《房屋租赁合同》、符

---

① 参见广东省佛山市南海区人民法院（2022）粤 0605 民初 3779 号民事判决书。

某将其在租赁物内加建的隔墙拆除并恢复原状等。符某认为根据《房屋租赁合同》第6条的约定，符某在退出物业时场地装修无偿归陈某某所有，因此其无须拆除加建部分。法院经审理认为，《房屋租赁合同》无效，对陈某某要求解除案涉合同的诉请不予支持，对陈某某要求符某拆除隔墙并恢复原状的诉请，依法不予支持。

【分析】

租赁合同约定，合同终止后承租人形成附合的设施（含装修）及不动产均归出租人所有，出租人在合同终止后要求承租人拆除并恢复原状的，不予支持。

陈某某与佛山市南海区某经济社签订的《土地使用权租赁合同》明确载明案涉租赁物没有土地使用权证及房产证，陈某某作为出租方亦未提供证据证明案涉租赁物办理了规划报建手续，故陈某某与符某之间签订的《房屋租赁合同》无效。无效合同自始没有法律约束力，陈某某要求解除案涉合同于法无据，依法不予支持。

关于拆除隔墙、恢复原状。《房屋租赁合同》明确载明，租赁期满或合同终止或合同解除后，符某在陈某某房屋、场地上所投入的固定于墙体与结构上的设施（含装修）及不动产均归陈某某所有，且符某在案涉租赁物内的装修符合合同载明的用途，陈某某亦知悉并同意，故依据《民法典》第7条、第322条、第715条第1款的规定，对陈某某要求符某拆除隔墙并恢复原状的诉请不予支持。

【规范指引】

《民法典》第7条、第322条、第715条。

问题15：合同约定到期时承租人需恢复原状，拆除经出租人同意加建、改建的附着物、建（构）筑物的，应充分考虑绿色原则，对可能使用情况实质审查

根据《房屋租赁合同解释》规定的合同解除时装饰装修物的处理原则，双方对合同解除时装饰装修物的处理有约定的，原则上应遵循约定优先的原则。但由于装饰装修物的特殊属性，要么已与房屋结合在一起，非毁损不能分离或分离花费巨大，要么虽可分离但拆除可能造成房屋毁损，并且部分装

饰装修物在出租人后续对外出租过程中仍可以被有效利用，故在具体处理时应对个案的装修情况及后续可能的使用情况进行实质审查，充分考虑民法的绿色原则。

绿色原则，作为与传统民法中“意思自治原则”“公平原则”“诚信原则”“公序良俗原则”等原则并列的新型民法基本原则，为在民事活动中正确处理人与环境的关系提供了原则指引和制度框架。根据《民法典》第9条的规定，绿色原则的内涵包括节约资源和保护生态环境两个方面。从法经济学的角度，该原则要求民事主体要合理且有效率地利用所有相关财产或资源，以实现社会成本最小化或社会财富最大化。简而言之，就是要充分发挥物的效用，使有限的资源在一定的范围内物尽其用。[①] 因此，在对个案进行处理时，应着重审查出租人要求拆除的加盖物的属性，即是否已成为租赁物正常使用的必备设施、单独拆除是否具有可行性、强行拆除是否会影响社会公共利益及公共安全，以及出租人在合同解除后能否继续有效利用，尽可能在尊重当事人意思自治的基础上做到物尽其用，减少资源浪费。

【规范指引】

《民法典》第9条、第566条、第577条。

【案例】李某辉、陈某文诉佛山市某国投公司房屋租赁合同纠纷案[②]

李某辉、陈某文（甲方，出租方）与佛山市某国投公司（乙方，承租方）签订《租赁合同》，约定甲方将某商铺出租给乙方作商业用途。该合同第3.7条约定，乙方应于合同终止之日起十日内将该房产外围按合同附件恢复原状，与甲方办理房产交接手续。该合同第7.7条约定，合同终止（提前终止、解除或届满）时，乙方应在终止之日起十日内与甲方办理房产交接手续，逾期一日则甲方按上月日租金标准双倍收取占用费。

合同履行近十年后，某国投公司向李某辉、陈某文发送书面函件，确认双方合同于2020年4月13日终止，通知李某辉、陈某文于4月21日前收回房屋，并办理场地交接手续。双方对租赁物的交还标准产生争议，李某辉、陈某文认为加建的设施设备及消防梯等应当拆除，拒绝办理书面交接手

---

① 最高人民法院民法典贯彻实施工作领导小组主编：《中华人民共和国民法典总则编理解与适用（上）》，人民法院出版社2020年版，第79页。

② 参见广东省佛山市禅城区人民法院（2020）粤0604民初16973号民事判决书、广东省佛山市中级人民法院（2021）粤06民终16601号民事判决书。

续，某国投公司将商铺钥匙邮寄给李某辉、陈某文。李某辉、陈某文诉至法院，请求某国投公司立即按《租赁合同》约定的方式向李某辉、陈某文交还租赁房产，恢复原状及支付李某辉、陈某文为恢复租赁房产原状所产生的费用9312元等。法院经审理认为，驳回李某辉、陈某文的全部诉讼请求。

【分析】

租赁合同解除后，出租人要求承租人依约拆除加建的设施设备的，法院应予支持，但加建的设施设备已成为租赁物的重要组成部分，拆除存在安全隐患，且有违经济、绿色环保原则的除外。如不宜拆除的加建物对租赁物的正常使用或商业价值造成不利影响，出租人可另行主张承租人赔偿损失。

根据合同约定，消防梯确应拆除，但消防梯涉及案涉商场全体业主、租户、消费者的公共安全，系发生火灾事故时人员竖向疏散的安全通道，也是消防员进入建筑物进行灭火救援的主要通道，属于《建筑设计防火规范》中所规定的建筑组成部分，亦系案涉商场整体建筑能够正常投入使用的必需设施。消防梯除了要符合建筑结构标准外，对于建造位置、结构安全、消防排烟功能、消防疏散宽度等均有国家强制性规定与要求。

根据住建部门回复函可知，案涉消防项目若确需修改，应当向住建部门重新申报消防设计审查及消防验收。据此可知，案涉消防项目的拆除另建尚需进行可行性论证并向住建部门重新申报消防设计审查及消防验收，现整体拆除案涉消防梯不仅有违经济、绿色环保原则，更重要的是存在火灾逃生隐患，危及公共利益及公共安全。且就二审现场勘查情况分析，案涉消防梯4根立柱尚不构成对李某辉、陈某文使用案涉商铺的实质性影响，一审判令整体拆除案涉消防梯既不具有现实可操作性，亦不符合公共利益。某国投公司未按案涉《租赁合同》拆除消防梯构成违约，对李某辉、陈某文使用案涉商铺亦造成不便，对其商业价值亦有所减损。因李某辉、陈某文在本案中未主张赔偿损失，法院不予审查。综上所述，二审改判驳回李某辉、陈某文的全部诉讼请求。

【规范指引】

《民法典》第9条、第566条、第577条。

问题 16：租赁合同因拆迁、征收、收储提前解除时，对租赁物装饰装修的处理

这里还是应当遵循约定优先的原则，当事人双方对该情形下的装饰装修处理有明确约定的，原则上依照约定处理。双方没有约定或约定不明时，则应结合拆迁、征收、收储导致合同解除的具体情形进行处理。

一般来说，除非租赁双方在签订合同时政府已明确租赁场地将来可能被拆迁，否则在租赁期间出现的政府拆迁、征收、收储行为均属于当事人在签订合同时不能预见、不能避免且不能克服的客观情况，此种导致合同解除的原因属于《民法典》第 563 条第 1 款第 1 项规定的不可归责于双方当事人的导致合同解除的事由。换句话说，就是当事人对合同的解除均无过错。那么此时如果让无任何过错的任何一方承担全部损失，无论从法理还是社会常情上均不易被理解和接受。公平原则的提出便能够有效平衡当事人之间的利益，避免利益失衡。

具体到该问题本身，事实上，《房屋租赁合同解释》第 8 条和第 9 条第 4 项已有清晰规定。我们在适用时可能首先要区分哪些属于未形成附合的装饰装修物，哪些属于已形成附合的装饰装修物，这里应按照附合的规则，主要考虑装饰装修物与租赁物已形成继续性和固定性的程度，依据物理和社会经济观念来确定。而后对于未形成附合的装饰装修物，因其所有权仍属于承租人，除非出租人同意折价利用，否则均应由承租人自行取回。对于已形成附合的装饰装修物，则必须考虑装饰装修的主观性，不能强行让出租人接受装饰装修物，在出租人不同意利用且法律无其他规定的情况下，由出租人和承租人双方公平分担相关损失。

【规范指引】

《房屋租赁合同解释》第 8 条、第 9 条。

【案例】某乐园公司与简某某租赁合同纠纷案[①]

2014 年 6 月 13 日，某乐园公司（甲方、出租方）与简某某（乙方、承租方）签订《租赁合同》，约定甲方将总面积 18 600 平方米范围内的场地出租

---

① 参见广东省佛山市禅城区人民法院（2023）粤 0604 民初 935 号民事判决书、广东省佛山市中级人民法院（2023）粤 06 民终 9125 号民事判决书。

给乙方。后因土储中心向某乐园公司发出拟收回案涉租赁物所在地块的通知，要求某乐园公司启动清退租户工作，导致租赁合同解除。因双方未能就补偿达成一致意见，某乐园公司向一审法院起诉请求简某某返还场地、支付场地占用费、违约金、返还租赁保证金等。简某某反诉请求某乐园公司退回租赁保证金及赔偿损失。法院经审理认为，某乐园公司应向简某某补偿此部分损失 13 745 287 元。

【分析】

因政府收储原因导致租赁合同提前解除的，不可归责于双方当事人。合同解除时，未形成附合的装饰装修物可由承租人自行拆除、取走，并承担相应的腾空、拆除费用，出租人无须赔偿相关损失；已形成附合的装饰装修物及停业停产损失，由双方按照公平原则进行分担。

在案涉《租赁合同》履行期间，土储中心向某乐园公司发出通知，拟收回案涉地块，要求某乐园公司启动清退租户工作，符合《租赁合同》约定的合同解除的情形，某乐园公司函告简某某解除案涉《租赁合同》，属于依约行使合同解除权，案涉《租赁合同》已经解除。

就已形成附合的装饰装修物及停业停产损失的承担问题。依案涉《资产评估报告》所载，该部分损失包括无证建筑物评估价值 19 317 元、房屋装修费 13 725 970 元及停业停产损失 1 672 528 元。该部分损失为简某某的直接损失，而某乐园公司因相应的添附增值而受益，参照《房屋租赁合同解释》（2009 年）第 11 条[①]关于“承租人经出租人同意装饰装修，合同解除时，双方对已形成附合的装饰装修物的处理没有约定的，人民法院按照下列情形分别处理：……（四）因不可归责于双方的事由导致合同解除的，剩余租赁期内的装饰装修残值损失，由双方按照公平原则分担。法律另有规定的，适用其规定”的规定，法院确定由某乐园公司负担无证建筑物价值及房屋装修损失，简某某负担停业停产损失。因此，某乐园公司应向简某某补偿此部分损失 13 745 287 元。

【规范指引】

《房屋租赁合同解释》第 8 条、第 9 条。

---

① 现对应《房屋租赁合同解释》（2020 年修正）第 9 条。

问题 17：租赁物发生火灾，租赁物损毁损失及受损修复期间的租金承担

租赁物发生火灾，租赁物损毁损失及受损修复期间的租金应如何承担，应结合火灾发生的原因及责任主体分情况认定。

对于火灾发生的原因及责任主体认定问题，司法实务中，当地消防救援部门一般会在火灾发生后出具《火灾事故认定书》对火灾发生的原因予以认定，如起火原因“排除人为纵火引起火灾的可能”“不排除遗留火种引起火灾的可能”或“线路故障因素产生火花引燃下方可燃物造成火灾”等。但对于火灾发生的责任主体，一般分为出租人、承租人与第三人三类，需要依据案件具体事实结合火灾发生的原因进行综合判断。在有证据证明火灾是由出租人或第三人原因所致，则出租人或第三人为火灾发生的责任主体，这并无争议。但在部分纠纷中，消防救援部门出具的《火灾事故认定书》未能对火灾发生的原因作出具体肯定的认定，火灾发生的原因存在真伪不明的状态，在这种情况下应如何确定火灾的责任主体，是处理此类纠纷的难点。《民法典》第 714 条规定：“承租人应当妥善保管租赁物，因保管不善造成租赁物毁损、灭失的，应当承担赔偿责任。”承租人在租赁期限内实际占有使用租赁物，应尽到妥善保管义务。在承租人未举证证明火灾是由出租人或第三人原因所致，亦未能证明火灾是因不可抗力所致，应推定承租人对租赁物未尽妥善保管义务，为火灾发生的责任主体。

对于租赁物损毁损失承担问题，因火灾导致租赁物损毁的，根据《民法典》的规定，应由导致火灾发生的行为人，即责任主体承担赔偿责任。虽然承租人与出租人之间存在租赁合同关系，但并不意味着承租人要无过错地承担因火灾导致租赁物损毁的损失。在因第三人原因导致火灾发生的情形下，根据《民法典》第 1175 条“损害是因第三人造成的，第三人应当承担侵权责任”的规定，应由第三人承担赔偿责任。需要注意的是，在部分案件中，租赁合同中会约定承租人为租赁物的消防安全责任人，如租赁物发生事故或产生经营责任，由承租人应独立承担后果与法律责任。该约定旨在表明承租人作为案涉厂房的消防安全责任人，应按照消防法律法规的要求，落实消防安全主体责任，切实做好案涉厂房消防安全工作，消除火灾隐患。若火灾是因

第三人原因所致，并不是因承租人未做好消防安全工作所造成，则出租人仍应向第三人主张权利，不得以承租人为消防安全责任人为由要求承租人承担赔偿责任。

对于受损修复期间的租金如何承担问题。如火灾是因承租人或出租人原因所致，则受损修复期间的租金应由火灾责任主体即承租人或出租人承担，这并无争议。但对于火灾是因第三人原因造成时租金如何承担问题，司法实务中存在不同的观点。有观点认为，受损修复期间的租金属于因火灾所导致的损失，应由导致火灾发生的行为人承担，承租人不应承担责任，故出租人应直接向第三人主张权利。另有观点认为，虽然火灾是第三人原因所致，但租金的产生是基于出租人与承租人之间的租赁合同关系，根据合同相对性原则，出租人有权向承租人主张权利，再由承租人向第三人主张租金损失。我们倾向于第一种观点，《民法典》第 729 条规定："因不可归责于承租人的事由，致使租赁物部分或者全部毁损、灭失的，承租人可以请求减少租金或者不支付租金；因租赁物部分或者全部毁损、灭失，致使不能实现合同目的的，承租人可以解除合同。"租赁物发生火灾是因第三人原因所致，不可归责于承租人，承租人可以请求减少租金或者不支付租金。相应的租金损失应由出租人向实际侵权人主张。但在火灾导致租赁物无法使用而不能实现合同目的时，承租人应及时解除合同并将租赁物交还给出租人。若承租人未及时交还租赁物，在火灾发生后仍长时间实际占有租赁物，可根据公平原则，认定承租人承担部分后续的租金。

【规范指引】

《民法典》第 714 条、第 1175 条。

【案例】薛某诉温某房屋租赁合同案[①]

2020 年 6 月 20 日，薛某与温某签订租赁合同，薛某将案涉厂房及地块出租给温某，租期三年，月租金 60 000 元，按月支付。合同同时约定，温某为上述厂房的消防安全责任人，如租赁区发生事故与经营责任，温某需独立承担后果与法律责任。如造成薛某损失的，应赔偿薛某。2020 年 10 月 30 日，上述厂房发生火灾，造成建筑、家具等物品被烧毁。经消防救援大队调查认定本案所涉火灾起火部分是案涉厂房相邻建筑的海绵堆放处，起火原因为线

① 参见广东省佛山市顺德区人民法院（2021）粤 0606 民初 18094 号民事判决书、广东省佛山市中级人民法院（2022）粤 06 民终 1494 号民事判决书。

路故障产生火花引燃下方可燃物造成火灾，后该火灾波及案涉厂房。经评估鉴定，上述建筑物修复费用为150 816.76元，评估费为5000元。薛某提起诉讼请求判令温某向薛某支付租金、建筑物复原费及评估费等。温某反诉请求判令薛某向温某返还保证金。法院经审理认定，薛某主张温某支付火灾造成建筑物损毁的复原费用150 816.76元及评估费5000元缺乏理据，应当不予支持。温某应向薛某支付至2021年7月的占有使用费及4月的水电费，已支付的押金可予以抵扣。核算后温某仍应需向薛某支付134 044.05元。

【分析】

涉案租赁合同约定，温某为涉案厂房的消防安全责任人，如租赁区发生事故与经营责任，温某应独立承担后果与法律责任，如造成薛某损失的，应赔偿薛某。法院认为该约定旨在表明温某作为涉案厂房的消防安全责任人，应按照消防法律法规的要求，落实消防安全主体责任，切实做好涉案厂房消防安全工作，消除火灾隐患。如因温某的原因导致涉案厂房发生火灾的，应向薛某承担损害赔偿责任。根据火灾事故认定书可知，本案所涉火灾起火部分是案涉厂房相邻建筑的海绵堆放处，起火原因为线路故障产生火花引燃下方可燃物造成火灾，后该火灾波及案涉厂房。据此可知，涉案厂房发生火灾并非由温某造成，薛某主张赔偿火灾产生的建筑物损毁复原费用及评估费不符合适用上述合同条款的情形。因此薛某主张温某支付火灾造成建筑物损毁的复原费用150 816.76元及评估费5000元缺乏理据，应当不予支持。因火灾造成涉案建筑物毁损产生的损失，薛某可依法向侵权人另案主张权利。关于租金（占有使用费）承担问题，租赁关系解除后，承租人应当返还租赁物。因温某未提供证据证明其何时将涉案厂房返还给薛某，应承担举证不能的法律后果。根据薛某的诉请及双方举证情况，认定温某应向薛某支付至2021年7月的占有使用费及4月的水电费。涉案合同于2021年5月31日解除，薛某一审提供的照片显示温某已不在涉案场所生产经营，且大部分厂房已清空，仅占有部分堆放物品，根据公平原则，参照涉案租赁合同约定的租金标准，应当认定温某应向薛某支付占有使用费30 000元/月。即温某应向薛某支付2021年2月至5月租金计240 000元，6月至7月占有使用费计60 000元，合计300 000元。经核算，扣减温某已支付的押金180 000元，温某仍应需向薛某支付134 044.05元。

【规范指引】

《民法典》第 714 条、第 1175 条。

问题 18：合同因承租人违约而解除，出租人阻止承租人搬离存放在租赁物内物品的，应承担相应的赔偿责任

《民法典》第 591 条第 1 款规定："当事人一方违约后，对方应当采取适当措施防止损失的扩大；没有采取适当措施致使损失扩大的，不得就扩大的损失请求赔偿。"在租赁合同解除后，承租人应及时清空其存放在租赁物内的物品，并与出租人办理租赁物的交接手续。出租人也应积极配合承租人搬离租赁物，及时收回租赁物，以避免租赁物长期空置以导致损失扩大。出租人无正当理由阻碍承租人搬走租赁物内物品的，由此造成的损失应由出租人自行承担。

在司法实务中，存在争议的是出租人是否有权以承租人未付清租金为由阻碍承租人搬离租赁物。有观点认为，出租人以承租人未付清租金为由阻碍承租人搬离租赁物，属于出租人对承租人存放在租赁物内的物品行使留置权，属于正当事由。另有观点认为，承租人在租赁物内放置的物品与租赁合同并非同一法律关系，出租人无权对租赁物内物品行使留置权，进而无权阻碍承租人搬离租赁物。我们倾向于第二种观点，《民法典》第 447 条规定："债务人不履行到期债务，债权人可以留置已经合法占有的债务人的动产，并有权就该动产优先受偿。前款规定的债权人为留置权人，占有的动产为留置财产。"《民法典》第 448 条规定："债权人留置的动产，应当与债权属于同一法律关系，但是企业之间留置的除外。"在租赁合同中，承租人存放在租赁物的物品的实际占有主体为承租人，出租人通过自行上锁的方式实现对租赁物内物品的占有并非合法占有，承租人存放在租赁物内的物品与租赁合同亦非同一法律关系，不符合留置权的行使条件。即使出租人符合留置权的行使条件，其完全可以自行将租赁物内的物品存放在他处，及时清空租赁物以另行出租，以减少租赁物空置损失。因此，出租人无正当理由阻碍承租人搬离租赁物内物品的，由此造成的损失应由出租人自行承担。

【规范指引】

《民法典》第447条、第448条、第591条。

【案例】海某公司诉江某房屋租赁合同案[①]

2019年10月26日，海某公司与江某签订《顺德海某达广场商铺租赁合同》，约定海某公司将案涉租赁物出租给江某经营餐饮。合同签订后，江某依约向海某公司交付租赁保证金35 020元、复原保证金8240元，海某公司于2019年10月16日出具收据给江某。海某公司将案涉商铺交付江某使用。

合同履行过程中，江某提出撤店申请，海某公司不同意江某提出的提前解除合同请求，并要求江某继续履行合同。2020年10月22日，江某自行停止营业，海某公司催告后江某仍未恢复营业，海某公司于2020年10月24日向江某发函，要求江某自收到该函件次日起的三日内恢复营业，否则解除合同、收回商铺、没收相关保证金。江某于2020年10月25日收到该函件。江某在停止营业后，未将商铺内的物品清理并搬走，也未与海某公司办理商铺交接手续。海某公司将案涉商铺上锁，主张若江某要搬走商铺内物品，需要海某公司开锁及出具放行条。

双方发生争议后诉至法院，法院经审理，判令：确认海某公司与江某签订的商铺租赁合同解除；江某向海某公司支付2020年7月1日至2020年10月29日的租金及滞纳金；江某将租赁物交还海某公司，海某公司应当配合江某开展清理工作；江某向海某公司支付商铺占用费；江某支付的租赁保证金及复原保证金归海某公司所有；江某向海某公司支付律师费。

【分析】

江某作为承租方，自2020年6月20日开始逾期支付租金，并在未取得海某公司同意的情况下，于2020年10月22日停止营业，江某的行为已经构成违约，海某公司有权解除合同。海某公司于2020年10月24日向江某发函，要求江某自收到该函件次日起的三日内恢复营业，否则解除合同、收回商铺、没收相关保证金。江某于2020年10月25日收到该函件，但未恢复经营。故案涉合同应于江某收到该函件的第四日即2020年10月29日解除。合同因江某的违约而解除，江某应当承担合同约定或者法律规定的违约责任。对于案涉商铺的交还以及占用费的计算问题，合同解除时，江某并未履行清

---

① 参见广东省佛山市顺德区人民法院（2021）粤0606民初26846号民事判决书。

理并交还商铺的合同义务，也未办理商铺的交还手续，海某公司要求江某交还商铺并支付占用费合法有据。但是，在江某停止营业后，海某公司将案涉商铺上锁，江某要想清理案涉商铺内的物品则需要海某公司配合开锁及开具放行条，海某公司对于江某未能及时清理并搬离物品存在一定的过错。海某公司一方面不配合江某清理商铺、不予放行，一方面又要求江某清理并交还商铺，海某公司的行为有违诚信原则。海某公司作为守约方、出租方，在江某未能清理商铺的情况下，应当在合同解除后自行对案涉商铺内的物品进行清理并重新对外出租，这既是海某公司作为出租方的权利，也是法律规定的避免损失扩大的义务，但是海某公司却未采取任何措施，应当对扩大的损失承担相应的过错责任。鉴于清理商铺内物品、重新对外出租均需要一定的期限，江某应当于判决发生法律效力之日起十五日内将案涉商铺清理完毕，但海某公司在清理过程中应当提供必要的协助，江某逾期未清理的，海某公司可自行清理；江某应当向海某公司支付三个月的租金作为占用费，海某公司主张的超出部分，不予支持。

【规范指引】

《民法典》第 591 条。

问题 19：出租人因承租人违约而将租赁物上锁，如何认定合同是否解除及租金、占有使用费

承租人在正常使用租赁物过程中，无正当理由逾期支付租金构成根本违约的，出租人有权解除合同。出租人因此将租赁物上锁，其行为属于不当的私力救济。出租人主张租赁物上锁后的租金或占有使用费的，不予支持。

第一，区分承租人逾期支付租金是否构成根本违约，若构成根本违约，出租人有权解除租赁合同。对于承租人欠付租金出租人能否解除合同，有约定的则从其约定。若合同约定承租人欠付租金达到一定期限，出租人可解除合同的，出租人依约取得合同解除权。在合同无约定的情况下，若承租人欠付租金的数额较少、时间较短，则承租人违约程度较轻，不构成根本违约，而是属于迟延履行合同义务，出租人未取得法定解除权，出租人催告后承租人仍然不支付租金的，方可解除合同。若承租人欠付租金的数额较高、时间

较长导致出租人的合同目的无法实现，或是承租人明确表示拒绝支付租金构成根本违约，根据《民法典》第 563 条第 1 款第 2 项、第 4 项的规定，出租人无须催告即可取得法定解除权。

第二，区分出租人将租赁物上锁是否构成解除合同的意思表示。解除合同的通知应当清晰明确。虽然出租人上锁、堵门等行为控制了租赁物导致承租人无法使用，但是在出租人未明确作出解除合同的意思表示的情况下，不能仅依据出租人的上锁行为确定合同解除时间。若出租人同时发出解除通知或以诉讼的方式明确行使解除权，应当以解除通知送达之日或诉状送达之日为租赁合同的解除时间。若出租人仅将租赁物上锁，其后双方继续履行，租赁合同并未解除。

第三，租金 / 占有使用费应根据承租人占有使用租赁物的期间据实计算，扣除租赁物被出租人上锁的期间。出租人将租赁物上锁或堵门，实际是由出租人的原因导致租赁物无法使用。出租人在租赁期限内应保持租赁物适租，即使承租人拖欠租金费用，亦不能免除出租人上述义务。出租人因承租人拖欠租金而对租赁物采取上锁、堵门等行为，导致承租人完全无法使用租赁物、不能搬离租赁物内部的物品，出租人要求承租人承担租赁物上锁期间的租金 / 占有使用费的，不予支持。

【规范指引】

《民法典》第 563 条、第 565 条、第 722 条。

【案例】某工业科技公司与某复合材料公司房屋租赁合同纠纷案①

2022 年 7 月 26 日，某工业科技公司（出租人）与某复合材料公司（承租人）签订《房屋租赁合同》一份，约定某工业科技公司将案涉厂房两栋出租给某复合材料公司用于生产、办公、宿舍使用。合同签订后，某工业科技公司依约将租赁物交付给某复合材料公司使用，截至 2023 年 1 月 27 日，某复合材料公司仅支付半年租金 219 300 元，之后半年租金经某工业科技公司多次催收无果。某复合材料公司法人于 2023 年 5 月 5 日在微信上明确表示，不再租赁厂房，由某工业科技公司将厂房对外招租，并承诺在 2023 年 7 月 26 日前付清租金。2023 年 5 月 6 日晚，某工业科技公司将公司大门加锁，防止某复合材料公司晚上搬东西。2023 年 5 月 8 日，因某工业科技公司将公司大门

① 参见湖北省枝江市人民法院（2023）鄂 0583 民初 1408 号民事判决书、湖北省宜昌市中级人民法院（2023）鄂 05 民终 3645 号民事判决书。

上锁，致某复合材料公司人员及设备不能出厂而报警，之后，公安机关出警现场调解。2023 年 5 月 10 日，某复合材料公司与某工业科技公司协商形成证明文件一份，约定根据 2022 年 7 月 26 日签订的《房屋租赁合同》，某复合材料公司确定不再继续租赁某工业科技公司厂房。2023 年 7 月 26 日，某复合材料公司在未告知某工业科技公司的情形下搬走设备和原材料，并未支付拖欠的半年租金。双方遂诉至法院，法院经审理判令：双方签订的《房屋租赁合同》解除；对某工业科技公司关于某复合材料公司应支付自 2023 年 5 月 10 日后的占有使用费的主张不予支持。

【分析】

关于合同解除时间。双方于 2023 年 5 月 10 日协商形成证明文件一份，该证明文件中明确载明某复合材料公司确定不再继续租赁某工业科技公司的厂房，某工业科技公司也表示同意解除房屋租赁合同。故双方于 2023 年 5 月 10 日形成证明文件之时，已协商一致解除合同。

关于案涉租金计算问题。某复合材料公司自 2023 年 1 月 27 日起并未再支付租金，故某复合材料公司应支付自 2023 年 1 月 27 日至双方合同解除之日即 2023 年 5 月 10 日的租金。某工业科技公司主张某复合材料公司应支付 2023 年 5 月 10 日之后的租金，因合同解除后双方的权利义务关系即终止，此时某工业科技公司主张的租金实际是指房屋占用费。根据查明的事实，2023 年 5 月 6 日晚，某工业科技公司将公司大门加锁。某复合材料公司提交 2023 年 5 月 8 日报警录像视频证实，因某工业科技公司将公司大门上锁，致某复合材料公司人员及设备不能出厂而报警。某工业科技公司锁门阻止某复合材料公司搬运设备、物品的行为，应为基于双方的租赁关系且前期租金未得到清偿的情况下，而行使扣留某复合材料公司存于租赁物内动产的法定权利的行为，该期间是某工业科技公司行使法定权利的期间，不能认定为承租人继续占有使用租赁物的期间。故某工业科技公司关于某复合材料公司应支付自 2023 年 5 月 10 日后的占有使用费的主张，没有事实与法律依据，不予支持。

【规范指引】

《民法典》第 563 条、第 565 条、第 722 条。

问题 20：租赁合同无效或解除后，出租人采取断水断电措施，导致承租人无法正常使用租赁物，该期间占有使用费如何认定

出租人采取断水断电措施，通常是因承租人存在欠付租金的违约行为或合同到期、解除后拒不搬离等情况，出租人为迫使承租人支付租金或搬离租赁物而作出。出租人将房屋断水断电后，必然导致承租人无法正常使用房屋，出租人主张承租人支付占有使用费的，应结合房屋的使用情况酌情调减或免除占有使用费。

占有使用费的计算标准可结合断水断电后对承租人使用房屋的影响、出租人采取的行为是否合理认定。一般情况下，断水断电对承租人正常使用房屋会产生不利影响。占有使用费的计算标准可参照租赁合同约定的租金标准，根据承租人受影响的时长、程度大小，出租人断水断电行为是否具有过错，合同履行情况等因素参照约定租金标准酌情下调。

此外，还应明确断水断电对承租人造成的损失如何分担。断水断电可能造成承租人无法经营生产的可得利益损失、需冷藏保存的库存产品损坏的损失、为了获得水电另行安装设备的损失等，对于该种损失需结合出租人断水断电行为是否有过错、损失与断水断电行为之间的因果关系等，根据公平原则，在出租人与承租人之间适当分担。

【规范指引】

《房屋租赁合同解释》第 4 条。

【案例】某汽车公司与某咨询服务公司房屋租赁合同纠纷案[①]

2020 年 3 月 15 日，某汽车公司（甲方，出租方）与某咨询服务公司（乙方，承租方）签订《租赁合同》（以下简称合同一），约定甲方将位于某地面积为 2100 平方米的土地、土地上的物业出租给乙方。2020 年 6 月 15 日，某汽车公司（甲方，出租方）与某咨询服务公司（乙方，承租方）签订《租赁合同》（以下简称合同二），约定甲方将位于某地展厅面积约为 700 平方米的土地及土地上的物业出租给乙方。某咨询服务公司就合同一、合同二向某汽车公司支付保证金共 161 600 元。合同履行过程中，双方发生争议，某汽

① 参见广东省佛山市南海区人民法院（2021）粤 0605 民初 18622 号民事判决书、广东省佛山市中级人民法院（2021）粤 06 民终 16918 号民事判决书。

车公司发送《解除租赁合同通知书》，要求解除合同及返还租赁物。某汽车公司、某咨询服务公司双方工作人员的微信聊天记录显示，某咨询服务公司称："4月20日因为你们停电，导致我方工作站数据丢失，造成严重损失，无法经营，我方研究决定迁移，你们迟迟没有合理的移交方案，拖到现在……你们提出的5月份的租金无法接受也无法理解。"2021年7月5日，双方确认某咨询服务公司将场地交给某汽车公司。某汽车公司陈述，涉案展厅和维修厂未办理规划报建手续。

双方遂诉至法院，法院经审理认为，合同一、合同二项下租赁物未办理合法规划报建及竣工验收手续，合同一、合同二均为无效合同，综合案件情况，酌定某咨询服务公司按合同约定的租金标准的50%支付2021年5月1日至2021年7月5日的使用费。

【分析】

出租人对租赁物断水断电，导致承租人无法正常经营生产，可综合考虑因停电所造成的影响及双方履行合同的情况，酌定承租人按合同约定的租金标准的50%支付占有使用费至租赁物实际返还之日。某汽车公司的停水停电行为导致某咨询服务公司无法正常生产经营，综合某咨询服务公司因停电所造成的影响及双方履行合同的情况，可酌定某咨询服务公司按合同约定的租金标准的50%支付断水断电期间的使用费。

【规范指引】

《房屋租赁合同解释》第4条。

问题21：承租人欠付租金，出租人进行断水、断电，造成承租人营业损失的，赔偿责任的认定

承租人欠付租金，出租人对其进行停水、停电，造成承租人营业损失，是否应承担责任，可从三个方面进行分析处理：一是审查房屋租赁合同是否对出租人采取断水断电措施进行约定；二是审查出租人是否将断水断电一事提前通知承租人；三是审查出租人采取断水断电措施是否超过必要的限度。

第一，应审查房屋租赁合同是否对出租人采取断水断电措施进行约定。有观点认为，如果涉案房屋租赁合同明确约定在承租人出现某种违约情形时，

出租人有权采取断水断电措施的，在合同约定的情形出现时，出租人采取断水断电的措施属于按照合同约定行使权利，不应就由此给承租人造成的损失承担赔偿责任。一方面，依法成立的合同，对当事人具有法律约束力。另一方面，在双务合同履行中，在符合法定条件时，当事人一方享有对抗相对人的履行请求权，暂时拒绝履行其债务的权利。狭义的双务合同履行中的抗辩权包括同时履行抗辩权、先履行抗辩权和不安抗辩权。行使同时履行抗辩权、先履行抗辩权和不安抗辩权，是权利的正当行使，而非违约，应受法律保护，不产生违约责任。如果涉案房屋租赁合同明确约定在承租人出现某种违约情形时，出租人有权采取断水断电措施的，在合同约定的情形出现时，出租人采取断水断电的措施属于按照合同约定行使权利，不应就由此给承租人造成的损失承担赔偿责任。如在北京某教育科技有限公司与北京某商业运营管理有限公司房屋租赁合同纠纷案中，二审法院认为，双方在合同中明确约定承租人迟延支付租金等费用达到 15 天，出租人有权停止有关能源、设备、设施等的供应或禁止承租人使用，因此造成的一切后果、损失由承租人自行承担。而承租人自 2021 年 1 月 1 日起欠付租金，出租人于 2021 年 4 月 14 日才采取断电等措施，属于依约行使权利，并无明显不当。二审法院最终认定，承租人主张的装修损失、消防维保费用、学员退费损失，并非因出租人的过错造成，无权要求出租人赔偿。

如果双方在房屋租赁合同中明确约定出租人不得对承租人采取断水断电措施的，出租人不得再对承租人采取该措施；如果双方在房屋租赁合同中明确约定在满足一定条件的情况下出租人有权采取断水断电措施，则出租人应当在该等条件满足时方能采取断水断电的措施，并需要在诉讼中承担相应的举证责任。如在天津某珠宝行与天津某地产开发有限公司房屋租赁合同纠纷一案中，二审法院认为，承租人自 2019 年 7 月 1 日计租开始后从未交纳过租金，存在违约行为。根据双方《商铺租赁合同》的约定，出租人有权经提前 1 个工作日通知承租人后停止有关能源、设施、设备等的供应或禁止有关使用。但该约定客观上会对承租人的正常经营活动造成一定的障碍，故该种救济措施不提倡轻易使用。现出租人没有提交证据证明其在断电前已尽到合理的告知及催告义务，故其于 2020 年 1 月 19 日实施断电的行为欠妥。出租人的该断电行为客观上造成承租人无法继续使用该商铺，故对于出租人要求承租人支付断电至实际腾房之日的房屋占有使用费的诉求，二审法院不予支持。

第二，应审查出租人是否将断水断电一事提前通知承租人。由于断水断电会给承租人使用涉案房屋进行正常的生产经营造成极大的影响，因此，即便承租人事先存在违约行为，出租人亦应当慎重考虑使用此种手段，并应于采取断水断电措施前通知承租人，给予承租人合理期限采取补救措施，而非立即采取断水断电措施，以免造成不必要的损失，否则可能需对由此给承租人造成的损失承担赔偿责任。如在李某与中山某物业管理有限公司房屋租赁合同纠纷二审案件[①]中，二审法院认为，出租人就将采取停电救济措施事宜履行了合理的提前通知义务，承租人在收到通知后应当及时采取将其店铺内的生鲜冷冻食品转移至合适的场所保存或者其他措施，但其未能合理和及时采取措施避免损失的产生和扩大，故即使存在生鲜冷冻食品因停电而受损的问题，承租人亦应自行承担。而在河南省某置业有限公司、刘某租赁合同纠纷案[②]中，二审法院认为，出租人未通知承租人在合理期限内缴纳租赁费用，且在解除通知送达之日即停止物业服务、停电，之后进行锁门，实际上造成承租人无法实际经营，对涉案合同的解除也存在一定责任，应各自承担相应的责任。对于涉案房屋装修残值损失，结合鉴定报告及法院上述对双方责任的认定，法院酌定出租人赔偿承租人装修残值损失等费用。

第三，应审查出租人采取断水断电措施是否超过必要的限度。鉴于断水断电行为势必将对承租人的正常生产经营活动造成极大的影响，因此，即使双方在房屋租赁合同中对出租人有权采取断水断电措施进行了约定，出租人也应当慎重采取断水断电措施，在必要时方能采取该措施，并将程度控制在必要的范围内。出租人采取断电（水、气）等行为对合同履行造成的影响应当与承租人欠付租金的数额、比例及过错程度相适应，超过必要限度给承租人造成损失的，仍应当承担赔偿损失等违约责任。对此，出租人采取断水断电等行为对合同履行造成的影响应当与承租人违约情况及过错程度相适应，主要体现在以下两方面。一方面，应审查案涉纷争能否通过其他方式予以解决。如果案涉纷争能够通过其他方式予以解决的，出租人应当尽量避免采取断水断电措施而选择以其他方式解除合同，如提前就违约行为与承租人沟通

---

① 参见广东省中山市第一人民法院（2020）粤 2071 民初 26389 号民事判决书、广东省中山市中级人民法院（2021）粤 20 民终 2685 号民事判决书。

② 参见河南省新乡市牧野区人民法院（2019）豫 0711 民初 3129 号民事判决书、河南省新乡市中级人民法院（2020）豫 07 民终 1372 号民事判决书。

并进行催告，而非径直采取断水断电措施，又如在承租人未依约支付租金时，扣除押金、保证金等冲抵租金等。在长垣县某置业有限公司、长垣某购物广场有限公司房屋租赁合同纠纷案[①]中，一审法院认为，承租人未支付的租金数额并没有超过其已经向出租人支付的保证金数额（对于保证金能否折抵租金双方没有明确约定，因此法院分析后认定可以折抵租金），出租人可以以保证金抵扣租金。因此，法院结合保证金情况、合同约定出租人应先开具发票但实际未开具等情况，认定出租人提出的承租人拖欠租金应承担违约责任的主张不成立，进而认定出租人应当赔偿其断电行为给承租人造成的损失。二审法院对前述认定予以认可。另一方面，应审查出租人采取断水断电等措施的持续时间、影响范围是否与纷争解决所需的力度相适应。如出租人采取断水断电等措施的持续时间、影响范围应与其所需解决的纷争相适应，在承租人已经按照约定履行义务后，出租人应当及时停止断水断电，恢复承租人对租赁房屋正常的生产经营使用，否则应当就超出部分的行为给承租人造成的损失承担赔偿责任。此外，对于特殊行业，也不建议出租人采取任何的停电措施。如医美行业和大规模生产型企业，医美行业涉及诸多医疗药品需要冷冻保存，且医美行业医生随时有可能给患者做手术，如此时突然停电很可能导致大量医美药品因无法冷冻保存而被损坏或者导致医疗事故的发生。

在审查出租人采取断水断电措施是否超过必要的限度时，若停水、停电持续时间较长，但出租人又未及时解除合同的，应分担扩大部分的损失。因为虽然出租人可以根据合同约定通过停水、停电方式行使催告权，但在出租人催告后，较长时间不解除合同，而承租方因停水、停电致使房屋无法经营使用的状态一直持续，在此情况下出租方应当就未积极行使权利而承担损失扩大部分。

【规范指引】

《民法典》第465条、第526条、第527条、第528条、第563条、第722条。

---

① 参见河南省新乡市中级人民法院（2017）豫07民初365号民事判决书、河南省高级人民法院（2020）豫民终424号民事判决书。

【案例】刘某与某健康管理公司、何某房屋租赁合同纠纷案[①]

2019 年 5 月 30 日，某健康管理公司（甲方）与刘某（乙方）签订《场地租赁合同》约定：甲方向乙方出租位于佛山市南海区桂城街道某金融中心负一层水吧，租用面积约为 127.77 平方米。租赁期间为 2019 年 6 月 15 日至 2021 年 6 月 15 日。2019 年 8 月 15 日至 2020 年 6 月 14 日租金为 12 777 元。2020 年 6 月 15 日至 2021 年 6 月 14 日租金为 13 799 元。2021 年 6 月 15 日至 2022 年 6 月 14 日租金为 14 903 元。

2020 年 1 月 10 日，某健康管理公司的财务给刘某的合伙人黎某琳发微信称“黎小姐，有电了”。2020 年 1 月 15 日，某健康管理公司的财务通过微信告知刘某的合伙人黎某琳 2019 年 11 月 16 日至 2020 年 1 月 14 日的水电费及租金、2020 年 1 月 15 日至 2020 年 2 月 15 日的租金及抵扣 50 000 元押金后尚需支付的租金 6509.04 元，黎某琳回复：“前几天你们欠租导致停电，导致我们的损失已经发生了，请减除。”2020 年 1 月 21 日刘某发送律师函告知某健康管理公司因涉诉租赁物停电造成刘某损失并要求某健康管理公司、何某妥善处理。2020 年 2 月 24 日，某健康管理公司的财务发微信给黎某琳称：“黎小姐，关于 1 月物业没有提前通知我们，停电 5 天导致你们的损失，昨天经股东开会一致同意赔偿因停电造成的具体损失，等复工后安排。”

诉讼中，刘某、某健康管理公司、何某均确认：涉诉租赁物办理了规划报建手续。押金扣除掉租金后尚余 31 490.96 元。刘某陈述涉诉租赁物于 2019 年 12 月 28 日停电半天、于 2020 年 1 月 6 日至 1 月 10 日停电 5 天，其他时间未停电。

法院经审理认为，刘某主张涉诉租赁物 2020 年 1 月 6 日至 10 日停电 5 天，并提供了双方的微信聊天记录佐证，某健康管理公司、何某虽有异议，但未能举证推翻，确认涉诉租赁物于 2020 年 1 月 6 日至 2020 年 1 月 10 日存在停电的情形。刘某主张涉诉租赁物于 2019 年 12 月 28 日停电，但未能举证证明，不予采信。涉诉租赁物停电 5 天，对刘某在这 5 天内使用涉诉租赁物造成了一定的影响，某健康管理公司应向刘某赔偿相应期间因停电造成的损失，但停电时间相对于整个租赁期限而言较短，并不足以导致刘某承租涉诉租赁物的目的不能实现，刘某因此认定某健康管理公司构成根本违约，不予

① 参见广东省佛山市南海区人民法院（2020）粤 0605 民初 6572 号民事判决书、广东省佛山市中级人民法院（2020）粤 06 民终 8215 号民事判决书。

支持。涉诉租赁物停电 5 天给刘某造成损失，某健康管理公司应向刘某赔偿停电期间的租金损失 2061 元（127 77 元 / 月 ÷31 天 ×5 天）。

【分析】

租赁合同明确约定的停水停电条款系双方真实意思表示，对双方具有法律效力；但由于出租人的停水停电措施导致承租人无法正常经营，且出租人未尽到守约方的合理减损义务，应从查明事实的基础上减少承租人对该房屋的租金或占用使用费。

【规范指引】

《民法典》第 526 条、第 527 条、第 528 条、第 563 条、第 722 条。

问题 22：租赁合同无效或解除后，对装饰装修损失鉴定需勘查现场，该期间占有使用费如何认定

租赁合同无效或解除后，由于承租人主张装饰装修损失，出租人对装饰装修损失均不予确认，法院依法委托司法鉴定确定装饰装修损失金额，租赁物未实际返还给出租人或租赁物空置，对于占有使用费的截止日期及计算标准，应结合租赁物实际腾退之日、交接中双方当事人的过错程度进行认定。

关于占有使用费的截止日期。一般情况下，占有使用费应计算至承租人实际腾退租赁物之日止，同时扣除进行鉴定的期间。在鉴定人员勘查现场完毕后，承租人负有及时腾退租赁物的义务，出租人负有及时接收房屋防止损失扩大的义务。承租人无正当理由迟延腾退租赁物，出租人主张占有使用费计算至承租人实际返还租赁物之日的，予以支持。出租人无正当理由拒绝接收房屋，并主张承租人支付腾退房屋后的占有使用费的，不予支持。对于鉴定期间的占有使用费，结合装饰装修损失判赔情况由双方分担。

关于占有使用费的计算标准。占有使用费可在参照合同约定的租金标准基础上，结合房屋未能交接的主次原因、诉讼及司法鉴定对房屋交接的影响、双方当事人的过错程度酌情调整。若双方当事人对房屋迟延交接、长期空置均存在过错的，可由双方当事人分担该期间的占有使用费。

【规范指引】

《民法典》第 157 条；《房屋租赁合同解释》第 4 条。

【案例】某超市有限公司与某科技有限公司房屋租赁合同纠纷案[①]

2017年7月1日，某超市有限公司作为甲方，某科技有限公司作为乙方，签订《乙2号二层租赁合同》，约定甲方将某广场二层大部分出租给乙方。租赁合同签订后，某科技有限公司向某超市有限公司支付保证金26万元。2019年12月9日，某科技有限公司向某超市有限公司发出律师函，主要内容如下：某超市有限公司在签署合同时存在重大欺骗行为，导致合同无法履行，要求洽商撤销合同事宜，单方终止与某超市有限公司合作。2020年3月16日，某科技有限公司向某超市有限公司发出律师函，主要内容如下：某超市有限公司立即派员接收租赁房屋，其他事宜经诉讼解决。2020年3月20日，某科技有限公司向某超市有限公司发出《接收房屋通知函》，主要内容如下：请某超市有限公司立即派员接收租赁房屋。2020年3月23日，某超市有限公司向某科技有限公司发出律师函，主要内容如下：交割房屋是双方义务，我方委托人无法单方面进行交割工作。鉴于某科技有限公司实际使用租赁房屋，请依照合同约定足额缴纳房屋租金。2020年3月24日、27日、28日，4月2日、2020年8月14日、2020年8月20日双方工作人员多次在微信上沟通房屋交接的问题。案件审理期间，某科技有限公司申请对涉诉房屋装修损失进行鉴定。法院依法委托某公司进行鉴定并出具《造价鉴定意见书》。经法院释明，双方当事人均明确表示鉴定意见可作为终稿使用。双方当事人认可鉴定机构于2020年8月13日进行现场勘验。对于占有使用费如何计算的问题，法院经审理认为，某科技有限公司应当向某超市有限公司支付占有使用费，结合多项因素考虑，酌情参照合同约定的租金标准对占有使用费数额予以调整。

【分析】

出租人就未取得建设工程规划许可证建设的房屋，与承租人订立的租赁合同无效，本案当事人在法庭辩论终结前未能举证证明房屋取得合法规划报建手续，故租赁合同无效。合同无效后，占有使用费可参照租赁合同约定的租金标准确定，但合同约定并非认定占有使用费的唯一考量因素，应当综合考虑经营期间受到影响、双方当事人均不配合交接房屋造成交接时间迟延、案件诉讼周期较长、涉及司法鉴定现场勘验、房屋移交具有复杂性和难度等

---

① 参见北京市朝阳区人民法院（2020）京0105民初34023号民事判决书、北京市第三中级人民法院（2022）京03民终980号民事判决书。

因素，酌情调整承租人向出租人支付占有使用费的合理数额。

【规范指引】

《民法典》第 157 条；《房屋租赁合同解释》第 4 条。

问题 23：租赁合同解除后，出租人可否起诉要求承租人履行迁出或注销租赁场所的工商登记等义务

关于租赁合同解除后，承租人应否注销租赁场所的工商登记的问题。在商事用途的房屋租赁合同中，承租人一般都会以租赁房屋作为经营场所办理相关的行政许可证照，如作为设立公司的注册地办理工商营业执照、作为经营场所办理餐饮许可证（食品卫生许可证）等。对于承租人工商执照的迁出或注销，往往需要承租人依法自行办理才能彻底完成。实践中由于很多承租人下落不明、不愿意配合或出于其他原因，难以顺利办理工商执照迁出或注销手续，导致出租人权利受损以致产生纠纷。对于租赁合同解除后，出租人起诉承租人，请求其迁出或注销租赁场所的工商登记，不仅是法院需要在诉讼中解决的问题，也涉及市场经济发展中的商事登记制度改革。一般认为：第一，由于工商执照的迁出或注销涉及相关行政部门审查，并不属于民事法律调整的法律关系，因此不具有可诉性。第二，在没有接收地址的情况下强行迁出或注销，则会导致承租人成为没有住所地的商事主体，违反了法律规定。因此，人民法院应以该诉请不属于民事案件的受理范围为由，不予处理。

有观点认为，法院可以判决承租人在一定期限内履行办理迁出工商执照手续的行为，如不执行该项判决，可以追究其拒不执行人民法院裁决的相应法律责任。至于承租人履行这一行为是否会得到行政机关的认可，是否会导致商事主体丧失法律上的住所地，是属于商事登记制度以及承租人的问题。但是，毕竟注册地或经营场所是承租人自愿选择的，在没有接收地点的情形下判令其强行迁出，会导致承租人成为没有住所地的商事主体，违反了法律规定。如果法院判令其迁出或者注销，将来行政机关无法执行，会使判决主文成为一纸空文，考虑到判决应该具有可执行性，至少在目前的法律规定和商事登记制度框架下，不宜简单由法院判决承租人迁出或注销租赁场所的工商登记。

还有观点认为，租赁合同解除后，承租人应迁出或注销租赁场所的工商登记，属于承租人的附随义务，故法院应对出租人的诉讼请求予以支持。如前所述，由于工商执照的迁出或注销涉及相关行政部门审查，并不属于民事法律调整的法律关系，对于不属于民事法律调整范畴的行为，更不宜由司法干预。虽然租赁合同解除后，出租人请求承租人迁出或注销租赁场所的工商登记具有合理性，但该请求不属于民事诉讼审理范畴，出租人可向行政机关反映，人民法院应以该诉请不属于民事案件的受理范围为由，不予处理。

【规范指引】

《民法典》第 558 条。

【案例】伟某公司与博某公司房屋租赁合同纠纷案[①]

2016 年 11 月 16 日，伟某公司（出租方、甲方）、博某公司（承租方、乙方）与李某（保证人、丙方）签订《某大厦租赁合同》，约定：甲方将坐落于深圳市南山区某大厦整栋出租给乙方使用。合同约定，如乙方或次承租方将该房屋地址作为工商注册地址的，应在本合同终止之日或租赁期限届满之日后 15 个工作日内将工商注册地址从该房屋迁出，并完成相应工商变更登记，如逾期迁出，乙方每日应按月租金总额的千分之五向甲方支付违约金。合同解除后，双方对于工商注册地址迁出问题产生争议诉至法院。法院经审查，对伟某公司要求次承租人将工商注册地址迁出并完成相应工商变更登记的诉讼请求不予处理。

【分析】

工商变更登记系相关政府部门的职能，将工商注册地址迁出并完成相应工商变更登记的诉讼请求，不属于法院管辖范围，不予处理。

【规范指引】

《民法典》第 558 条。

---

① 参见广东省深圳市南山区人民法院（2018）粤 0305 民初 18301 号民事判决书、广东省深圳市中级人民法院（2020）粤 03 民终 22552 号民事判决书。

问题 24：租赁合同解除后，出租人请求承租人协助办理网络地图标注删除的处理

关于承租人应否协助办理网络地图标注删除的问题。一般来讲，租赁合同解除后，承租人协助办理网络地图标注删除，属于其附随义务。一方面，关于附随义务，我国《民法典》虽有相关规定，但仍较为模糊，大多数附随义务总是游离于法律规定和合同约定之外，目前涉及附随义务的一些司法认知，仅停留在个案层面上，司法裁判尚未建立起成熟的规则和指导原则。何种合同关系能产生附随义务以及具体的附随义务如何，只能根据具体合同的性质、交易习惯等，在诚信原则的指引下作出判断。立法者不可能预见在何种性质的合同关系中当事人应履行何种附随义务，由此便导致附随义务的具体内涵和外延均有不确定性。因此，寄希望于立法日臻完善的同时，司法层面应对各种新情形，需要法官依据诚信原则，从衡平双方当事人利益的角度去自由裁量，在运用该制度时准确把握制度的本质和目的，解读附随义务的时代内涵。另一方面，为防止法官滥用自由裁量权，过度干预契约自由这一私法的基本原则，对附随义务理论在司法实践中的运用也要适当规制，避免道德泛化的倾向。对于与实现合同目的无实质联系的辅助行为，不得上升为附随义务。如前所述，何种合同关系能产生附随义务以及具体的附随义务如何，只能根据具体合同的性质、交易习惯等，在诚信原则的指引下作出判断。随着社会经济的发展，附随义务应具有符合时代发展的内涵，租赁合同终止后，协助办理网络地图标注删除即属于承租人的附随义务，对于出租人请求承租人应协助办理网络地图标注删除，于法有据，法院应予以支持。

【规范指引】

《民法典》第 558 条。

【案例】周某与银某南通分公司、银某公司房屋租赁合同纠纷案[①]

银某南通分公司系银某公司的分支机构。2016 年 4 月，周某与银某南通分公司签订办公室租赁合同，周某将坐落于江苏省南通市崇川区某世纪城 ×× 号楼的两套房出租给该分公司，租期至 2018 年 4 月 30 日止。上述租赁

---

① 参见江苏省南通市中级人民法院（2018）苏 06 民终 4610 号民事判决书。

合同到期前，该分公司表示不再续租。银某南通分公司、银某公司承租案涉房屋后，将某世纪城 ×× 号楼一套房作为其营业场所，在主管机构办理了工商登记，并在百度地图、高德地图、腾讯地图中将租赁房屋地址进行了标注和对外公示，一直未变更。周某遂向法院起诉主张银某南通分公司、银某公司赔偿周某经济损失；银某南通分公司、银某公司立即对其企业营业场所进行工商变更登记，并立即变更或删除百度地图、高德地图、腾讯地图对案涉房屋地址的标注。法院经审理判令银某南通分公司一次性赔付周某 36 221 元，银某公司对银某南通分公司以其财产不能清偿部分承担清偿责任，银某南通分公司、银某公司应协助删除百度地图、高德地图、腾讯地图关于案涉房屋关联其公司的标注。

【分析】

当前，企业商户普遍利用互联网平台或电子软件，将公司、商铺名称或主管业务及联系方式标注到网络地图上，为企业定位、品牌宣传等自身经营提供便利。本案即涉及案涉租赁房屋网络地图标注为被告公司地址的情形。随着社会经济的发展，附随义务应具有符合时代发展的内涵，租赁合同终止后，协助办理网络地图标注删除即属于承租人的附随义务，如怠于履行，势必影响出租人对房屋的使用及日常经营生活。关于周某要求判令银某南通分公司、银某公司立即对其企业营业场所进行工商变更登记，该项请求并不属于民事案件处理范畴，其可另行通过合法途径解决。

【规范指引】

《民法典》第 558 条。

问题 25：承租人欠付租金的情况下，出租人不享有对租赁物内物品的留置权；除有特别约定外，出租人无权自由处分承租人留在租赁房屋内的物品

承租人欠付租金的情况下，出租人是否享有对租赁物内物品的留置权及自行处理的权利，有支持和不支持两种截然不同的观点。支持享有留置权的观点，主要是直接援引《民法典》第 447 条第 1 款“债务人不履行到期债务，债权人可以留置已经合法占有的债务人的动产，并有权就该动产优先受偿”

和第 448 条“债权人留置的动产，应当与债权属于同一法律关系，但是企业之间留置的除外”之规定，认为因承租人不履行腾退房屋的义务，致使机器设备仍留置在涉案租赁房屋内，出租人自然取得对该机器设备的占有，且此占有为合法占有，又因承租人不履行生效文书确定的债务，故出租人作为债权人对其合法占有的机器设备享有留置权，有权就该设备优先受偿。不支持享有留置权的观点认为，根据《民法典》第 447 条、第 448 条的规定，债权人必须基于合法原因而占有债务人动产，如基于承揽、运输、保管合同等的约定而取得动产的占有。欠租承租人与出租人与并未办理租赁房屋交接手续，欠租承租人并未将案涉租赁物内的财产交付出租人占有。且出租人与承租人之间系房屋租赁合同关系，债权基础系租金，合同所指向的标的物为房屋，并非承租人为经营使用而放置在租赁物内的财产，与留置权构成要件中关于留置动产与债权应属同一法律关系的规定不符，出租人对承租人放置在租赁物内的财产不享有留置权。甚至有观点进一步认为，出租人对涉案租赁房屋内的物品缺乏本权的占有，即使合同条款约定了“租赁合同解除后，被告不搬走房屋附加装置和物品的，原告有权对附加装置和物品进行处置”，亦不足以证明出租人有权占有涉案租赁房屋内的物品。留置权为物权法定，不得由当事人自行约定创设，当事人之间为房屋租赁合同关系，并非保管合同、运输合同、加工承揽合同关系，因此双方签订的租赁合同关于“甲方（即出租人）有权留置乙方（即承租人）于该商铺内的任何物品”的约定因违反法律规定而无效；承租人在租赁房屋内的物品由其自行占有，出租人未合法占用该批物品，出租人无权对承租人租赁房屋内的物品行使留置权。且即使出租人有权占有涉案房屋内的物品，但其与被告之间原系租赁合同关系，其并未基于商事活动中的营业关系而占有被告的动产，故不符合企业之间留置权的成立要件。

对此，《民法典》第 447 条规定，债务人不履行到期债务，债权人可以留置已经合法占有的债务人的动产，并有权就该动产优先受偿。前款规定的债权人为留置权人，占有的动产为留置财产。《民法典》第 448 条规定，债权人留置的动产，应当与债权属于同一法律关系，但是企业之间留置的除外。《民法典》第 447 条、第 448 条规定的表述分别与原《物权法》第 230 条、第 231 条的表述完全一致。一般留置权留置的财产与债权之间须满足“同一法律关系”，企业之间留置权则作为例外规定，留置的财产与债权之间无须满足“同一法律关系”。如此立法的考量是，在商业活动中，相对自然人交易，企业之间交易更加频繁而追求效率，也更在乎商业信用，如要求企业间留置财产也必须与债权具有同一法律关系，有损企业交易效率及安全。2020 年 12 月 25 日，最高人民法院审判委员会第 1824 次会议通过《民法典担保制度解释》。该解释于 2021 年 1 月 1 日起施行。该解释第 62 条第 2 款规定：“企业之间留置的动产与债权并非同一法律关系，债务人以该债权不属于企业持续经营中发生的债权为由请求债权人返还留置财产的，人民法院应予支持。”其中“企业持续经营中发生的债权”的提法是过往法条没有涉及的提法。对《民法典》第 448 条关于企业之间留置不受“同一法律关系”限制作了一定的限缩。因此，我们认为，留置权属于法定担保物权，其创设、内容、行使均应源于明确的法律规定，并以合法占有留置物为前提。承租人欠付租金的情况下，出租人不享有对租赁物内物品的留置权；在无特殊约定的情况下，出租人无权自由处分承租人留在租赁房屋内的物品。

【规范指引】

《民法典》第 447 条、第 448 条。

【案例】新某公司与李某房屋租赁合同纠纷案①

2010 年，新某公司（出租人）与李某（承租人）订立租赁合同，约定新某公司将商铺租赁给李某。此外，双方约定合同解除情形下，承租人将商铺归还出租人或出租人采取措施收回商铺后，商铺内的遗留物品，出租人视为承租人自行放弃所有权并由出租人自行处置。合同订立后，新某公司于 2010 年 8 月 4 日将李某承租的商铺交付给李某使用。李某对租赁商铺进行装修后开始营业。后因李某欠缴租金，新某公司于 2011 年 3 月 19 日对李某经营的商铺实施断电，并上锁。自此李某再未经营。2011 年 8 月 25 日，新某公司在重庆市公证处监督下将李某放在租赁商铺内的物品搬离，存放在新某公司库房内。新某公司于 2012 年 8 月 23 日向法院起诉要求李某给付租金并支付违约金。法院认为新某公司对李某的商铺停电并锁门的事实成立，新某公司以其行为表明其不再履行合同，双方事实上于 2011 年 3 月 19 日解除了租赁合同。随后，李某提起本案诉讼，认为新某公司将其商铺内的物品搬离给其造成损失，要求新某公司赔偿。

---

① 参见重庆市沙坪坝区人民法院（2013）沙法民初字第 09589 号民事判决书、重庆市第一中级人民法院（2014）渝一中法民终字第 06787 号民事判决书。

法院经审理认为，在新某公司和李某订立的房屋租赁合同中，双方对李某未按约交纳租金时新某公司有权采取的措施及合同解除后新某公司有权对遗留在商铺内的物品进行处理有专门条款进行约定，该条款系双方真实意思表示，约定内容也不违反法律的禁止性规定。故李某关于新某公司无权处置商铺内的服装和其他物品的申请理由亦不能成立。

【分析】

房屋租赁合同中，双方明确约定合同解除后，出租人对承租人未办理物品有权进行处理，该条款系双方真实意思表示，约定内容不违反法律的禁止性规定。对于承租人主张出租人无权处置并要求赔偿的诉讼请求，应当不予支持。

【规范指引】

《民法典》第447条、第448条。

问题26：合同无效或解除后，承租人返还租赁物之标准、时间认定及逾期返还之责任承担

租赁关系终止后，承租人应将租赁房屋返还出租人。当租赁关系终止后，无论是因为租赁期届满、租赁合同解除，还是合同无效或被撤销，由于双方互为对待给付的基础已不存在，承租人都应向出租人返还房屋。

一般而言，租赁合同约定了租赁期限的，承租人应自期限届满时返还。如果此时出租人没有要求收回房屋，自租赁期限届满时，承租人继续使用租赁物，出租人没有提出异议的，原租赁合同继续有效，但租赁期限为不定期。不定期租赁中当事人可以随时解除合同，但出租人解除合同应当给承租人合理的宽限期，宽限期届满时，承租人应返还房屋。合同未约定租赁期限的，合同双方可以就租赁期限签订补充协议或按照合同相关条款和交易习惯确定。不能确定的，视为不定期租赁。租赁期限6个月以上未采取书面形式的，也属于不定期租赁。自当事人提出终止合同的宽限期届满时，承租人应当返还租赁房屋。

合同因无效或被解除等原因而终止的，应在合同无效或被解除后立即返还。

承租人逾期交还房屋的，应承担相应的责任。当合同履行期届满或合同解除时，返还房屋是租赁合同中承租人的主要义务，逾期返还构成违约。通常合同中会约定逾期返还房屋的违约责任，比如承租人需按时支付违约金或物业管理费、推广费、能源费用等。也可以约定停水停电，控制承租人的人员从商铺进出，阻止承租人继续开业经营，自行拆除装修物并恢复原状，等等。常见的约定条款如“交还期满后承租方仍未能将符合要求的租赁房屋交还的，则自交还期届满之日的次日起，每逾期一日，承租人应当按本合同约定的日租金标准的 × 倍向出租人支付房屋占用费，直至承租人按要求交还租赁房屋为止”“承租人在交换期届满后超过十日仍未腾空、交还租赁房屋的，双方均同意视为承租人放弃对租赁房屋内所有物品的所有权；出租人有权任意处置该等物品，无须承担任何责任。出租人清理、处理该等物品产生的费用以及将租赁房屋恢复原状产生的费用均由承租人承担”。

因此，在租赁合同解除后，出租人擅自处置承租人未搬离物品情形下，需要注意：第一，若双方当事人在房屋租赁合同中对合同解除后的未搬离物品事项进行了约定，要求承租人在特定时限内搬离相关物品，逾期则视为承租人放弃遗留物品的所有权，那么应尊重当事人的意思自治，按照合同约定条款进行处理，出租人有权自行处理承租人超过时限仍遗留在租赁房屋内的物品。在此情形下，出租人有义务及时收回租赁物防止损失扩大。否则，出租人无权对扩大的损失如占用费予以主张，法院对此不予支持。不过值得注意的是，若合同事先约定出租人要进行催告，而出租人未按约定催告，那么出租人擅自处置遗留物品的行为存在瑕疵，需要承担部分责任。第二，若未对未搬离物品的处置有事先约定，法院会以侵犯财产权为由不支持出租人擅自处分承租人物品。因为承租人遗留物品的所有权仍归属于承租人，出租人擅自处分行为缺乏相应依据。若出租人基于留置等原因处置承租人遗留物品，则应尽到谨慎注意义务，处置不当造成承租人财产损失的应承担相应责任。除此之外，应审查出租人是否对承租人进行了合理的通知或催告。若出租人多次催告或通知后，承租人仍未搬离，则属于承租人怠于行使自己的权利，在此情形下，出租人有权对承租人遗留物品进行处置。

【规范指引】

《民法典》第 566 条、第 733 条。

【案例】信某公司与吴某某租赁合同纠纷案[①]

2015 年 2 月 6 日，信某公司（甲方）与吴某某（乙方）签订《厂房及院落租赁合同》，约定信某公司出租厂房给吴某某使用。合同签订后，吴某某将部分场地转租案外人使用。吴某某支付租金至 2017 年 12 月 31 日，此后租金未依约交纳。2020 年 2 月 12 日，信某公司向吴某某发出《告知函》，载明因吴某某未按期交纳租金，遂解除合同。吴某某于同日收到上述函件。2020 年 11 月 20 日，信某公司收回原方便面厂厂房及院落。部分厂房及院落仍由吴某某占有使用至今。信某公司遂向法院提起诉讼。法院经审理认为，吴某某未依约交纳租金已构成根本违约，信某公司请求确认《厂房及院落租赁合同》于 2020 年 2 月 12 日解除，于法有据，予以支持。《厂房及院落租赁合同》解除后，吴某某继续占有使用涉案场地已无合法依据，故信某公司请求吴某某腾退涉案场地，予以支持。结合涉案场地的腾退情况，参照《厂房及院落租赁合同》约定的租金标准，法院依法确定占有使用费数额。

【分析】

承租人未支付租金，其行为已构成根本违约，故出租人有权依约解除涉案租赁合同。合同解除后，尚未履行的，终止履行；已经履行的，根据履行情况和合同性质，当事人可以要求恢复原状、采取其他补救措施，并有权要求赔偿损失。合同解除后，承租人应腾退返还房屋，并支付所欠租金以及合同解除后的占有使用费。

【规范指引】

《民法典》第 566 条、第 733 条。

问题 27：承租人因情势变更解除合同，双方损失的分担认定

《民法典》第 533 条正式确立了情事变更制度。情势变更原则在房屋租赁合同中的适用，涉及对情势变更原则的内涵、构成要件、法律后果的正确认识和处理。情势变更原则，是指在合同成立后，合同的基础条件发生了当事人在订立合同时无法预见的、不属于商业风险的重大变化，继续履行合同对

---

① 参见北京市第一中级人民法院（2021）京 01 民初 784 号民事判决书、北京市高级人民法院（2022）京民终 429 号民事判决书。

于当事人一方明显不公平的，受不利影响的当事人可以与对方重新协商；在合理期限内协商不成的，当事人可以请求人民法院或者仲裁机构变更或者解除合同。人民法院或者仲裁机构应当结合案件的实际情况，根据公平原则变更或者解除合同。

关于情势变更原则的构成要件有如下四个：（1）客观要件。情势变更原则的客观要件包含两个要求：一是合同的基础条件确实发生了重大变化；二是此种重大变化不属于商业风险的范畴。首先，“合同的基础条件”，是指合同在订立时所依据的客观基础事实，这种客观事实既不受当事人的意志支配，也不受当事人的意思表示约束。其次，此种变化应是重大且区分于商业风险的，即发生了异常的根本性变化。从形式上看，商业风险属于商事活动中的内在因素，是商事领域中所固有的交易风险，其变更符合一般的商事规律，属于正常的市场变化。如通货膨胀、经济危机或者政策优惠等皆属于此类。但情势变更则属于商事活动过程中的外在因素，如自然灾害、政策防控等因素导致合同基础环境发生异常的变动，继续履行合同会使双方权利义务严重失衡。（2）主观要件。情势变更原则的主观要件要求当事人在合同订立时无法预见此种重大变化。如果在合同成立之时，双方当事人均没有预见此情势的可能，那么之后双方当事人均有权利以该情势为由请求适用情势变更原则，若有一方当事人有预见该情势的可能，那么该当事人则不可以适用情势变更原则，也就是说只有没有预见该情势可能性的当事人才可以请求适用情势变更原则。（3）时间要件。情势变更原则的时间要件要求重大变化发生在合同成立以后，履行完毕之前。若重大变化发生在合同成立以前，此时双方仍处于磋商阶段，也并未达成具有法律约束力的合意，在此情况下双方当事人都有自由选择是否订立合同的权利，若仍然坚持订立合同，说明双方愿意承担此重大风险可能带来的不利因素，应当认定为自甘风险行为。若重大变化发生在合同履行完毕之后，此时合同的目的已经达成，且合同履行过程中并未受到重大变化的不利影响，因此不适用情势变更原则。（4）结果要件。情势变更原则结果要件要求继续履行合同对一方当事人明显不公平。关于“明显不公平”的定义，从概念上可以解释为当事人之间的利益明显失衡，对受损一方显失公平。但此种概括较为抽象，具体的规范要素可以参照《国际商事合同通则》的规定，其将合同的重大失衡解释为当事人履行成本的大幅增加或当事人所获履行的价值的大幅减少。

关于情势变更原则的法律后果，也即情势变更原则的效力。根据《民法典》第533条的规定，适用情势变更原则的情况下，当事人双方首先可以就合同内容进行再协商，在协商后仍不能达成意见统一时，可以请求裁决机构对合同进行变更或解除。那么解除了合同，应发生何种效果？双方损失应如何分担？对此，《民法典》第533条未予明示。根据《民法典》第566条第1款的规定，合同解除后，尚未履行的，终止履行，已经履行的，根据履行情况和合同性质，当事人可以请求恢复原状或者采取其他补救措施，并有权请求赔偿损失。当法院或仲裁机构适用情事变更规则解除合同后，恢复原状自属应当，但是否可以请求赔偿损失？换言之，当事人是否可因情事变更而免责？对此，理论上存在免责说、损害赔偿说和损失分担说。在免责不分担、损失分担、信赖利益赔偿和履行利益赔偿几种方案之中，相较而言，损失分担的方案更为合理。一概由当事人平均分担损失的做法过于刚性，而完全依据动态体系思想则弹性过大，更为可取的思路是创设一个基本的损失分担框架，在此基础之上再进行调整。也就是，原则上应当由双方当事人平均分担损失，不过，如果一方当事人拥有明显较强的经济能力、进行了投保或者有收益，那么，应综合考量正常预期的利益损失和合同标的转售所获得的利润等，公平分配获益和损失。

【规范指引】

《民法典》第533条、第566条。

【案例】博某公司与新某公司租赁合同纠纷案[①]

2021年2月份，博某公司将案涉房屋出租并交付新某公司。新某公司于2021年4月23日入场拆除案涉房屋的原装修物品，2021年5月7日拆除完毕。2021年7月24日，中共中央办公厅、国务院办公厅印发《关于进一步减轻义务教育阶段学生作业负担和校外培训负担的意见》。该意见要求从严审批机构，各地不再审批新的面向义务教育阶段学生的学科类校外培训机构，现有学科类培训机构统一登记为非营利性机构。2021年9月10日，新某公司向博某公司寄送《解除租赁合同沟通函》，载明：因现行政策将导致我司原有培训计划和培训场地需求发生根本性变化，房屋租赁合同签订时的基础条件已经发生了在订立合同时无法预见的重大变化。故我司决定自2021年9月

① 参见山东省济南市历城区人民法院（2022）鲁0112民初1691号民事判决书、山东省济南市中级人民法院（2022）鲁01民终6958号民事判决书。

11 日起退租物业。请贵司于收到本函件之日起 7 日内协助我司完成房屋租赁合同解除的后续费用结算确认、发票开具、设施设备归还、物业及房屋交割等事宜。此后，博某公司与新某公司就案涉《房屋租赁合同》是否解除、损失赔偿等问题协商未果，从而引发本案诉讼。本案诉讼过程中，博某公司请求对因新某公司装修给案涉房屋造成的损失进行鉴定。法院依法委托司法鉴定，鉴定意见为因房屋装修造成的损失为 821 266 元。法院经审理认为，结合案件的实际情况，根据公平原则，认定涉案租赁合同于 2021 年 9 月 18 日解除；对鉴定意见书评估的新某公司拆除原装修造成的损失为 821 266 元予以采信，并酌定新某公司应分担拆除原装修造成的损失 410 633 元（821 266 元 × 50%）；博某公司主张空置期间损失租金为 2 291 835 元，无事实和法律依据，不予支持；新某公司已支付 2021 年 6 月 1 日至 2021 年 11 月 30 日（共计 183 天）租金，但涉案房屋租赁合同已于 2021 年 9 月 18 日解除，新某公司使用租赁房屋时间为 2021 年 6 月 1 日至 2021 年 9 月 18 日，共计 110 天，故博某公司应退还未使用租赁房屋期间的租金。

【分析】

承租人以“双减”政策为由基于情势变更原则主张解除租赁合同关系，有事实和法律依据，双方当事人对合同解除均不存在过错。关于合同解除时间，应结合案件实际情况认定。关于免租期，系出租人在租赁合同正常履行完毕的前提下而给予承租人的优惠，租赁合同因情势变更而解除，应结合涉案房屋的实际使用情况，由双方当事人共同分担免租期损失。关于装修损失，应当基于公平合理、利益平衡的考量，由双方当事人合理分担。关于空置期损失，在租赁合同解除后，出租人应该根据诚信原则，及时收回涉案房屋，与承租人办理房屋交接，减少损失扩大，若出租人怠于办理交接，因此而扩大的损失应由其自行负担。

【规范指引】

《民法典》第 533 条、第 566 条。

附：房屋租赁合同纠纷请求权、抗辩（权）基础备考表

案由	诉讼请求类别	诉讼请求	请求权基础	抗辩（权）主张	抗辩权基础
房屋租赁合同纠纷	确认合同无效	期限超过20年的部分无效	《民法典》第705条	非租赁合同关系	《民法典》第703条
		期限超过临时建筑的使用期限部分无效	《民法典》第153条、《房屋租赁合同解释》第3条第2款	在一审法庭辩论终结前经主管部门批准延长使用	《房屋租赁合同解释》第3条第2款
		未取得建设工程规划许可证或者未按照建设工程规划许可证的规定建设的租赁房屋	《民法典》第153条、《城乡规划法》第40条、《房屋租赁合同解释》第2条	租赁房屋在一审法庭辩论终结前取得建设工程规划许可证或者经主管部门批准建设的	《房屋租赁合同解释》第2条
		未经批准或者未按照批准内容建设的临时建筑	《民法典》第153条、《房屋租赁合同解释》第3条第1款	租赁房屋在一审法庭辩论终结前经主管部门批准建设的	《房屋租赁合同解释》第3条第1款
	解除合同	协商解除	《民法典》第562条第1款	未达成一致意思表示	《民法典》第134条第1款、第732条、第734条
				解约意思表示不合法	《民法典》第143条、第146条

续表

<table>
<tr><th>案由</th><th>诉讼请求类别</th><th>诉讼请求</th><th>请求权基础</th><th>抗辩（权）主张</th><th>抗辩权基础</th></tr>
<tr><td rowspan="10">房屋租赁合同纠纷</td><td rowspan="10">解除合同</td><td rowspan="3">约定解除</td><td rowspan="3">《民法典》第 562 条第 2 款</td><td>条件未成就或不正当“被成就”</td><td>《民法典》第 159 条</td></tr>
<tr><td>未通知</td><td>《民法典》第 563 条</td></tr>
<tr><td>解除权行使期限已届满</td><td>《民法典》第 564 条</td></tr>
<tr><td rowspan="2">任意解除</td><td rowspan="2">《民法典》第 730 条、第 731 条</td><td>不定期租赁，未在合理期限内提前通知</td><td>《民法典》第 730 条但书</td></tr>
<tr><td>不存在足以解除合同的质量问题</td><td>《民法典》第 731 条</td></tr>
<tr><td rowspan="4">法定解除</td><td rowspan="4">《民法典》第 533 条、第 563 条、第 580 条、第 711 条、第 716 条、第 722 条、第 724 条、第 729 条，《房屋租赁合同解释》第 5 条、第 6 条</td><td>商业风险而非不可抗力或情势变更</td><td>《民法典》第 533 条</td></tr>
<tr><td>未阻却合同目的实现</td><td>《民法典》第 580 条</td></tr>
<tr><td>继续履行不会违背公平原则</td><td>《民法典》第 533 条</td></tr>
<tr><td>已履行主要义务，不会导致合同目的无法实现</td><td>《民法典》第 710 条、第 711 条、第 718 条，《民商事审判会议纪要》第 47 条</td></tr>
</table>

续表

案由	诉讼请求类别	诉讼请求	请求权基础	抗辩（权）主张	抗辩权基础
房屋租赁合同纠纷	继续履行合同	交付房屋	《民法典》第577条	同时履行抗辩	《民法典》第525条
				先履行抗辩	《民法典》第526条
				不安抗辩	《民法典》第527条
				履行不能	《民法典》第580条第1款
		支付租金	《民法典》第577条、第579条、第721条、第722条	不可抗力影响履行	《民法典》第590条
				出租人原因导致影响房屋使用	《民法典》第708条
				维修租赁物影响房屋使用	《民法典》第713条
				次承租人已代付费用	《民法典》第719条
				第三人主张权利影响承租人使用、收益	《民法典》第723条
				非承租人事由导致租赁房屋部分或全部损毁、灭失	《民法典》第729条
				诉讼时效	《民法典》第188条

续表

案由	诉讼请求类别	诉讼请求	请求权基础	抗辩（权）主张	抗辩权基础
房屋租赁合同纠纷	恢复原状	返还租赁房屋	《民法典》第235条、第733条	承租人继续使用、出租人未提异议	《民法典》第734条
			《民法典》第566条、第715条，《房屋租赁合同解释》第6条、第8条	交付时的原状标准不确定	《民事诉讼法》第67条
	支付占有使用费	合同无效或解除且承租人占有使用了租赁房屋	《民法典》第157条、566条，《房屋租赁合同解释》第4条第1款	不可抗力影响履行	《民法典》第590条
				出租人原因导致影响房屋使用	《民法典》第708条
				出租人未及时收回房屋导致损失扩大	《民法典》第591条
				维修租赁物影响房屋使用	《民法典》第713条
				次承租人已代付费用	《民法典》第719条
				第三人主张权利影响承租人使用、收益	《民法典》第723条
				非承租人事由导致租赁房屋部分或全部损毁、灭失	《民法典》第729条
				计算标准明显高于市场价格	《民法典》第6条

续表

案由	诉讼请求类别	诉讼请求	请求权基础	抗辩（权）主张	抗辩权基础
房屋租赁合同纠纷	违约金	不履行合同义务或履行合同义务不符合约定	《民法典》第577条	约定违约金过分高于造成的损失	《民法典》第585条第2款、《民法典合同编解释》第65条
		解除合同违约金	《民法典》第585条第1款	相对方未采取适当措施防止损失扩大	《民法典》第591条，《民法典合同编解释》第65条
				与有过失	《民法典》第592条
	赔偿损失	不合理使用致损	《民法典》第711条、《房屋租赁合同解释》第6条	正常损耗	《民法典》第710条
		保管不善致损	《民法典》第714条	已尽保管义务	《民法典》第714条
		擅自改善或增设他物致损	《民法典》第715条第2款、《房屋租赁合同解释》第11条	已经出租人同意或视为同意	《民法典》第715条第1款
		未经同意转租致损	《民法典》第716条	已经出租人同意或视为同意	《民法典》第716条第1款、第718条

续表

<table>
<tr><th>案由</th><th>诉讼请求类别</th><th>诉讼请求</th><th>请求权基础</th><th>抗辩（权）主张</th><th>抗辩权基础</th></tr>
<tr><td rowspan="9">房屋租赁合同纠纷</td><td rowspan="7">赔偿损失</td><td rowspan="3">侵害承租人优先购买权</td><td rowspan="3">《民法典》第 726 条第 1 款、第 728 条</td><td>承租人在十五日内未明确表示购买</td><td>《民法典》第 726 条第 2 款</td></tr>
<tr><td>承租人未参加拍卖</td><td>《民法典》第 727 条</td></tr>
<tr><td>出租人系向其他按份共有人或近亲属出卖</td><td>《民法典》第 726 条但书</td></tr>
<tr><td rowspan="4">不履行合同义务或履行合同义务不符合约定，导致损失产生</td><td rowspan="4">《民法典》第 577 条</td><td>与其他违约责任并用</td><td>《民法典》第 585 条第 2 款</td></tr>
<tr><td>损失超出预见范围</td><td>《民法典》第 584 条</td></tr>
<tr><td>相对方未采取适当措施防止损失扩大</td><td>《民法典》第 591 条</td></tr>
<tr><td>与有过失</td><td>《民法典》第 592 条</td></tr>
<tr><td rowspan="2">装饰装修损失赔偿</td><td rowspan="2">承租人在原有房屋基础上进行了装饰装修</td><td rowspan="2">《民法典》第 157 条、《房屋租赁合同解释》第 7 条第 2 款</td><td>双方另有约定</td><td>《房屋租赁合同解释》第 8 条</td></tr>
<tr><td>承租人过错</td><td>《房屋租赁合同解释》第 7 条第 2 款、第 9 条第 2 项</td></tr>
</table>

续表

案由	诉讼请求类别	诉讼请求	请求权基础	抗辩（权）主张	抗辩权基础
房屋租赁合同纠纷	装饰装修损失赔偿	承租人在原有房屋基础上进行了装饰装修	《民法典》第157条第2句、《房屋租赁合同解释》第7条第2款第2句	租赁期间已经届满	《房屋租赁合同解释》第10条
				不可归责于双方事由导致合同解除	《房屋租赁合同解释》第9条第4项
				装饰装修未取得出租人同意	《房屋租赁合同解释》第11条
	扩建造价费用	承租人在原有房屋基础上加高加层，增加其使用面积	《房屋租赁合同解释》第12条	未经出租人同意实施扩建	《房屋租赁合同解释》第11条
				未办理合法建设手续且承租人对此有过错	《房屋租赁合同解释》第12条第2项